21世纪新闻与传播学专业系列教材

电视新闻

编辑与制作

石长顺 著

JOURNALISM

中南大学出版社

图书在版编目(CIP)数据

电视新闻编辑与制作/石长顺著,—长沙:中南大学出版社,
2006.1

ISBN 978 - 7 - 81105 - 233 - 6

Ⅰ.电...　Ⅱ.石...　Ⅲ.①电视新闻 - 编辑工作
②电视新闻 - 制作　Ⅳ.G222

中国版本图书馆 CIP 数据核字(2005)第 129475 号

电视新闻编辑与制作

石长顺　著

□ **责任编辑**　彭亚非
□ **责任印制**　易建国
□ **出版发行**　中南大学出版社
　　　　　　　社址:长沙市麓山南路　　　邮编:410083
　　　　　　　发行科电话:0731-88876770　　传真:0731-88710482
□ **印　　装**　长沙印通印务有限公司

□ **开　　本**　730×960 1/16 □ **印张** 17.25 □ **字数** 296 千字
□ **版　　次**　2006 年 1 月第 1 版　　□2015 年 6 月第 2 次印刷
□ **书　　号**　ISBN 978 - 7 - 81105 - 233 - 6
□ **定　　价**　35.00 元

前 言

新闻与传播学专业系列教材

　　20 世纪 90 年代，互联网的兴起改变了电视新闻编辑的地位，市场新闻业的发展，又促进了电视新闻编辑职能的转变，而数字技术的革命，则拓展了电视新闻编辑的视野。

　　在传统的新闻报道范式里，记者往往被独立地分派到各地采访报道。如今，许多电视媒介都成立了由记者和编辑共同组成的报道组，他们共同负责对某一主题的报道，从而使得新闻更易于让读者接受。在多数新闻专题和专栏节目中的编导，甚至已取代记者，成为编辑与记者合一的角色。

　　随着世界新闻业的转型，中国的大众传播业也在逐渐受市场的驱动，开始转向商业化新闻生产模式。一些新闻媒体打破传统新闻理念的束缚，实行一种大众化、廉价的新闻运作，向新的采编模式转变。独家的新闻、第一手的采访可能被更多的新闻来源的选择、加工所替代。在媒介企业利润的追求下，许多电视新闻栏目几乎采用零成本采访运作方式，而其成功的关键则主要依赖编辑对多媒体信息的"编"和"辑"。

　　数字技术在电视传播领域的广泛应用，使电视频道也不再成为稀缺资源。数千个频道的诞生，令人眼花缭乱的栏目的竞争，使编辑的关注点不再局限于单个节目的图像编辑和文字解说。电视栏目的定位与改版、频道品牌的建构与维护，这些在过去大都是媒介管理者的职责，如今也进入电视编辑的视野。

　　面对如此繁重的任务，电视新闻编辑的地位和作用较前产生了很大的变化，其职责范围也有所不同。因此，在本书第一章除界定电视新闻编辑的独特角色、明确日常的新闻编辑工作任务外，还特别论述到电视新闻编辑必备的素质，这些都是做好电视新闻编辑的基本要求。

电视新闻编辑的工作对象是各种体裁和形式的新闻报道，每种类型的电视新闻节目都有其独特的表现方式和内在的要求，只有熟知多种节目的形态特点和操作要领，才能准确地把握编辑要点，推出最能体现电视优势的新闻报道。因此，在本书第二章专门讲到电视新闻节目的类型划分，按照不同的分类标准，电视新闻呈现出功能类、体裁类、播出类和编排类不同形态的新闻节目，这是电视新闻编辑必须具备的最基本的知识。

图像剪辑是电视新闻编辑最基本的工作，不管媒体发生什么变化，电视新闻图像编辑始终是电视新闻编辑最基本的任务。对图像编辑的基本观念、基本原则和基本技巧的掌握，是电视新闻编辑的一项基本功，它所遵循的逻辑原则、轴线规律、段落转换等，都是完成电视新闻叙事的基本方法，这是第三章所要涉及到的内容。

电视新闻文本编辑也是传统新闻编辑最基本的任务，是新闻编辑"把关人"角色的重要体现，在当今数字化时代，这一任务和职责得以进一步强化。"为看而写"，是电视特色的基本要求，"为听而写"则是当代电视的新闻理念，它突出了"听觉"元素，是对声音传播潜力的深入挖掘，也是当代电视新闻故事化表达的一种新需求。无论是电视新闻(消息)的写作，还是电视专题和电视评论的写作，都体现出对"声音"的极为重视。

如果说，电视图像编辑和新闻文本编辑都只是对叙事元素"点"的把握，那么，第五章"电视新闻叙事编辑"则是对叙事结构"线"的强调。电视新闻不仅要对一个个画面按规律组接，还要服从新闻的叙事逻辑，使每一个单独的画面成为新闻故事的有机整体。本章即是借鉴叙事学的理论，对新闻叙事结构、叙事话语等作了较为深入的分析，不失为一种创新。

电视新闻栏目编辑、新闻频道编辑和新闻直播编辑，是根据当代电视发展的新趋向，对电视新闻编辑提出的更高要求，因此，也是过去类似新闻编辑教科书中尚未提及或很少提及的内容。本书第六章从新闻栏目的定位，到各种类型新闻栏目的编辑，都作了较为系统的阐述。特别是对电视新闻栏目包装概念的提出，应当是电视新闻编辑今后高度重视和努力探讨的课题。

我国的电视从诞生以来，已经历了节目化制作、栏目化管理和频道化经营三个阶段。当今电视的竞争，主要是频道的品牌之争，或者说，电视媒体的竞争已从节目化阶段、栏目化阶段发展到频道化建设阶段。电视新闻编辑不再固守或执著于一个个具体节目的制作，而要以一个媒体管理者的姿态来宏观把握电视新闻频道的运作。从频道理念的确立，到频道各类栏目的设置，以及对频道"节目编排是生产力"理念的认识，都靠电视新闻编辑的具体工作体现出来。

电视新闻直播是最能体现电视传播优势的一种形式。过去，媒体只在重大新闻事件传播中运用，如今，随着媒体间竞争的加剧，新闻直播的日常化已成为媒体的共识，并越来越多地运用到各种新闻事件或非事件的新闻的报道中。为了适应这种新形势的变化，当代电视新闻编辑应当重视、并学会新闻直播的导播程序、环节控制以及多种预案的策划与准备等。

电视新闻编辑既是一种职业角色，又是一项业务工作。作为一种工作，其职责范围与制作技能已涵盖在前言的上述部分。作为一种职业，其社会责任更加鲜明，社会化程度将比以前更高。2005 年 8 月 9 日，国家广播电影电视总局资格考试委员会办公室，根据《广播电视编辑记者、播音员主持人资格管理暂行规定》(广电总局令第 26 号)，发布公告称，定于 2005 年底，开始举行全国广播电视编辑记者、播音员主持人资格考试，其中编辑记者考试科目含综合知识、新闻基础知识和广播电视业务三项。这意味着新闻编辑记者职业社会化的开端，预示着编辑记者岗位的竞争将会更加激烈，对新闻编辑的专业知识要求将会更加系统化，专业化。因此，从现在开始，扎扎实实地学好电视新闻编辑与制作知识，才是最为重要的。

石长顺

2 1

新闻与传播学专业系列教材

目 录

第一章　电视新闻全能编辑

本章要点

● 电视新闻编辑的特征与类型。

● 电视新闻编辑的职能。

● 电视新闻编辑的知识修养、思维修养与政治修养。

● 电视新闻编辑的选择能力、创新能力和制作能力。

在信息全球化时代，我们并不缺少信息，重要的是在浩如烟海的信息中如何发现新闻、选择新闻和报道新闻，这个重任在很大程度上已经落在编辑身上。现代电视新闻编辑已不仅仅是后期制作者角色，其在电视传播的链环中已延伸并包含前期新闻采制，在一些栏目中甚至完全取代了记者采制新闻素材的工作。如凤凰卫视的《凤凰早班车》、《媒体大拼盘》和《有报天天读》等新闻栏目，几乎是"零成本"的新闻运作，主要依靠编辑对多媒体新闻信息的选择、加工编辑而成。

第一节　电视新闻编辑界定

从广义上说，电视新闻编辑，既指电视新闻编辑业务，也可以指从事电视新闻编辑工作的人。电视新闻编辑工作涵盖了电视新闻生产的全过程，它不仅要负责电视新闻节目后期的编辑处理及编排，还要负责节目制作前期的组织工作；从狭义上讲，电视编辑工作主要是指后期制作，即节目的编辑处理、节目编排播出等环节。

在我国各电视台都有专门从事电视新闻编辑工作的人员，这是一个特定的岗位、特定的职业。他们和电视新闻记者一起，构成了电视工作的骨干队伍。

一、电视新闻编辑定义

世界电视的发展，至今已走过了近70年的历程，而中国电视的历史则相对较短，只有40多年的时间，其间又经历了文化大革命的十年浩劫，中国电视的真正发展只是最近20多年来的事情。中国的电视新闻事业伴随着中国电视的诞生而产生，但是在很长一段时间内，电视新闻向报纸、广播学习，甚至照搬新闻纪录电影，缺乏自己的特色。因此在理论研究上对电视新闻编辑的探讨也不多见。1989年，由赵玉明主编，中国广播电视出版社出版的《广播电视简明辞典》，对"编辑"词条作了如下阐释：系指电视台从事组织、选编、加工节目文字稿件和音像素材以及编制节目等工作的专业人员。1999年，由赵玉明、王福顺主编，北京广播学院出版社出版的《广播电视辞典》中，单独设立了"电视编辑"词条，其词义与上述相同。

被称为我国第一部全面、系统地论述广播电视学的专著《中国广播电视学》则提出了一个较为宽泛的概念：编导是广播电视编辑、导演和导播的合称。在国外，对电视编辑的称谓不一，有的叫编辑或编导，有的叫导演或导播。

全国电视学研究委员会于1990年7月至1992年2月，先后在山西、北京、河北等地召开专门会议，探讨电视新闻分类与界定问题，对电视"新闻编辑"条目给予了明确的定义：电视新闻编辑是在电视台新闻部门中从事编辑加工整理新闻的专业人员。条目还叙述了电视新闻编辑的职务序列、任务及要求。

上述条目尽管经过了众多专家的多次讨论和反复修改，但仔细推敲起来，仍然不够严谨。按照形式逻辑的定义规定，定义不能循环。而这个定义中则出现了"编辑"一词的同语反复，这是其一。其二，上述定义只揭示了电视新闻编辑的后期工作，而实际上，电视新闻编辑工作还涵盖了前期的组织工作，包括确定报道的指导思想等。

英国人罗伯特·蒂勒尔对"编辑"一词作了一些解释，对我们有一定的启示和帮助。他说："编辑是时事节目或系列片的主要负责人，全面负责节目的内容和形式。"这种定义似乎更超脱一些，它没有具体指编辑的哪一项具体工作，而只用"负责节目的内容和形式"予以高度概括。综观上述各种定义，差别虽然存在，但有一点是共同的，那就是电视新闻编辑的概念限指从事电视新闻编辑的人。

实际上，电视新闻编辑既是一个工种的名称，又是一个创作环节。从技术层面看，电视新闻编辑就是要整理前期素材，确定编辑点和转场方式，把画面素材组合编辑成节目母带；从艺术层面看，电视新闻编辑是一项具有高度创造性的创作活动，就是要用电视语言讲述故事，传达信息；从表达层面看，电视新闻编辑是一种艺术性与技术性巧妙结合在一起的工作。

二、新闻记者与新闻编辑

电视新闻记者是电视台新闻部门中专门从事采访报道工作的人。其主要任务是外出采访新闻，然后向编辑部交回可播出的新闻片或素材。

电视新闻编辑与外勤采访的记者相对应，主要从事内勤编辑、编排工作。但有时根据新闻报道的需要，如组织重大活动、专题报道时，编辑也以记者的名义外出采访或担任节目摄制组的负责人，现场组织报道；有条件的编辑还经常拿起话筒做现场采访，并以新闻节目主持人的身份主播报道。

在每期新闻节目之后，我们还会看到责任编辑的工作人员字幕。这个新闻责任编辑，就是编排、制作当日播出节目的电视节目负责人。责任编辑的工作任务是：根据上级报道要求选择可以进行播出的新闻，并根据需要，对新闻的解说词和画面进行初审、修改和编辑；根据新闻价值和观众接受心理安排播出顺序，拟定新闻标题；根据上级审查意见，做好节目的最后调整，然后提出制作串联单和新闻摘要以及图表要求，送交制作部门制作，最后送达播出机房待播。责任编辑是新闻播出前最后一道关口，因此，除了具备较高的理论修养和专业知识外，还要有高度的责任感，以免出现任何责任事故。

三、通联编辑与分派编辑

通联编辑是电视台负责对外通讯联络的专职人员。他的主要任务是加强同通讯员的联系，巩固各级通讯网络，处理通讯员、群众来信来稿。目前，从中央到地方的各个电视台都设有专职通联编辑，中央电视台新闻部设有通联编辑的专门机构——地方部，各省市电视台也在新闻部设有通联组。

各电视台为了获得更广泛、时效性更强的信息，仅靠自己的记者去采访是远远不够的，一个最简便、最有效的方法就是发展通联队伍。通讯员来稿的增多，可以使电视台获取更多更鲜活的新闻素材，从而有更大的选择余地。为了调动通讯员的积极性，新闻编辑还要办好通讯员刊物，及时通报各地通讯员来稿用稿情况，通报近期报道要点，指出来稿中普遍存在的问题。每年还要召开通联工作会议，总结通联工作的成绩，表彰优秀通讯员，培训业务骨干。

通联工作的第二个任务是为观众服务，阅读观众的来信，接待来访群众，搞好受众调查，收集群众反映，进而改进电视新闻报道工作，使节目更加接近群众。同时，在观众来信中如果发现一些共性问题，还要在新闻节目中公开答复，这样，既密切了与观众的联系，又激发了群众参与的热情。

在我国广播电视系统，除特别重大的采访报道活动外，一般都很少实行轮班工作制，但在西方国家，尤其是新闻竞争日趋激烈的今天，各电视广播公司都实行轮班工作制。为适应这种工作机制的需要，在美国一些电视新闻机构中还专门设有一个分派部，它是协调新闻采访的中心指挥部，负责"提出报道计划，向记者和报道组分配报道任务，使他们熟悉事件的最新发展，以便及时报道"。

电视新闻分派部是所有电视网及某些大播放区的新闻机构中建立的每天24小时、每星期7天都有人值班的指挥部。根据工作的时间划分，有夜间分派编辑、日间（班）分派编辑和晚间分派编辑。不过这种划分并不固定，随着轮班的流动，分派编辑的角色也相应地变动。

夜间分派编辑大约从夜里12：00开始接替晚班编辑的班。他的主要任务是：与即将下班的晚间编辑交接前一班内所发生的事件，讨论预计在夜间可能发生的任何问题。如果还有记者或摄制组正在外面采访，夜班编辑就要详细了解全部情况，以便决定该报道组为某一事件预留的时间。

其次，夜班编辑要阅读和整理前16小时打印出来的工作记录，之后，还要读电讯稿和摘选早版晨报，为夜班的主要工作做准备。另外要准备一份材料，列出白天的报道可能要考虑的主要新闻，这些提示有的可能发展成为晚间新闻节目中很重要的报道。

再次，分派最早到达的记者和摄制组人员的工作，为摄制组提供详细的"旅行指导"，以免延误摄制组到达现场。

日间分派编辑大约早上7：30或8：00到达编辑部，首先简要了解夜班编辑需要交班的内容，然后检查夜班编辑对早班分派任务的"提示"。如遇突发事件，就要给予优先考虑，保证新发生的事件得以报道，夜间提示上所做的许多分派提示常常因为要全力报道白天的突发事件而更改。

整个白天，将是最繁忙的工作时间，各种矛盾、问题或兴奋的事都将接踵而至。因此，日间编辑一定要保持清醒的头脑，沉着、冷静地处理白天的工作。

晚间分派编辑一般在下午4：00左右上班。在履行正常的交接班之后，他就要开始为晚间新闻报道处理所有未完成工作，其中包括保持与仍在外面拍摄报道的工作人员联系。他还要负责深夜新闻分派工作的后续进行，同时为第二天的报道计划作出一些安排。

第二节　电视新闻编辑任务

电视新闻编辑作为一种特定的角色，同其他社会角色一样，都是有责任、有义务、有行为规范的，其职责范围有明确的任务规定。任务是"角色"职责的具体化，"角色"把任务限定在特定的范围内，而"任务"又是对电视新闻编辑角色的具体定位，是对这种角色的详细注解，从而使编辑这一角色行为更具有可操作性。

电视新闻编辑工作贯穿于电视新闻制作的全过程。如果以开始剪辑工作的那一瞬间为界，可以把电视节目的设置过程分为前期和后期两个阶段。在这两个阶段中，电视新闻编辑的具体任务有如下几项：

一、制定报道计划

凡事预则立。不论是长计划还是短安排，它都是一种计划。电视台作为党、政府和人民的"喉舌"，其鲜明的党性原则，决定了它必须围绕党和政府的中心工作做出报道安排。

电视新闻节目是现实生活的记录，是时代信息的传播。不管什么性质的电视台，对新闻的选择及其编排，都是有其原则的。从新闻节目中可以看出电视媒体的报道方针，也可以体现出媒体办节目的思想。要体现一个媒体的节目方针，对电视新闻报道做出计划就显得极为重要。因此，编制宣传报道计划，是新闻编辑工作的主要任务之一。

有人可能会说，新闻是新近发生或变动的事实的传播，有些新闻是突发事件，如何能"预则立"，如何能做计划。下面看一个具体的例子，中央电视台第九套 2003 年 7 月 23 日播出了一个发生在云南大姚地区地震的系列报道，这次大姚 6.2 级地震造成 16 人死亡。对于地震这种自然灾害，我们现在还不能事前预测，所以中央电视台只能在地震发生后迅速跟进报道。整个报道分为三部分：余震频繁，险情尚在；道路恢复，医疗救援全面开展；日常生活步入正轨，灾后重建问题颇多。采访对象包括当地受灾居民、医疗人员、政府官员、地震局等等，由于对突发事件做了较为详尽的应急报道计划，使前方记者在报道中临危不乱，较好地把地震灾害后云南大姚的情况全面真实地展现在观众面前。由于央视九套是英文频道，对外报道也收到良好的效果。

报道计划应该明确具体，包括宣传报道总的指导思想和不同阶段的报道重点。阶段宣传计划包括年度计划、季度计划、月计划，甚至每周、每日、每一个重点活动的报道计划。一般来说，电视新闻宣传报道每次节目都应该有一个重点，围绕这个重点组织一次特别报道，这样才能给人留下印象。

要制定好新闻报道计划，新闻编辑就要有一定的政治理论水平，首先要学习吃透上级的方针、政策、精神和宣传指导思想，结合本地工作实际，有针对性地做出一些计划。新闻报道计划通常以近期报道要点的形式告之每一位记者和集体通讯员。对重点节目报道计划则具体草拟方案、步骤、人员安排，甚至参与记者采访提问的设计。

二、选择鉴别稿件

大众传播学的"把关人"理论告诉我们，在信源与信宿、新闻事件与最终接受者之间存在着一系列的把关环节，而这一系列的把关环节组成了一条把关链，对信息层层筛选，处处过滤，这样，能够畅通无阻地通过的信息便没有多少了。在电视新闻传播中，电视新闻编辑是电视新闻各个环节的"把关人"。电视新闻编辑与报刊、广播编辑不同，电视声画双重传播、实时传播等特性决定了电视新闻编辑有自己独特的规律。电视新闻编辑"把关"的第一个环节，就是选择鉴别稿件。毫不夸张地说，编辑们的选择，不仅影响了受众，并以整体的选择行为，导致了社会文化的流向。

电视台每天都要收到大量的新闻，来源主要有下面几个方面：最主要的来源当然是电视台新闻中心的采访系统。如美国 CNN，由总部的国内和国际编辑根据栏目的需要组织、协调前方记者，并对前方记者拍摄的新闻进行整理加工。新闻媒体前方记者的采访，往往是本台第一手的权威资料来源。其次，电视台还可以通过购买或者交换的方式获得新闻，如购买国际电视新闻通讯社的新闻，可以解决没有外设记者站的缺陷，也可以节约人力财力。目前最大的国际电视通讯机构是维斯新闻社，这家机构可以通过卫星或录像带向全世界 400 多家电视广播媒体提供当日的新闻。除了购买，电视台之间还可以通过交换互惠互利，在国际新闻交换体系中起着重要作用的有亚洲广播协会和欧洲广播协会。这些协会的会员，在协会的组织下定期进行新闻交换，根据需要还可以临时安排特写交换。再次，由于数字技术的发展，民间家庭大量拥有的 DV 摄像素材成为新闻市场潜力最大的新闻来源，江苏城市频道《南京零距离》的成功，让中国电视新闻业界开始正视民间新闻采制力量。《南京零距离》自开播以来，已有大批的民间支持者用自备的 DV 机，捕捉到了许多珍贵的第一现场新闻素材。据统计，仅 2002 年，《南京零距离》就有 2800 多条新闻是来自民间。随着生活水平的提高，民主观念的提升，中国民间新闻采制力量正越来越受到关注。

信息的庞杂和真伪难辨常常使编辑面临种种抉择，对信息进行快速甄别成为电视新闻编辑的另一重要任务。这对编辑的主体判断能力提出了考验：一要从事实细节上判断新闻信息的真伪性；二要从法律上判断新闻信息的合法合理性；三要从新闻价值上判断新闻信息的重要性；四要预见大众反馈，从而判断新闻信息的社会影响力。在选择过程中，电视新闻编辑按照日常工作经验、新闻思维模式、媒体价值标准去鉴别稿件，成功的选择必然是电视新闻编辑智慧的结晶。

三、处理新闻声画

电视新闻由声、画两种语言组成，对一条电视新闻价值的判断应该综合考虑到解说词和画面两种元素。但由于画面要通过录像机观看才能辨别，因此，大多数电视新闻编辑首先都是从审阅电视新闻解说词开始的。电视新闻编辑要有较强的文字功底，熟练掌握撰写、修改各种新闻文字的技巧。

解说词不是一种独立的文体，它是画面形象的一种补充和深化。如果抽去画面，它不能自成独立的表述系统。有时上下不连贯，语句看来也不通，但与画面配合起来，就是一条完整的新闻。因此，在可能的情况下尽量在画面完成之后撰写或重新修改解说词，避免不必要的重复与废话，使之更精练，更符合电视报道的特点。

解说词虽不是一个完整的新闻，但也要遵循一般新闻稿件的写作规律，就是要尽量用事实说话，保持新闻客观性、真实性、准确性。在撰写、修改解说词时，要侧重突出新闻的时效性，弥补画面在时间信息传达上的含混性等缺陷。解说词还要交代新闻事件的背景，补充抽象的间接信息，概括介绍新闻事件发生的时代与社会历史背景、主要的因果关系以及人物的基本情况。解说词的处理，要注意突出主要新闻信息，准确规定报道的角度、方向与主题，从画面的共时态信息中，排除那些选择性因素的干扰，表明这条新闻报道的侧重点。

电视新闻编辑处理新闻声画素材的另一项基本工作就是画面剪辑。画面剪辑是运用电子编辑设备把记者拍摄的录像素材进行选择、剪辑、组接，编辑成完整的节目。它是电视新闻编辑的主要任务之一，也是最能体现电视新闻编辑工作特色的。

画面编辑的任务就是根据新闻事实叙述和新闻主题表达的需要，选择、判断、取舍素材镜头，并按剪辑原则将它们连在一起，辅之以制作手段和技巧，形成新闻的结构层次和节奏，完成电视新闻的报道。

画面编辑是一个再创作过程，它既是前期宣传报道计划的具体落实和体现，又要根据现有的材料对前期的构思加以修改完善，对记者或通讯员送来的新闻初稿进行必要的结构调整或者根据整组节目所限定的时间，进行必要的增删，突出新闻主体，强化新闻主题。

电视新闻编辑的工作特色，决定他除了具备一定文字功底外，还要学会操作电视编辑机的技能，熟悉并掌握电视画面构图、摄像造型的一般知识，以便能熟练地运用编辑机完成画面编辑工作。

四、编排新闻节目

节目编排是指电视新闻节目播出前的编排组织工作。它包括确定本期新闻节目采用哪些稿件及这些稿件所占用的时间，新闻内容的分布，新闻之间的组合和排列次序，还包括撰写新闻提要、新闻串联词及配发评论等。

节目编排类似于报纸的版面安排，它是整个节目制作过程中的最后一关，是电视宣传的重要环节。哪些新闻是最重要的，哪些新闻应该安排在头条，哪些新闻应该归类组合，都代表着电视台对这些新闻所揭示的意义的评价，同时也体现出电视新闻编辑的理论水平、政治态度和思想倾向。

电视新闻编排工作是电视新闻编辑的一种"再创作"，是编辑思想的具体体现。新闻编辑在编排节目时，要注意掌握节目编排的"峰谷技巧"，注意掌握新闻节目的节奏，使节目自然流畅，保持生动活泼的编排形式，避免呆板、松散的编排形式，以增强电视新闻宣传效果。

电视新闻有"一遍过"的收看特点，稍不注意或不被提醒，重要的新闻很可能就溜过去了。电视新闻又是顺序收看的方式，不能像报纸那样可以颠倒位置，择题而看，也不能像报纸那样看一眼整版就可以知道全部的内容，因此需要提示。电视新闻节目又是由一条一条的新闻组合编排而成，如没有必要的连接就会给人以散乱的感觉。为了弥补电视收看方式的不足，需要电视新闻编辑做以下一些工作：

1. 撰写新闻提要

新闻提要是为了突出重大新闻事件、吸引观众收视而采用的一种编播技巧，运用得当既可以体现编辑意图，又为观众提供有益的服务。

新闻提要的方式是，在每期电视新闻栏目播出开始，将部分重要的新闻在节目播出之前先用提要告诉观众，帮助观众预先知道本期新闻的重点。这种新闻提要类似报纸版面中的主题，一般用一句话来突出新闻的核心内容，抽出新闻中精彩镜头加以配合，以期引起观众注意。新闻提要是新闻节目的眼睛，提要介绍的新闻一般都是重大新闻或群众关心的热点新闻，提要做好了，对提高节目收视率有很大帮助。

2. 撰写新闻串联词

串联词是新闻与新闻之间承上启下的概括性语言。串联词的主要内容是对上一条新闻的简要评价和对下一条新闻的简要提示。如是同类新闻，连接词侧重在"串"，如果不是同类新闻，连接词就要侧重"过渡"性语言。无论是哪种串联词，都要写得精练、生动、富有吸引力。

传统的"联播"新闻体，都是由编辑写好串联词，然后由播音员"照本宣科"，激不起观众的兴趣。《南京零距离》之所以受到欢迎，其中一条就是节目主持人采用谈话的方式，用随和的语言将上下新闻串联、自然过渡。为了保持新闻播报的贴近性，主持人甚至不要新闻提词器，用自己的话把串词说出来，这让主持人也有了即兴发挥的空间。

3. 撰写言论

新闻言论是报纸的一面旗帜，也是一个电视机构对某种新闻现象的意见和态度。电视新闻言论有电视论坛、电视述评、评论员评论等，但这些都是作为一个独立的节目形态而存在的。这里所说的"撰写言论"，是指在新闻节目中撰写的编后话及电视评论等，它类似于报纸的编者按。这种编后话，主要是针对某些蕴涵有新思想、新观念、具有典型指导意义的新闻，及时配发的电视短评，或对某一新闻现象发表即兴议论，弘扬社会正气，针砭社会时弊，帮助加深新闻节目的思想深度。"是否能撰写短小精悍的评论，也是衡量一个编辑新闻素质的重要标志。"《南京零距离》栏目成功的一个最大特点，就是主持人对新闻事实的精到的点评，他以真诚、公正的评说原则，以受众的眼光来看待事实的评说角度，有话即说，常常又是能使观众产生共鸣，但大多数观众又说不出来的话。如针对《老外"抢座"为"让座"》新闻，主持人首先引用了一句古训，"老吾老以及人之老"，然后主持人点评说："我们让老外上了一堂尊老爱幼的课。"点评用极其形象化和个性化的语言，大大拓展了这则新闻的人文内涵和社会意义。

4. 撰写标题

新闻标题是新闻主题的浓缩和概括。"题好一半文"，好的标题可以画龙点睛，为电视新闻增色。像海南电视台摄制的新闻《一脚油门踩到底》，反映了海南省交通规费改革，合并征收各种交通费用的做法，受到社会各界的好评。这条新闻获得了1994年度全国好新闻一等奖，同时，这条新闻的题目也成为此次获奖节目新闻标题的精品。这个标题简洁明快，新颖活泼，既有强烈的新闻特色，又有文采的动感，给人留下深刻的印象。

但是，不容回避的一个问题是，新闻标题的制作在电视界并没有受到应有的重视。题目不精练，语言无文采，甚至有文不对题现象的出现，这些都是电视新闻编辑需要加以注意并力求改正的。电视新闻标题不同于报纸标题，它无需制作引题，也没有必要增加副题，只要精心提炼一个简洁明了反映新闻内容的主题即可。

五、安排制作播出

新闻经过选择、修改、剪辑、编排后，进入编辑的最后一关——节目制作播出。在这一阶段，编辑要参与节目复制，考虑配音合成，安排字幕、图示，指导特技制作，组织监听审看等。这一关对安全播出至关重要，同时又涉及各工种的紧密配合，因此，编辑要忙而不乱，善于协调，紧张有序地做完流程的最后几道工作。

1. 配音合成

电视新闻编辑在修改新闻文稿(解说词)，完成画面剪辑之后，要将解说词与画面合成，成为视听结合、形声一体的电视图像新闻，就需要播音员和录音师这些专门人员在录音室完成。电视新闻编辑的任务就是向播音员和录音师阐述自己的意图，提出自己的要求，如有不满意的地方或出现差错，新闻编辑要及时提出修改或重新录音，直到声画合成完全符合要求。配解说词是一项重要的后期工作，需要在编辑直接监督下进行，既要防止播音员念错，又要防止他们语速不当而造成声画错位，并且还要注意在语音语调方面与画面协调起来。

2. 叠加字幕

在以声画结合为传播方式的电视新闻节目中，字幕已经逐渐成为信息传播的重要补充手段。新闻人物的讲话、重要数据的显示、人物身份的强调、新闻题目和记者姓名的介绍等等都需要字幕说明。电视字幕越来越多地运用到电视新闻之中，电视台也设立了专职新闻字幕员。电视新闻编辑的任务就是将需要打上字幕的文字草拟出来，然后交给字幕员，按要求逐条指导字幕员在规定的新闻位置上显示出来。

对有些新闻需要图示标明的，新闻编辑还要向美术编辑提出要求、制作图标、挑选图片、加深人们对新闻的理解。如京九直通列车的运行线路图、国际新闻中某国地理位置图都属此列。

3. 制作特技

在电视新闻中，为了加强电视图像的艺术效果，使电视节目变得丰富多彩，新颖活泼，增强电视新闻对观众的感染力和吸引力，电视新闻编辑有时也请电视特技师对画面作一些特技切换。如叠化、淡入、淡出、马赛克、翻转、分割、定格等，这些电视特技都能解决在前期拍摄过程中不便或者根本不可能解决的各种艺术构想。

《跨世纪之路》是一条反映北京市城市交通建设的成就性新闻，曾经获得中国电视新闻一等奖。这条新闻之所以能脱颖而出，就得力于记者的创新，特别是在后期编辑中，注重发挥了电视媒体的优势。编辑运用了适量的三维动画、多屏分割等特技技术，既使画面显得绚丽多彩，又有了足够的信息量。此片充分利用画面语言独有的魅力，开创了编辑节目的一条新路，受到了电视界同行的赞赏。

4. 审看节目

电视新闻节目制作完成以后，要请有关方面负责人审看、把关，以决定是否能够播出或作某些必要的修改。

审看过程主要是从政治思想到语言文字、音响画面等方面把关，看编排思想是否正确，是否体现了党和政府的工作中心，重大新闻有无遗漏；看新闻中事实、人名、地名、领导人职务等有无差错；看新闻播出后的效果会如何；看新闻提要、解说词中语法修饰有什么不当的地方，字幕单中有没有错别字等。

在我国，由于电视的普及率非常高，通过看电视了解国家大事和当地新闻的比例，明显高于其他传媒，电视新闻的舆论导向事关社会稳定、人民的团结，"舆论导向正确，是党和人民之福；舆论导向错误，是党和人民之祸"，因此各级党组织和政府都非常重视电视新闻宣传工作。1985 年，当时的中央领导同志曾指示：《人民日报》总编辑要看大样，广播电视部的部长要看《新闻联播》。从此以后，各电视台也由新闻部主任审看改为台长参与把关的审核制度，特别重大的节目，请党委宣传部门的领导审看，然后送机房播出。到此新闻编辑的任务也就算完成了。

现在，为了进一步加强对新闻舆论宣传的管理，促进新闻宣传质量的提高，各级党委宣传部都建立了新闻阅评小组，其任务是对正在播出的新闻作进一步审查，定期写出评阅意见上报。这说明，原来意义上的把关已经发生转变。在把关之后又增加了一层监督机制，这就更加增强了电视新闻编辑的责任意识。

在节目审查时，新闻编辑一定要认真核对新闻，认真做好审看纪录，需要修改的新闻，在节目合成时一定要及时改正，需要调整的编排，尽快在规定的范围内调整，力争把一切问题和差错解决在播出之前。

六、做好通联工作

通联工作是新闻编辑的重要任务之一。它主要负责对外通讯联络，加强同通讯员和群众的联系，巩固各级通讯网络。

通讯员包括集体通讯员和零散通讯员。我国目前的电视体制主要有四级，即中央、省、地(市)、县(市)四级电视机构，从县级开始，每一级电视新闻部的记者、编辑都是上一级电视台的集体通讯员。通讯员工作是通联工作的主要任务，新闻编辑要高度重视通联工作。

对于通联工作在新闻传播中的地位和作用，毛泽东同志早在1948年《对晋绥日报编辑人员的谈话》中就明确提出："我们的报纸也要靠大家来办，靠全体人民群众来办，靠全党来办，而不能只靠少数人关起门来办。"

通联工作的具体任务、方式、要求等，在前面关于通联编辑的介绍中已经阐述。

通过对电视新闻编辑的分类界定及任务解析，我们可以看出电视新闻编辑角色的多重性。《中国应用电视学》在论述"电视编辑"时说，电视编辑是电视创作的重要环节，它将前期工作成果经过特殊的艺术化处理，变成一个统一的艺术整体。电视编辑又是一项具有高度创造性的创作工作，它通过自己特有的形式，将创作者的才能、个性、想像力及对美学的追求充分地展示出来。电视编辑还是一种艺术与技巧性结合在一起的工作，它要借助电视镜头的排列组合变化来表达丰富而又多彩的艺术内容。这些论述从电视编辑的地位、性质上加深了对电视新闻编辑角色的认识。

在电视新闻节目制作过程中，电视新闻编辑是最前沿的指挥员，从报道计划的制定到人员的组织安排、现场采访拍摄、电视新闻后期编辑都要参与；电视新闻编辑又是最前沿的战斗员，他在采访现场，有时就拿起话筒，充当出镜记者和主持人的角色。在收到记者的新闻成品后，他要进行文稿修改、画面剪辑。电视新闻编辑又是最后的检验员，当新闻节目制作完成后，要认真审看，进行最后把关，防止差错的发生。

也有人说电视新闻编辑是迈向管理层的重要阶梯，从实践看，此话不无道理。因为一般电视新闻编辑都是从优秀的记者中产生，他所处的地位和所从事的工作，实际上是处于"管理者"的地位，就像前面所说的，他像十字路口的交通警察，指挥着南来北往的车辆，管理监督整个新闻节目制作的全部流程。

作为一种创作环节，电视新闻编辑主要参与后期的再创作工作，它的主要内容是剪辑。作为创作人员，电视新闻编辑是电视新闻报道的主要参与者和领导者，负责新闻制作的一系列工作。在制作节目时，电视编辑要有明确的目的，确保内容的真实性；要考虑到观众的需要，选择群众关心的内容；要考虑到电视的特点，充分挖掘电视媒介的表达潜力；要考虑到电视宣传的效果，注意与观众的交流，保持电视新闻对观众持久的吸引力。

第三节 电视新闻编辑素质

新闻编辑的素质，是指新闻编辑顺利完成一定活动的本领，包括完成一定活动的具体方式，以及顺利完成一定活动所必需的并直接影响新闻编辑活动效率的个性心理特征。

传统电视新闻编辑的"把关"角色，主要是完成文字稿件修改和图像的选择及加工等。然而，新时期电视媒体的传播方式发生了较大变化。因此，电视新闻编辑也应从过去简单的"把关意识"，转变到以受众市场为经营中心的思路上来。

技术的进步，特别是社会需求的变化对新闻传媒的内容和形式提出了一些新的更高的要求，电视新闻编辑已由一般的审稿、改题、编排节目向对新闻采编总负责全新转变。电视新闻编辑要适应这些变化，就必须提高自身的思想素质和业务素质。

一、思想素质

人们的行动取决于人们的思想，电视新闻编辑的思想素质，直接影响到编辑工作。电视新闻编辑的思想素质，包括三个方面：知识修养、思维修养、政治修养。

1. 电视新闻编辑的知识修养

知识是思想的基础，长期以来流行的编辑知识修养观念是"通才"观，即要求编辑"十八般武艺样样俱全"。

但是，真正的"博古通今"的"通才"是很难达到的，而且现代的新闻媒介系统是一个复杂的组合体，要求它的每个零部件各司其职，不是一两个天才式的"通才"可以驾驭的。所以，现代新闻业不可能也没必要要求每个编辑都是无所不知的"通才"。适合现代新闻需要的编辑群体，是具有金字塔形知识结构的复合型人才，金字塔底端是牢固扎实的根基知识、政治理论功底，中部是新闻相关的专业理论素养；顶尖是具体专攻行业报道的专业知识，比如经济新闻编辑必须了解经济方面的相关理论知识，而体育新闻编辑就必须是个运动通……

具体到电视新闻编辑，渊博的知识，合理的结构，编辑群体知识的科学匹配，是电视新闻部有效运行的基础。在这个信息爆炸的 21 世纪，各种技术日新月异，各种思潮此起彼伏，国际政治经济形势复杂多变；而在国内，处于社会变革期，更有许多新的东西需要我们学习。电视新闻编辑作为"把关人"，作为信息的传播者，要在这场新兴信息战中能引领潮流，必须要有舵手的睿智，而这睿智就来源于自身的知识修养。电视新闻编辑的知识包括文化基础知识、电视新闻专业知识、相关领域的专业知识等等，凡是与电视新闻采访报道编辑工作相关的知识都应该掌握。电视新闻编辑的知识修养不仅要有面上的丰富，还要有点上的精专，这样才能把知识灵活运用到实践中。

首先是苦练基本功，文学、历史、哲学、经贸、政治、外语、计算机、网络都是编辑工作的必需，并不是要他们都成为这些方面的专家，而是要作为知识储备并转化成为工作能力。如外语、计算机和网络，是当代编辑不可缺少的工具型知识。外语能力使编辑可以加强与国外的联系以获得最新最快的国际消息；计算机多媒体技术提升了现代新闻制作特技，也对编辑提出了新的要求；网络不仅是编辑获得信息的重要渠道，还是与记者、观众等相关人士联系的便利途径。

电视新闻专业理论主要是指新闻学概论，新闻学史论，传播学原理，新闻心理学，采、写、编、评、摄影、录音、剪辑、节目制作之类的专业性和技术性的知识。这些知识可以通过书本和教学获得，更重要的是在实践中融会贯通，在实践中丰富和发展，这样才能成为编辑个人的知识财富，进而充实并指导自己。虽然编辑在多数情况下不亲自去采访、摄像，但是只有具备各方面的专业知识，学习电视新闻编辑工作相关的理论，了解电视新闻传播规律，才能更好地使用电视语言叙述新闻事实。

理想新闻编辑的角色，应该具有广博的基础文化知识和相当高的新闻水平，还应该是一位专家，是一位名副其实的传播专业人员，他必须具有很强的分析能力，善于分析从经济、政治和其他各界人士那里得来的各种消息。虽然编辑不可能对各行各业都了如指掌，但是对于节目所涉及的相关知识却应该十分熟悉。倘若负责经济新闻的编辑对于经济是门外汉，他如何能判断经济新闻是否真实合理，是否有新闻价值，如何对经济现象发表评论。如果不懂得什么是市场经济，什么是区域化经济，什么是产业经济，什么是股票、债券，这样是难以胜任经济编辑工作的。

2. 电视新闻编辑的思维修养

关于思维，心理学家和哲学家都认为是人脑长期进化而形成的一种特殊的机能，把它定义为："人脑对客观事物的本质属性和事物之间联系的规律性所作出的概括与间接的反映。"简而言之，思维就是人脑凭记忆和想像对客观现实概括的、间接的反映。思维包括形象思维、逻辑思维和二者结合的创造思维。对于电视新闻编辑还应该具有以下特殊思维方式，即"视听思维"和"蒙太奇思维"。

视听思维源于"视听时代"或者"视图时代"。法国学者里吉斯·代布雷（Régis Debray）曾明确将人类社会的发展划分为书写时代、印刷时代和视听时代。在视听时代，包括图像、广播、电影、电视、CD、DVD 和动画等等在内的视听媒体带给了人类社会前所未有的冲击。视听语言有其自身的特点，它是用光和声去思维，比起文字语言，更加形象生动。

"视听时代"对接受者的要求降到了最低点，只要是一个正常、健全的人，都可以欣赏视听信息，而不需要任何预先的准备和训练，这是因为视听时代的载体——图画、声音，是大众通过初步的感知就可以得到的。如果说文字的世界是一个抽象的世界，那么图画、视频的世界则是一个直观、形象的世界。音像是信息的直接载体，可由感官直接传递其信息；而文字作为一种语言符号，是信息的间接载体，必须经过接受者大脑的"翻译"，即必须经过接受者的思维活动之后才能获得其传递的信息。音像在传播中具有先天的优势，电视新闻编辑要充分利用这一优势，就必须具备视觉思维能力，以画面和声音为载体，把编辑脑中的策划外化、形象化。

调动视听思维的第一步是在前期的选题策划中，首先要考虑题材及内容是否适合于电视表现。电视本身是一个视听兼备的传播媒体，相对于平面媒体和广播媒体，电视的题材必须适合声画双重传播的特性。在选题策划中，有些题材、内容初看起来不适合电视表现，但其重要性使之不可回避，这就对编辑的视听思维提出了挑战。现在有相当一部分新闻性电视专题节目在报道事件时讲故事，其实就是增强节目的叙事性，用生动的画面和语言来吸引观众，用视听思维来突出主题，收到更好的效果。

调动视听思维的第二步就是在拍摄过程中，强调视听材料的有效采集。编辑要在节目策划之初，就与前方的记者、摄影师有足够的沟通。视听语言的形成，有赖于大量画面、声音的有效组合，否则，再高明的编辑，面对一堆无用的素材，也是"巧妇难为无米之炊"。画面要有景别、视角的变化，要有细节的刻画；声音要有现场的同期声，现场采访等等。这样的新闻才有看头，有听头。

调动视听思维的第三步就是在后期的剪辑过程中，运用视听语言叙事、抒情和说理。有了前两步有效的运用，编辑到了后期制作才能游刃有余。电视编辑运用"蒙太奇"语言，利用剪辑技术，把凌乱散布的素材加工整理成新闻成品。并且运用视听思维，把编辑的抽象思维还原成观众容易感知的新闻，充分表现电视新闻的独特魅力。

"蒙太奇思维"可以说是"视听思维"的一个具体表现方式，也是电视新闻编辑思维修养的重要方法。"蒙太奇"原是法语(montage)，是建筑学里的一个专门术语，意思是把各种不同的材料，根据一个总的设计，处理、安装、构成一个整体。蒙太奇借用到电视领域是指既要将客观事物的外部以画面的形态展示给观众，又要设法将画面无法展现的客观事物内部元素以声音或屏幕文字的形态揭示给观众。

蒙太奇思维是影视独特的思维方法，是其他艺术所没有的。电视新闻编辑在进行创作构思时，须遵循蒙太奇思维方法，让自己的思维体现为形象的串联，用连续的图像来思考，这样，一串串的画面就构成为一部电视作品。这就是我们通常所说的"蒙太奇思维"。

3. 电视新闻编辑的政治修养

政治修养，就是马克思主义的思想素质修养。我国电视新闻编辑应具备坚持新闻工作党性原则的政治修养，这是社会主义新闻事业的性质所决定的。胡锦涛同志2002年1月在全国宣传部长会议上强调："我们的新闻媒体是党和人民的喉舌，一定要坚持新闻工作的党性原则。"中国的新闻事业是无产阶级的新闻事业，新闻工作的党性是新闻事业阶级性的集中表现。党性原则要求新闻工作者必须具备马克思列宁主义理论修养。在我国，新闻编辑要努力学习马列主义经典著作，掌握马列主义基本原理，并用来指导日常工作，还要结合我国的国情，学习党的路线、方针、政策，能够从理论上解释我国改革和建设中的问题。

政治修养，党性原则，要求我国的电视新闻编辑必须有强烈的政治感，始终把党和人民的利益放在首位，始终坚持正确的政治立场，将主观倾向融于客观报道之中。中央电视台在 2003 年 3 月的伊拉克战争报道中，既客观报道了事态的发展变化，又表明了我国政府的鲜明立场。在 3 月 20 日战争打响后，中央电视台各档栏目都始终坚持正确的舆论导向，及时、准确、鲜明、充分地报道了战事进程，滚动播出外交部声明，宣传我国各机构、团体呼吁和平的原则，巧妙地传达了我国政府的立场。

电视新闻编辑作为电视新闻的"把关人"，无论从编辑工作的社会性质，编辑工作的广泛影响，还是从编辑工作的舆论"引导者"身份来说，电视新闻编辑都必须是一个具有高尚道德修养和严谨工作作风的人。"在社会主义国家，我们强调新闻传媒及其从业人员要始终站在党和人民的立场，要把党和人民的事业放在最高位，把祖国和人民的利益看得高于一切，自觉做好党和人民的耳目喉舌。在新闻工作中，新闻传媒及其从业人员要始终以马克思主义新闻观为指导，自觉坚持党性原则，坚持党的基本理论、基本路线、基本纲领和基本经验；要始终忠于党，忠于祖国，忠于人民，自觉维护国家和人民的利益，自觉服从和服务于全党和全国工作的大局，坚持正确的舆论导向；要始终坚持真理，坚持正义，坚持讲真话，报实情，坚持实事求是，全面把握和正确反映社会生活的本质和主流，积极推进社会的文明、进步和发展；要始终坚持新闻工作为人民服务、为社会主义服务，勤勤恳恳，兢兢业业，不谋私利，无私奉献，这是社会主义新闻职业精神的实质所在，也是对一切新闻传媒及其从业人员的最基本的职业要求。"①

二、业务素质

业务素质是新闻编辑作为一种职业的最基本的素质，具体体现为各种能力的培养。然而，作为一个编辑最重要的专业素质，首先应当有一个"永不满足的好奇心"，有适应截稿时间的能力，在截稿期限的压力下平静工作的气质，同时，更为重要的是要有接受事实真相的宽容力，保证新闻报道的客观、公正性。

---

① 郑保卫著. 简论新闻记者职业精神与职业道德建设. 新闻战线，2004 年第 5 期

　　1. 发现能力

　　人们常常说新闻工作者要有"新闻眼"、"新闻鼻"，这就是新闻敏感，是新闻工作者的职业要求，不管在任何情况下都应该能够嗅得出新闻，并且能够及时地捕捉这些新闻。

　　现代社会生活节奏快、变化大，新闻的发生往往转瞬即逝，敬业的新闻工作者往往时刻都保持着新闻的警觉，事实上许多编辑都处在全天候的工作状态中。在媒体战愈演愈烈的今天，第一时间带给观众最权威、最准确的新闻是各大新闻媒体竞争的焦点，新闻编辑的发现能力强，发现得早就占了先机，取得了竞争的优势。如《南京零距离》，就以它对新闻事件采拍、播发的"快速"特点，使它的新闻时效性得到了很好的体现，做到"先人一步，胜人一筹"。

　　这里说的电视新闻编辑的发现能力，除了指尽早发现新闻的能力外，还特指编辑在工作中对素材的发掘、提炼的能力。电视新闻编辑在日常工作中接触大量的素材，要善于在已有的素材中发现新的线索，在不同的素材中发现相似点，发现新闻点，从而产生下一步工作的设想。

　　2. 选择能力

　　在急速变革的社会里，每天都在发生着数以千万计的世界大事、本国和本地的新闻事件，各种会议更是数不胜数。然而每天报道的新闻却是极为有限的，一些会议被报道了，而另一些会议却被忽略了。在一个信息充溢的电视市场中，即便是具有潜在新闻价值的事件和议题实际上也是无限的。一些产业部门正在诞生，一些正濒临消亡。一些艺术家产生了新的艺术作品，一些学校正在进行改革，一些国家机关、社会团体、重要企业的领导发生了变化……每天还有意外、偶然性和自然力导致的各种事件发生。

　　面对如此广泛的新闻报道信息，而被选择进行报道的事件也是非常有限的，并且许多媒体报道相似性的新闻。那么，是什么在引导编辑筛选信息？为什么同在一个社会或同一地区，有的媒体影响力却远远大于其他媒体？这即是编辑选择能力高下的具体体现。而制约编辑选择能力的是介于新闻标准和市场标准的逻辑依据。

　　按市场标准的逻辑选择的新闻事件和议题，应尽量吸引那些人口统计数据合理的受众。而新闻标准的逻辑遵循"社会责任论"，"对当前的事件进行忠于事实的、全面的、明智的论述，并提供可以赋予事件意义的背景资料"。按这种标准选择的则是那些对大多数人来说可以尽量获知本地公共环境情况的就近发生的议题和事件。

那么，观众究竟关心并观看哪些内容？编辑根据什么具体标准判断、选择那些能够吸引最广泛受众的兴趣、最能拓展公众注意力的新闻事件和议题？按照新闻理论的指导，"新闻价值"应当是一个可以用来衡量新闻事件的标准。一般来说，新闻价值越高其影响的观众越多，事件就越值得被报道。这样，能否对新闻价值进行准确的判断与把握，恰好形成选择能力高下之分的界线。

一般来说，我国新闻价值理论概括为四要素，即时效性、重要性、显著性和接近性。而美国学者约翰·H·麦克马那斯在他的《市场新闻业》一书中，对新闻价值作了更为细致的描述：

（1）时效性——议题和事件有多新，有多近？

（2）接近性——议题和事件距离受众有多近？

（3）重要性——议题和事件对本地受众来说有多重要？

（4）人情性——议题和事件能激发多少感情？

（5）显著性——议题和事件中的人物有多出名？

（6）反常性——议题和事件发生的不可能性和令人惊讶的程度如何？

（7）冲突性——在个人、组织、国家之间，或者人类和环境之间有什么样的分歧和破坏？

（8）视觉冲击力——采集到的有关议题和事件的画面有多吸引人？

（9）娱乐性——议题和事件能产生多少直接的满足？

（10）话题的热门程度——对于议题和事件，现有的受众兴趣如何？①

电视媒体的新闻编辑，依据上述标准对新闻进行选择、加工和编排，是使新闻内容具有吸引力的关键。

3. 策划能力

电视新闻编辑的策划分为宏观、中观和微观策划。宏观编辑策划是编辑部门就媒体长期的报道方针和频道、栏目定位所作的设计工作；中观编辑策划是编辑根据社会发展不断变化的形势与读者不断变化的接受兴趣、要求运筹帷幄，按照媒介产业运作的规律进行的所有提升媒体形象、提高市场占有率而对媒体资源进行的优化调整的思维行动；微观编辑策划是编辑针对可预见的新闻事件进行的准备性的报道决策。

策划是一种创造性的高级思维活动，是编辑主体意识的中心，是编辑文化背景、想像能力、思想深度的综合体现。

----

① ［美］约翰·H·麦克马那斯著. 市场新闻业. 新华出版社，2004年版，第175页

　　在今天的媒体竞争中"经营电视"，已经不是一个陌生的概念。电视新闻编辑也开始由过去简单的排列组合型进入复杂整合型时代。电视新闻编辑不仅仅是一档新闻、一个新闻栏目的灵魂，也是整个频道的灵魂人物。"经营电视"，意味着电视新闻也引入了营销的概念，注入了市场的气息，要有自己的目标人群，自己的定位，自己的市场份额……这些都需要策划，包装，宣传。我们以凤凰卫视的发展来看宏观、中观编辑策划。凤凰卫视开办之初，只有"卫视中文台"一个频道，是以娱乐为主的城市电视商业频道，新闻节目极少，并且主要是娱乐新闻和财经新闻。但是，凤凰卫视的创办者并没有把卫视中文台定位为娱乐频道，而是极力打造一个新闻电视媒体，并开始转向关注内地新闻，加强重大事件直播报道的力度。新的定位决定了新的节目策划和报道策划。凤凰卫视从 1996 年起，新闻性节目不断增多，现场直播和系列节目开始受到受众关注。1997 年香港回归，凤凰卫视做了一系列专题，并通过《时事直通车》的开播，基本完成了转型。现在的凤凰卫视，已经拥有中文台、资讯台、欧洲台、美洲台、电影台五个频道，并形成了《凤凰早班车》、《凤凰午间特快》、《时事直通车》、《凤凰全球连线》、《新闻下午茶》、《直播大中华》、《时事开讲》等资讯、访谈、评述性电视节目，使"新闻节目真正成为凤凰卫视的主干节目，并从资讯传播开始向观点传播拓展，评论性节目的出现，使观众听到了凤凰自己的声音"，一个全新策划的凤凰卫视形象呈现在观众面前。

　　微观编辑策划包括报道事件的选择，节目的编排等等。在具体实施中，一般先由编辑召开选题会，了解社会近期的动态，确立报道主题，分派记者任务，而有些重大选题记者更应与编辑相互配合，这样可以减少个人因素对电视新闻作品的不利影响，有效控制电视新闻节目的质量。策划必须具备对世态人情敏锐的洞察力和创造性的想像，以一种活跃开放的创作态势和管理技巧，对节目全流程进行整体策划。湖南卫视对党的十六大的宣传报道，就是一个成功策划的例子。其大型特别报道《潇湘纪行》以一艘轮船为报道的平台，栏目组就在轮船上顺着湘江而下，历时 21 天，一路采访，即时发回报道，以全方位的视角，以生动真实的例子，勾勒出沿途各地的历史巨变。新闻以小见大，以贴近群众的大量事实来宣传十六大"与时俱进"的主题，受到了观众的欢迎，创下湖南电视新闻史上时政新闻的收视新高。

　　现代传媒重视编辑策划能力，一是新闻传播观念的更新，二是新闻媒介的激烈竞争使然，编辑策划能力的强弱，直接关系到媒体的区域市场占有率，关系到频道、栏目的生存发展，所以编辑的策划能力不容小觑。

4. 创新能力

"创造性思维是思维活动的高级过程，是个人在已有经验的基础上，从某些事实中寻找新关系、找到新答案的思维过程。"

电视新闻编辑需要创新能力，这是由电视与现代科学技术紧密关联的特殊性决定的。传统的新闻学教科书对"新闻"的定义是"新近发生的事实的报道"。这一概念对于当今电视新闻的发展而言，已经是有些滞后了，因为随着通讯技术、卫星技术的迅猛发展，直播已渐趋日常化了。我们经常在电视上看到的新闻就是千里之外甚至大洋彼岸正在发生的事情。凤凰卫视报道俄罗斯南部别斯兰市一所学校发生的绑架学生的事件，前方记者就在绑架者与军警枪战中穿梭，让不少观众非常震撼。这说明，电视新闻已经由预制式向直播式迈进。

另一方面，电视特技手法增多，给电视新闻编辑提供了更多的创造机会。传统的剪辑仅能运用画面语言，蒙太奇技巧。现在随着技术的发展，编辑可以将画面分割，同时传递两路以上的信息；可以运用滚动字幕，在节目进行时插入最新消息或者其他新闻等，还可以运用音乐等多种手段加强渲染力。这些都打破了固有的播报新闻的方式，带给观众全新的视听享受。

随着社会的发展，媒体的进步，观众也逐渐参与到媒体活动中，并且对媒体提出了更高的要求，这也要求我们电视新闻编辑要不断创新。

创新是对存在的某种文化氛围的突破和对新的文化氛围的营造。创新性必须立足于渊博和包容性之上。电视新闻编辑要具有创新的能力，首先要有一定文化积累、专业底蕴，没有基础作铺垫，就不会产生新的灵感。其次还要有生活的激情，有热情才会有思考的动力，敏锐的观察、深入的分析能力都是创新的基础。

编辑的创新能力可以体现在多个方面，如内容的创新、形式的创新、运营方式的创新等等。比如梁冬的《娱乐串串烧》，为何在众多娱乐报道中独树一帜，就是源于其栏目独特的内容和形式。《娱乐串串烧》不满足于一般新闻的解读，从侧面反映社会矛盾，反映社会力量的变化。《娱乐串串烧》使"娱乐"的疆界得到了空前的拓展，搞笑评时事，正讲加反讲，嬉笑怒骂，百无禁忌。每每看到梁冬以极快的语速一针见血地对种种"娱乐事件"条分缕析，又用那种貌似漫不经心、实则暗藏讥讽的联想带出种种滑稽、鲜明的类比，娱乐节目在这里第一次变成了可以表达观点和立场的东西，他也竭力想和日渐泛滥的八卦资讯保持一种以我为主、进退自如的距离。娱乐，让观众感受到了全新的视角，这就是创新之处。

5. 组织能力

电视新闻编辑还应是新闻工作的组织者。组织能力偏向实际的操作，具体的掌控，是对策划案的具体执行过程的驾驭能力。新闻编辑有责任组织新闻记者对某一地方、某一阶段、某一方面、某一话题进行采访，制作有一定分量、有一定深度又有一定影响的电视新闻。

电视新闻编辑的组织能力，要覆盖两个方面：电视台内部和社会系统。在电视台内部，如果将整个电视宣传队伍比作一个庞大的乐队的话，那么，新闻中心或新闻部的负责人是乐队指挥，而编辑则是吹大号的角色，一边是指令的接收者，一边又是指令的发布者。编辑要将领导的意图传递，要指导具体的新闻采编，形成整体宣传合力，打造品牌栏目。电视编辑还要注重和记者站、通讯员的联系。这个通讯网络是编辑的宝贵财富，编辑要与记者、通讯员建立起良好的互动关系。

电视新闻编辑还要经常与社会各个层面打交道，各种人脉关系，都是新闻报道的消息来源或协作伙伴。比如关于食品卫生的报道，常常需要卫生部门的帮助；关于商品的问题，也需要工商行政部门的配合……要办好新闻节目，就需要组织各方面的力量，协调各种因素，为栏目服务。

美国 CNN 新闻管理运作系统中，专门设置了一个新闻调度系统，专门负责管理控制新闻信息和新闻图像的流动，以及前后期系统的分工。调度系统内有若干个调度编辑，职责主要有三：一是新闻资源的总控，来自各个渠道的新闻资源首先汇集到调度系统，然后由调度编辑制好清单向各个频道、栏目提供；二是对前期采访人员的调度，调度编辑有权调度前期采访人员，当有新闻发生时，调度编辑能迅速找到相关人员了解情况分派采访任务；三是协调各种关系，前方记者的报道由他们提供给后期栏目，栏目制片人对前期有什么特殊要求也由他们传达。当有特殊事件发生时，调度编辑要负责统一安排报道所需的各种人力物力资源。CNN 调度系统的存在，使新闻资源尽量得到最优化的组合和最合理的配置。虽然在我国内地，还有许多电视台并没有专门的调度编辑，但要使新闻部门运作协调有序，必须加强有关编辑的组织能力。

6. 写作能力

有人认为报纸、杂志等平面媒体对于写作能力的要求会比较高，因为写作是平面媒体最主要的传播方式，其实对于电视新闻编辑，写作能力也同样重要。电视新闻的表现元素不像其他新闻那样单一，它由画面、解说、字幕、音乐、音响等等表现构成。电视新闻文稿的写作，不仅要求有编辑的个性，还要有共性，能与其他元素相结合，否则，就难以将其表现元素有机地"串"在一起成为一条完整的新闻。

电视新闻稿的写作有自己的特点。首先，观众是通过看画面和听声音来接受电视新闻信息。电视新闻信息是画面和声音的结合，所以，新闻稿的写作要和画面结合起来，起到补充、说明、深化的作用。

电视新闻中的稿子是为听而写的，是一种既不同于平面媒体的写作方式，又不同于广播稿的写作方式，但它却兼有报纸、广播写作的一些基本要求，同时具备鲜明的电视特色。比如，电视新闻稿写作的口语化，这一点是与广播稿相同的。还应将新闻中的书面语尽量改成通俗易懂的大众语言，将容易误听误解的词改换成别的近义词，像"夕阳"与"西洋"、"时事"与"实事"、"九类"与"酒类"就容易误听误解，应改换成别的词语；同时将新闻文稿中不便于播送的单音词如"虽"、"将"、"且"等，改写成"虽然"、"可是"、"可能"、"将来"、"将要"、"并且"、"而且"等。还可以多运用群众熟悉的典故、歇后语、谚语、俗语来拉近与观众的距离。

电视新闻编辑还担负栏目的提要、串词及编前编后语写作的任务，这些对于编辑的写作能力要求更高。著名导演谢晋在谈到影视的本性时概括："形象高于一切。"电视新闻的可视性要求电视新闻文字语言尽量形象化，要把抽象的东西具体化，排除观众理解和接受上的困难，使电视新闻语言明白晓畅，通俗易懂。

三、体能素质

俗话说"身体是革命的本钱"，对于新闻从业人员更是如此，新闻工作是脑力和体力双重消耗的职业，对身体素质、体能素质的要求非常高。新闻现场，常常是环境比较恶劣的地方，对体能的消耗是常人难以想像的。即使是坐在机房操作编辑机和电脑，由于经常为赶制节目而通宵达旦工作，连续作战对编辑的能量消耗也是巨大的。电视台的新闻节目一般都有固定的时段，编辑必须赶在新闻栏目开播前把新闻编辑好，忙碌起来，往往顾不得休息，顾不得吃饭，时间就是生命这句话对电视新闻编辑来说再恰当不过了，而且还要在短时间内保证新闻质量。如果有重大的新闻事件，编辑们还要加班加点，遇到节假日更是忙得不可开交。加上电视新闻界的竞争越来越激烈，编辑们总是处在一个高度紧张、高度压力的"战争"状态，这样高强度的脑力劳动，没有一定的体能素质是难以承受的。

在这里，我很愿意用凤凰卫视员工的例子，凤凰卫视能在短时间内崛起，与其职员高强度运作是分不开的，在凤凰流传甚广的一句话是，"女的当男的用，男的当牲口使"。话语虽难听，但很形象地表达了凤凰人的一种工作态度。采访时，他们被认为"过度活跃"，一旦有大事发生，他们兴奋紧张过度，常常会连续工作十几或几十小时。虽然这样的投入，来源于他们对于媒体的热爱，但是还是要有健康的体魄作后盾才能这样勇往直前。

现代传媒与传统传媒相比发生了很大的变化。随着市场化发展，电视新闻竞争日趋激烈，观众要求不断提高，电视新闻制作技术突飞猛进，电视新闻的功能大为拓展，从单一的宣传教育，向传播信息、舆论监督、提供服务和娱乐等复合模式转化。我们不仅清晰地看到了新时期电视新闻的发展，而且也深切感受到了社会和市场对电视新闻编辑提出了新的挑战和要求。但是，无论怎么变化，电视新闻编辑作为精神生产和创作性智力的劳动本质没变，文化传承和积累的功能没变，作为新闻工作的中心环节的地位也没变。电视新闻编辑要牢记自己的工作本质，认清自己工作的性质，不断提高自身的素质，为成为高素质的新闻传播人才而努力奋斗。

思考练习题

1. 新闻编辑与新闻记者有什么异同？

2. 到电视新闻媒体找一份近期报道计划，分析报道计划制作的原则、内容及方式。

3. 以新闻编辑某一个工作日为例，收集当天的新闻来稿数量，观察选择稿件的方法，参与编辑定稿会，分析最后确定报道的新闻。

4. 参与编辑制作，编排一期电视新闻栏目。

5. 分析某一条新闻编辑制作的特色。

第二章　电视新闻类型编辑

本章要点

● 电视新闻按传播功能和作用划分，可分为消息类电视新闻、专题类电视新闻和言论类电视新闻。

● 电视新闻按体裁划分，有影像新闻、现场报道、连续（系列）报道之别。

● 电视新闻的播出类型有录播和直播新闻两类。

● 电视新闻的编排类型有新闻栏目、新闻频道。

现代电子技术的发展，不断推动与催生新的电视节目形态的产生，这对充分发挥电视媒介的优势，增强电视媒体的竞争力，都有着重要的作用。熟练地掌握与运用各种新闻节目的基本形态，是电视新闻编辑的一项基本功。只有根据新闻的不同要求，选用最恰当的节目形式，或根据预见的社会影响，策划不同的报道方案，才能成为一个合格的电视新闻编辑。电视新闻节目作为电视节目的主体，是在电视上传播新闻信息、分析、解释与评论新闻事实的各种新闻节目的总称。它包含各种新闻报道形式和节目传播形态，并且在发展过程中，电视新闻的不同形态之间往往相互交叉、融合。为了清晰地认识电视新闻的类型，我们有必要将电视新闻节目进行分类。分类是根据事物的同与异，把事物集合成类的过程。分类的目的是找出事物之间的共性和个性，把握事物的本质特征。按照不同的分类依据，电视新闻节目的类型可分为以下几种：

——以电视新闻节目的功能、作用和任务分类，可以分为消息类电视新闻节目、专题类电视新闻节目、言论类电视新闻节目等。

——以电视新闻节目的体裁和形式分类，可以分为影像新闻、非影像新闻、现场报道、连续（系列）报道、特写新闻等。

——以电视新闻节目的播出方式分类，可以分为录播新闻和直播新闻。

——以电视新闻节目的编排形式分类，可以分为新闻栏目和新闻频道。

第一节　功能类型

电视新闻节目根据新闻栏目的性质和定位的不同，有的侧重简要的消息报道，有的侧重于详尽的专题分析，还有的则是以评述新闻事件为主，报道重大新闻，反映当前国内外形势。因此，按照不同的功能与作用，电视新闻节目又可分为消息类、专题类和言论类新闻节目。

一、消息类电视新闻节目

消息类电视新闻节目，人们习惯称为电视新闻，即狭义的电视新闻。作为新闻性节目中的主体、骨干，消息类新闻在电视新闻性节目中处于重要地位，是电视台实现国内外要闻总汇的主要节目，是观众了解国内外大事的主要窗口。消息类新闻节目以迅速、及时、简要、客观地报道新闻事实为特点，报道新近或正在发生的新闻事态。[①] 在我国，《新闻联播》是消息类新闻节目的代表，它天天与观众见面，凭借信息量大、传播范围广、影响力强等优势成为我国电视节目中收视率最高的节目。

消息类电视新闻节目内容非常广泛，形式十分多样，是观众最常见的电视新闻体裁，也是电视媒体在信息传播上采取的主要方式。消息类电视新闻节目主要有以下四个特点：

（1）时效性强。消息类新闻不仅可以报道已经发生的事件，还可以以先进的电子传播技术，报道正在发生的事件，具有很强的时效性和感染力。相对于报纸杂志来说，电视新闻的主要优势就在于能及时处理当天或正在发生的新闻，而不像大部分日报那样只能报道昨天的事件。CNN 作为新闻媒介的声望后来居上，正是因为它在海湾战争期间将正在发生的事件迅速报道出来。尽管我国有些报道还显示出未经加工的粗糙，但事件的鲜活性仍足以打动、吸引观众。当我们看到"巴格达正在遭受空袭"的惊心动魄的现场画面时，谁还能为央视记者水均益在现场将"导弹"说成"火箭"的口误而计较呢？

（2）内容广泛。消息类新闻从国际到国内，事无巨细、包罗万象、非常广泛。可以说，无论在任何时候、任何地方、任何领域，凡具有新闻价值的人物、事件、现象都是电视消息的报道内容。以电视新闻题材涉及的地域范围分类，可分为国际新闻、国内新闻、地方新闻等。以电视新闻题材的专业

---

① 杨伟光主编. 电视新闻分类与界定. 北京：中国广播电视出版社，1994 年版，第 5 页

内容分类，可以分为时政新闻、经济新闻、法制新闻、社会新闻、科教新闻、体育新闻等。以电视新闻性质分类，可分为预知新闻与突发新闻、静态新闻与动态新闻、硬新闻与软新闻等。

（3）短小精悍。电视消息以其精练的语言、多种传播符号的运用，能在短时间内发出非常丰富的信息。消息类新闻多为动态报道，短消息只需几十秒，长消息也不过4分钟，体现出简明扼要的新闻特色。英国著名媒体BBC将电视新闻报道内容归为以下类型：紧急事件、犯罪、地方和中央政府、建筑规划与发展、地方议会或国会的争论、受压制群体、工业、健康、常人趣事、人物专访、体育、季节性新闻、地方特色、天气、交通状况、动物等。对这些新闻的选择与运用，电视新闻编辑最关注的第一个问题是：这会不会引起受众注意？对地方的新闻编辑来说，第一个问题则是：这是不是本地的？

（4）形式多样。消息类新闻的形式多样性是有目共睹的。电视传播符号的不同排列组合使电视消息报道形态多种多样，有现场报道、连续报道、系列报道、影像新闻、口播新闻、字幕新闻、图片新闻、动漫新闻等。

二、专题类电视新闻节目

专题类新闻节目，以对新闻事实作详尽的有深度的分析、解释为特点，是电视新闻做深度报道的节目。这类节目综合运用各种电视手段与播出方式，深入报道某一重大新闻事件或某些既具有新闻价值又为广大观众所关心的典型人物、经验、新出现的社会现象以及某一战线、地区新面貌等题材的新闻报道形式。[①]

专题类电视新闻是电视新闻中的深度报道。深度报道是在新闻消息的基础上对新闻事件进行"深加工"，即深入挖掘和阐明事件的因果关系以揭示其本质，追踪和探索其发展趋向的报道方式。电视新闻在发展初期，凭借其快捷的电子传播技术和声画并茂的多元素传播符号，以"短"、"平"、"快"取胜。但先进的技术带来的不仅仅是优势，电视虽能形象地再现新闻现场画面，但它不易表现过去或将来的事情，不易展现人的理性思维过程，再加上电视画面的转瞬即逝，使人们一度认为电视新闻不能胜任深度报道。专题类电视新闻的出现和发展打破了"只有印刷媒体才能做好深度报道"的神话。电视专题新闻充分调动图像、文字、声音等多种传播符号，将报道者的理性思考，通过对事件的调查剖析展示给受众。好的专题类电视新闻比印刷媒体

---

① 杨伟光主编. 电视新闻分类与界定. 北京：中国广播电视出版社，1994年版，第14页

的深度报道更具有视觉冲击力，更易引起社会的广泛关注。

1. 电视专题报道

专题报道是专题类新闻节目中侧重于对新近发生、发现的重大新闻事实进行深入报道的一种形式。①

专题报道是新闻消息的扩展和延伸，是电视新闻报道中一个重要的节目形态，主要有四种类型：第一类是典型报道，报道一定时期内最突出、最具代表性的人物和事件。第二类是重大新闻事件报道，包括对意义重大的突发性事件、某项行动等进行现场报道追踪。第三类是对重大新闻事件的综合回顾，将已经发生过的新闻事件围绕一个明确的主题，按照时空或逻辑顺序汇总，密集化地传播给受众。第四类是对社会问题、社会现象的思辨性报道，在感性的新闻事件的基础上作理性的思索，给受众一种观念、一种启示。

电视专题报道的主要特征：

（1）新闻性强。新闻性是专题类节目区别于科教专题节目的显著特点。专题类新闻节目报道的内容为重要的新闻人物、重大的新闻事件、显要的新闻现象，节目要体现时效性、适宜性。例如，中央电视台经济频道从2000年开始，在每年"两会"期间推出专题报道《小丫跑两会》，由王小丫以记者身份就每年与群众息息相关的社会新热点、焦点问题采访有关部门负责人，探寻这些新热点、焦点解决的措施和途径，并将政府对于这些问题的重视和关注及时传达给观众，具有很强的新闻时效性，也提高了社会关注度。

（2）信息量大。电视专题类新闻节目报道时间较长（短到几分钟，长至数十分钟），在部分栏目化的专题新闻节目里，有的专题类新闻节目还以连续报道和系列报道的形式播出。在专题新闻报道中，不仅可以详尽地介绍新闻的背景资料和相关知识，还可以对新闻事件进行全面而深入的分析。《小丫跑两会》信息量的丰富主要体现在对于每年的社会热点、焦点问题的细节报道上。如2005年，《小丫跑两会》分别就煤矿安全、农民工工资、农业税、食品药品安全、贫困子女上学、药价高看病难、环境保护、农民工生存、禁赌等十多个问题，运用系列报道的形式从不同的侧面进行了全方位的报道，向观众介绍了大量与这些问题相关的背景资料和知识，让观众更多地了解到解决热点、焦点问题的措施和途径。

（3）注重思辨性。电视专题类新闻节目信息量大，涉及面广，但并不是多种信息的简单叠加、重复和累积，而是从新闻事件有关的大量信息中，去

---

① 杨伟光主编. 电视新闻分类与界定. 北京：中国广播电视出版社，1994年版，第19页

粗取精、去伪存真，选择适当的信息；在信息的处理上由表及里、由此及彼，有逻辑、分层次地反映出各个信息之间的联系，使专题报道客观、公正、具有说服力。例如，《小丫跑两会》以观众来信为由头，从群众普遍关心的社会问题中寻找到较为集中的热点、焦点作为每期报道的主题，由一个事件、一个现象入手，深入剖析现象背后存在的更深一层的问题，对于问题的解决起到推波助澜的作用。

（4）多样性。新闻专题报道不仅在题材上具有多样性，而且在形式结构和表现手法上也呈现多样化。从逻辑结构上看，因果、总分、并列、递进等结构都在专题类新闻节目中得到运用；从叙事结构上看，使用顺序、倒序和插序的手法反映不同的时空结构；从专题报道的电视画面上看，可以运用写实的长镜头，也可以运用写意的蒙太奇镜头；在声音元素中，不仅可以大量采用同期声、解说、现场音响，还可以适当地采用音乐来烘托气氛。

2. 电视调查报道

调查报道是最具影响力的深度报道形式，也是最能体现社会监督功能的新闻形态。作为一种普遍采用的报道方法，调查性报道有着广泛的适用性，但作为一种相对独立的报道体裁、样式，它应当有着严谨的内在规定性。普利策奖获得者、《新闻日报》记者鲍伯·格林（Bob Green）将调查报道定义为："调查报道是对某人或某集团力图保密的问题的报道"，而且"报道的事实必须是你自己发掘出来的"。1972 年，美国《华盛顿邮报》记者卡尔·伯恩斯坦（Carl Bernstein）和鲍勃·伍特沃德（Bob Woodward）对水门事件的揭露，将这一时期的调查报道推向了顶端，并直接导致了美国总统尼克松的下台。

电视调查报道节目形态最早产生于美国，最典型的代表是美国哥伦比亚广播公司（CBS）的新闻杂志节目《60 分钟》，对社会热点和历史事件精辟的调查分析使得《60 分钟》成为一档声望极大、收视率极高的名牌栏目。1979 年至 1980 年，它的收视率达到了 28.2%，而当时的黄金时间娱乐节目的收视率是 26.3%。在 1991 年海湾战争期间，《60 分钟》曾连续两年成为黄金时间收视率最高的节目。①

1996 年 5 月 17 日，被称为中国电视新闻业的一艘"航空母舰"——中央电视台《新闻调查》栏目正式开播。《新闻调查》是中央电视台最具深度的调查类栏目，节目时长每期 45 分钟，每周一期，对群众所关心的社会热点，进

---

① 王纬主编. 镜头里的"第四势力"——美国电视新闻节目. 北京：北京广播学院出版社，1999 年版，199 页

行深入的调查。它以记者的调查行为为表现手段，以探寻事实真相为基本内容，以做真正的调查性报道为追求目标，崇尚理性、平衡和深入的精神气质。开办 10 年来，《新闻调查》栏目不仅成为中国电视的一个品牌栏目，更重要的是带给中国电视人一种电视操作理念。从调查节目到调查报道，《新闻调查》所探寻的一种适合我国国情的主流报道模式，已在各类型电视节目中普遍采用。

电视调查报道是就某一新闻事件或群众关注的社会问题、社会现象进行深入调查研究，是有分析解释、有思辨的电视深度报道形式。电视调查报道的类型有很多种，根据调查内容可以分为：人物调查、事件性调查和主题性调查。人物调查是指围绕一个人物进行采访调查的节目，一般是通过对话的方式讲述人物的人生道路，探析人物的心路历程，展现人物的性格特征，最终通过典型的人物以小见大，折射社会现象和社会问题。事件性调查通常是围绕一个新闻事件展开调查，有时也可能是由某一新闻事件而引发的对一系列事件的调查。事件调查从选题、采访到制作的过程要注意事件具有显著性，展现事件过程，揭示内幕，分析原因，预测趋势。主题性调查即针对某种问题或现象而展开的专项采访调查。主题性调查内容包罗万象，它强调对于主题的发现和挖掘，具有较强的针对性和导向性。包括对社会问题、社会现象的调查，对新问题、新事物的调查，对思想观念的调查和对消费生活的调查。如《经济半小时·洋大学机密》、《新闻调查·性教育课堂》、《新闻调查·死亡可以请求吗》和《为您服务·凉席今年流行保健》。

根据调查目的可以分为：揭露性调查和揭示性调查。揭露性调查节目往往是通过采访调查来揭露隐藏在事件、现象背后的内幕和问题，它比较接近西方传统揭丑式调查。包括揭开一些不法活动、不法行为的黑幕，揭露一些"合法外衣"掩饰下的违法、违规活动，揭露国家司法机关、行政机关工作中的不当之处。揭示性调查节目大多是通过对某一典型事件或典型人物的调查采访，揭示出其背后的原因和深层次矛盾，抓住其本质，以引发人们对这一典型事件、典型人物所代表的同类问题或现象作深层次的思考。

根据调查模式可以分为：侦探模式、分析者模式和游客模式。在侦探模式这类调查中，记者是智慧与正义的化身，记者像侦探一样介入某调查对象，力求在善与恶、是与非或真与假的二元对立中，挖掘出事物的真相，揭开恶、非、假的面具。从搜寻线索、搜集证据、质问坏人到揭开罪行，记者积极地介入调查事件或人物、事物。在分析者模式这类调查中，记者是以社会评论员的角色或以精神分析学家的角色，客观地描述人物、事件或现象，透视人的心灵深处，透析事件的深层矛盾和原因，透过现象看本质。在游客模式这类调查中，记者作为亲历者或目击者介入调查事件或现象，对事件本身的干扰较小，原汁原味地展示事物面貌，调查的过程更具客观性、现场感，也更能调动观众的参与感。

电视调查报道应注意以下两点：

（1）主观与客观的有机统一。选择什么新闻事件为切入口进行调查，从哪个角度进行调查，这些都是报道者所要作的主观判断。这种主观判断要求报道者具备敏锐的新闻嗅觉和深邃的洞察力。在调查的过程中，报道者的调查要以客观的事实为依据，客观地分析，客观地作结论，客观地判断或预测事物的发展趋势。让我们看看中央电视台《新闻调查·透视运城渗灌工程》这期节目是怎样一步步展开调查的。

调查切入口：运城地区完成的渗灌面积历次统计数字不统一，真实的情况到底是什么样的？这里面是不是暗藏了什么问题？带着这个悬念记者展开了调查。

　　初步调查：第一步——亲临现场考察渗灌池，发现很多渗灌池
　　　　　　　都没有投入使用。
　　探寻真相：第二步——既然渗灌池没有发挥作用，为何要农民
　　　　　　　修建？
　　　　　　　第三步——县领导的行为观念。
　　深入调查：第四步——渗灌工程的决议过程。
　　　　　　　第五步——运城地区领导的做法，省领导的反思。

记者的调查思路非常清晰，从表象到真相，从现状到原因，调查步步深入，层层深化，事实真相由表及里、层层剥笋似地被揭开。

（2）感性与理性的结合。电视调查报道的过程是一个步步接近事实真相的过程，从突破口的切入到每一层包裹事实真相的面纱的揭开，都应有大量的可视听的信息、有血有肉的人物和事件，这些都是观众通过画面所能直接感知的。报道者就是在这些感性的人物和事件中，分析人与人、人与事、事与事之间的联系，把握事件的来龙去脉，预测事件的发展方向，一步步让理性的光芒照亮事件的真相。《透视运城渗灌工程》这篇报道中，记者对临猗和芮城两县渗灌池进行调查时，发现一些渗灌池的出水管是断开的，一些渗灌池只有薄薄的一层，很难蓄水，一些渗灌池的上水管轻轻一摇就可以拔出来，这些都是对运城渗灌过程的感性认识。而这些感性认识引发了记者对运城渗灌工程的理性思考，揭露了该地方政府工作中的弄虚作假、官僚主义

作风。

3. 电视专题访谈

电视专题访谈是专题类新闻中以人物谈话为主要表达方式的一种报道形式。在电视发达国家，电视专访是运用广泛且颇受欢迎的电视节目形态。近年来，在我国，电视专访也越来越受到重视和欢迎。

电视专访主要涉及三类题材：

一是人物专访。人物专访能更深入、更真切地表露出新闻人物独特的经历、心理感悟和思想境界。中央电视台新闻频道2003年推出的《面对面》栏目，就是一档长篇新闻人物专访节目。《面对面》通过记者对采访对象一对一的专访，挖掘新闻人物的新闻性和新闻人物的魅力。例如，2005年2月5日《面对面》播出的《赵本山：制造快乐》。

导视：

他自称是一个地道的农民

却被文化学者称作真正的"艺术大师"

赵本山：我根本没相信过我是什么家、什么大师，我就是一个从人民群众中走出来的普普通通的演员。

从小山村登上大舞台，他和他的小品在人们的笑声中走过14年。

在制造快乐和紧张失眠的两极人生里，他坦言小品背后的真实心态。

赵本山，走进《面对面》

人物：赵本山，辽宁省铁岭市人，1957年出生，铁岭市民间艺术团一级演员，第十届全国人大代表

字幕：中央电视台春晚彩排现场

临近除夕，中央电视台一年一度的春节联欢晚会正在紧张的彩排之中。在众多的节目和演员中间，赵本山和他的小品再次成为人们关注的焦点。今年的除夕夜他将给全国观众带来什么样的节目？连续多年参加春节晚会，对于这台晚会他又有着怎样不同的感受？在晚会紧张彩排的间隙，《面对面》采访了赵本山。

记者：一到春节晚会赵本山就是热点，热点就是赵本山，您现在忙什么呢？

赵本山：现在刚把剧本弄完整了，我们已经走了两次台，还可以了。

记者：我看所有的演员都在争着上（春晚），我看你好像没有这种压力？

赵本山：争着上是一种过程，到一种没压力的时候，其实是最危险的信号。

记者：但前一段我看《马大帅》刚刚上演的时候，有记者访问您，听说您并不太想上（春晚）。

赵本山：说实在话，春节晚会对我们这些在春节（晚会）培养出的这些演员们，可以说是一年比一年难度要大。说不想上呢，给外人的感觉好像是、好像有点拿把，说想上呢，我现在可以这么说，自己不归自己管。

记者：那从你内心来说呢，你到底是想上还是不想上（春晚）？

赵本山：要如果没有作品的话，就不如不上，没有好的作品。我觉得这个小品的创作还不像其他的，我对这个东西要严肃起来，这是我的生命，我要认认真真地去做，我不能把自己上砸了。

记者：但是现在给人的感觉好像是作品都在等你，有没有作品赵本山都得上？

赵本山：其实这都是炒（作）的，就是我不上这个晚会，你说老百姓他能不过年吗？他照样吃饺子，他照样关心春节晚会，我恰恰从来没有想到我自己位置能够左右春节晚会，这不可能，别说我，都不上老百姓还得过年。

画面：赵本山在历年春节晚会上的小品片断

……

通过人物专访，让观众了解到赵本山这个笑星背后的苦恼与内心世界。

二是事件专访。事件专访能让已经过去的重大事件通过亲历者的回忆历历再现于观众眼前。例如凤凰卫视制作的专题访谈篇《复关入世十五年》就是通过对中国谈判代表的访问，清楚地展现了中国从争取恢复关贸总协定席位（世贸组织的前身）到成功加入世界贸易组织的15年漫漫征程。

三是观念专访。即调查人们对某一事件、现象、问题的看法，探讨社会伦理、人生价值观等问题。随着人们价值观的多元化，这类调查日益受观众欢迎，它给人们一个表达观点的舞台，一个理性思考的空间。例如，《新闻调查·死亡可以请求吗》，记者采访了几位不堪病痛折磨、难以继续支付医疗费用而请求安乐死的尿毒症患者及其家属，调查了一位年仅22岁的晚期肝癌患者李林请求安乐死而不能的情况，走访了法学专家、医学专家和中国临终关怀专业委员会主任委员，让这些患者、家属、医学界和法律界各方人士的代表谈他们对安乐死合法化这一问题的看法。

在人物专访中，采访对象应具有一定的社会知名度，他的工作业绩或生活经历应能引起观众的广泛关注。在事件专访中，采访对象应是新闻事件的亲历者或目击者或直接利害关系者。在观念采访中，采访对象应具有一定的典型性、代表性。

在电视专访过程中，记者是观众与采访对象沟通的桥梁，应当不卑不亢地面对采访对象，营造平等交流的氛围。记者专访提问时，要以逻辑严密、层次清晰的采访思路引导采访对象的谈话，使之清楚明了。专访中，记者要善于倾听，认真聆听采访对象的谈话，只有这样才能做到随机应变，使访谈始终围绕主题展开，并突出亮点。

好的电视专访除了访谈内容要精彩外，还应该充分运用电视的各种传播符号，丰富电视专访画面。例如，《面对面》节目是以主持人和采访对象在演播室的访谈为主，但每期节目中也会插播一些外景画面。节目开头是以画面加解说的形态介绍采访对象的生平、工作、经历等等，访谈中插播一些采访对象的生活、工作场景。这些图像和解说增加了节目的信息量，减少了纯谈话镜头的单调，并且使节目的层次更加清晰、明了。

三、言论类新闻节目

言论类新闻节目即电视新闻评论，是指评论者、评论集体或电视机构对当前具有普遍意义的事件、问题或社会现象表示的意见和态度。①

言论类新闻节目传播形态主要有：电视述评、评论员评论、主持人评论、电视短评等。言论类新闻节目以传播有新意、有价值的观点、见解和对重要新闻事实作评论为主，具有较强的舆论导向作用。

电视新闻评论在电视新闻节目中所占比重虽不大，但却起着旗帜和灵魂的作用。

因此，要做好电视评论，必须达到如下要求：

（1）科学性。电视评论要发挥其指导作用，那么，它所反映出来的思想、立场、观点就必须是科学的、正确的，以达到论点鲜明，立意深刻。例如，中央电视台制作的政论片《迎接挑战》不仅让人们明白"科学技术是第一生产力"的道理，而且让人们看到我国先进的科学技术水平与发达国家的差

---

① 杨伟光主编. 电视新闻分类与界定. 北京：中国广播电视出版社，1994 年版，第 21 页

距以及我国为减小这一差距所做出的努力，让全国各族人民做好准备，抓住机遇，迎接挑战。

（2）逻辑性。电视评论要条理清楚，层次分明地把握论点论据，必须具有较强的逻辑性。例如，《迎接挑战》首先追溯了中国古代以领先的技术创造了辉煌的东方文明和近代西方资本主义国家以先进的科学后来居上的历史，然后介绍当今世界新科技发展的概况，接着总结新中国科学技术事业的经验教训，指明我国发展科学技术的道路，最后概括我国社会主义建设事业取得的辉煌成就，鼓励人们迎接挑战。这一结构让观众清楚明了迎接挑战的背景、原因以及对策。

（3）思辨性。电视评论要做到论证充分，剖析透彻，以理服人，就应当强调论点的客观，论据的典型，论证的充分，并具有较强的思辨性。论据与论点要紧密相连，留给受众判断的空间。例如，《迎接挑战》用历史唯物主义和辩证法来看待问题，用古今中外的实例来论证科学技术对社会发展、进步的重要性，既论述我国先进科学技术与发达国家的差距，又指出我国科学技术建设事业中的一些失误，还论述了我国以经济和科技为基础的综合国力的日益强盛，以鼓舞人们迎接挑战，增强发展科技兴国的决心和信心。

（4）形象性。电视画面稍纵即逝，理性的观点与分析没有形象的画面是难以留住受众视线的。因此，电视评论要充分调动电视的各种传播符号、精美画面、流畅的解说、真实的同期声和背景音乐等，都可用来增强电视评论的形象性。

言论类新闻节目主要形态：

1. 电视述评

电视述评是一种包括"述"与"评"两部分的评议形式。它既报道事实的具体情况，又对事实进行分析评价，既可夹叙夹议也可以集中表明观点和态度。[①]

电视述评边叙边议，充分运用电视语言的各种符号，是最能体现电视传播特点、发挥电视传播优势的电视评论形式。1994年4月1日中央电视台《焦点访谈》栏目开播，很快便成为一档高收视率、高满意度的栏目，以此为标志，我国的电视述评节目得以迅速发展，并日趋成熟，深受欢迎。

根据电视述评题材的不同，可以分为以下几种类型：

一是事件述评。事件述评是指根据记者直接调查、了解的材料，以具体

---

① 杨伟光主编. 电视新闻分类与界定. 北京：中国广播电视出版社，1994年版，第23页

而典型的新闻事件为述评对象的述评。事件述评是受众在了解事件真相的基础上，对事件的性质、影响、意义有更深刻的认识。例如，中央电视台《"台独"不得人心》就是针对陈水扁"台独"言行进行有力抨击的述评节目。

二是工作述评。工作述评是指以各条战线、各个领域实际工作中的经验、教训或问题为述评对象的述评。这类述评通过对一定时期内党和政府中心工作的阐述和某些社会现象的揭示与评论，使受众从这类节目中得到一定的启示，以达到相应的目的。

三是形势述评。形势述评是对国内外政治、经济、外交等各个领域的形势为述评对象的评论。这类述评给受众提供新闻背景资料，分析新闻现象，预测发展趋势，以开阔广大人民的视野。例如，《焦点访谈》2005 年 5 月 12 日播出的《稳定房价合民心》，对于国家出台的抑制房价涨幅过快的各项政策措施及做法进行了述评，起到了较好的导向作用。

四是思想述评。思想述评是指以人们的思想观念和社会道德风尚中具有普遍意义的新情况或具有倾向性的新问题为述评对象的述评。思想述评通过某具体事件为切入点，反映社会具有代表性的部分思想观念，并以对这种观点的褒贬、扬弃来提高人们的思想认识和道德修养。《焦点访谈》2005 年 7 月 5 日播出的《大学生基层就业新政策解读》就是评述当代大学生支援西部教育事业的言论和行为，弘扬了新时期大学生献身西部开发的崇高精神。

电视新闻述评的最大特征就是述与评的有机融合。述即叙事，评则是对新闻事件的性质、意义及发展趋势发表见解。述为评提供依据，是评论赖以形成的客观基础；评议是在述的基础上进一步深化主题，揭示事物的性质，预测事物的发展趋势。述评的融合通过对新闻事件的展示，对各方面意见、观点的归纳，得以让受众与述评者共同观察、分析与思考。

2. 评论员评论

评论员评论是评论员或特邀评论员，就当前人们普遍关心的问题或重大新闻事件、社会现象，直接向观众表示意见、看法、立场和态度的节目。在评论员评论中，多以第一人称的口吻与受众直面交谈，这种交谈方式适当地拉近了与观众的距离，达到了平等交流、情感互动的效果。

在欧美等西方发达国家，电视评论员地位非常显著，威望也很高。例如，美国 CBS 电视新闻杂志《60 分钟》就有一个著名评论员安迪·鲁尼的评论专版。凤凰卫视开办的《时事开讲》、《新闻今日谈》两大评论员评论栏目使得被誉为"中国时评第一人"的曹景行和凤凰卫视首席评论员阮次山迅速确立了在传媒界的权威地位。

　　凤凰卫视的言论类电视新闻节目深受观众的喜爱，其中以《时事开讲》节目最为突出。在这个节目中，首先开创性地设置了"时事评论员"的角色，通过直播的形式，在短短的二十分钟内，评说当天重大时事新闻和社会热点，同时向观众提供评论员的观点和分析，这已成为当今电视言论类新闻节目的典型模式。正如主持人董嘉耀所言："最新的评论和各方信息也是新闻信息。"评论员的权利就是发布自己的观点，有个性化的观点才会吸引更多的观众，才会影响他们的思考。

　　新闻除了知情权的问题还有解释权，公众除了知道发生了什么事情，还要了解为什么。"作为媒体最大的竞争就是解释权之争。第一解释权可能要比其他的解释更重要。评论也有一个时效性的问题。一件事发生后，谁的解释快速准确，可能就注定了他的解释的权威性。"①

　　为巩固、加强资讯台、中文台的政经评论地位，凤凰卫视还于每天中午时段开辟了话题性的评论节目《新闻今日谈》，目前已成为凤凰卫视资讯台的主打评论节目。主持人与著名时事评论员阮次山或何亮亮先生针对当天最热门的时事，以最简练、最具震撼力的语言，切中要害，透视事件的真相。阮次山认为，有时候观众看电视时，可能正在和朋友聊天，所以在电视发表评论时，一定要有一两句话，或者概念，可以马上就打动他。毕竟，电视是一种影响力日深的大众文化，注重的是即时效果。

　　3. 主持人评论

　　电视主持人评论主要是指在特定的栏目中，主持人针对重大新闻事件和公众关心的情况和问题，发表个性化的言论或点评的一种节目形式。这种评论一般由主持人参与选题、策划，甚至亲自执笔撰写，从而更为深刻地体现主持人的个性特征。我国电视界较有影响的主持人评论如北京电视台的《第七日》、江苏电视台城市频道的《南京零距离》、中央电视台体育频道的《体育今日谈》、凤凰卫视的《娱乐串串烧》等。不同的主持人，由于思维、视角、语言个性的不同，评说往往体现不同的风格特征。

　　主持人出镜增强了亲近感。电视主持人向人们展示其个性化的一面，其外表、声音、气质、智慧等转换成多种传播符号，具体直观地传递出各种意见信息，赋予了评论鲜明的形象性，拉近了主持人与受众之间的距离。同时，主持人往往以第一人称发表评论，并且将自己的所见、所闻、所思、所感融入到整个节目中，仿佛与观众在进行面对面的交流，从而增强了作品的说

---

① 钟大年、于文华主编. 凤凰考. 北京：北京师范大学出版社，2004 年版，第 194 页

服力和感染力。如在凤凰卫视的《娱乐串串烧》中，原主持人梁冬就以个人的视角观察生活，观察世界，关注时事，观看文化。在每期的话题中，梁冬都能通过幽默而有思想火花的话语去解读，从而在生活哲理层面反映出社会力量的变化。节目虽冠以"娱乐"，但却"超越了简单的搞笑，投入了思考，使娱乐体现了潜在的深度建设力量"。

主持人个性化带来评论风格多样化。由于主持人在整个新闻节目中起着主导作用，因此其个性特征极大地影响节目的风格：《第七日》主持人元元的京腔、《南京零距离》主持人孟非的尖锐以及《娱乐串串烧》原主持人梁冬不标准的普通话和夸张的肢体语言都给观众留下了深刻的印象。《南京零距离》一直保持较高的收视率，与孟非个性化的评论语言不无关系。在对新闻的串讲和点评中，孟非即兴发挥、信手拈来，总是一语中的，点破"人人心中有，个个口中无"的道理，从而形成了栏目独有的风格特征。

主持人的人格魅力带来节目的权威性。在传播中，主持人的声誉与权威性和观众对节目的信任感是成正比的。美国公共电视网创始人詹姆斯·德在谈到主持人的公共形象时说："主持人是一种独特的人物，公众把他们作为一种性格来认识；主持人综合了记者的能力和人格的力量；主持人是公众意识的创造者；主持人具有很大的明星效应……"①《60 分钟》的名字就是伴随着麦克·华莱士、哈里·里森纳、莫利·塞弗和丹·拉瑟等这样一批闪耀着思想睿智的主持人而深入人心的。

4. 电视短评

电视短评即在某条电视新闻前后配发的编前话、编后话、编辑点评等言论。

电视短评短小精悍，力求用简短的语言，对新闻事件作一针见血、力透纸背的剖析，使新闻事件的本质得以显露，新闻主题得以升华。

电视短评播出形式多种多样：既可由记者在新闻现场即兴评论，也可由主持人或播音员在演播室对新闻报道进行点评，还可邀请有关专家、学者和领导人等进行嘉宾评论。

电视短评的特点主要是紧扣新闻事实，抓住其中一点，简洁地点出新闻事实的本质及其所蕴涵的现实意义，起到画龙点睛的作用。例如上海东方电视台播出的连续报道《新疆兄弟紧急求援，上海各界伸出援手》，以新疆库尔

---

① 转引自王少年："形象 素质 说话及价值尺度——泛论电视节目主持人"，《电视研究》，1999年第 7 期

勒地区 12 人因误食带菌豆豉中毒，病情危急，生命垂危为报道线索，报道中毒者亲属紧急求援上海，上海各界紧急援助的消息。在第一条新闻"一人死亡十一人垂危、新疆兄弟紧急求援"报道结尾，就加有编后语："生命高于一切，在这样的时候，绝没有地域的距离和利益的考虑。时空的阻隔被轻轻跨越，许多热情的手伸向了远方 11 名新疆兄弟生的希望。危难时刻见真情，远在千里之外的 11 条生命，能够牵动这么多人的心，在采访过程中让患者的朋友和我们记者深深感动。"

报道第二天（2001 年 12 月 31 日）东方卫视连续报道事件的进展"上海送医 3000 公里"之后，编辑又在新闻结尾加写了编后语："新疆库尔勒轮台县是西气东输的起点，而上海是西气东输的终点，将两地紧紧联系起来的不仅仅是这一重大工程，更有两地人民之间的深厚情谊。……几天来，我们全体采编人员也被这一事件深深地感动，我们看到了公民道德的闪光。"这两条新闻编后语有感而发，言简意赅，切中要领，巧妙地将西气东输的起点与终点衔接在一起，升华了该新闻的主题思想。

第二节　体裁类型

电视消息是电视新闻最基本的形态，也是电视新闻最常规的"武器"。每天，电视媒体的基本运转都是靠大量的消息报道来支撑的，因此，抓好电视消息的采编，是媒体主管日常考虑的重头节目。随着电子技术的发展和媒体间的相互借鉴，电视消息的体裁与报道形式也呈现出丰富多样的类型。

一、影像新闻

影像新闻是采用电子或数字技术摄录系统在新闻事件现场摄录画面和声音，并结合文字稿，对新闻事实进行报道的形式。

影像新闻始于 20 世纪 40 年代的美国电视界。它是电视新闻中运用较早，也是迄今最常用的电视新闻报道方式。新闻形象化传播的优势，能给观众身临其境的感觉，有较强的真实感、现场感，是运用最多的电视新闻报道方式。每天，我们从新闻联播、晚间新闻报道中看到的大量新闻，基本上由影像新闻构成。

影像新闻作为一种重要的电视新闻传播手段，它要求记者有较强的政治敏锐性和新闻敏感性，熟练地掌握采访摄影等技巧，在新闻事件现场判断准确，抢拍迅速，抓住主要场面，用富有表现力的画面形象、现场同期声和简练的文字语言合力传播新闻信息。

　　由于影像新闻是以画面形象为主的传播方式，因此，在影像新闻中，尤其要注重画面形象信息的传达和情感作用。在新闻现场抢拍有感染力的形象画面时，要充分展示电视新闻形象化传播的独特优势，使各种表现符号有机和谐地结合起来。

　　例如，由中央电视台和河北电视台联合报道，荣获中国广播电视新闻2003年度电视新闻短消息一等奖的《河北辛集郭西烟花厂发生特大爆炸事故》。

画面	解说词
演播室主持人	【导语】 　　今天下午，河北省辛集市郭西烟花厂突然发生爆炸，我们来看记者刚刚从现场发回的报道。
剧烈的爆炸现场	【正文】 　　下午6点零8分，辛集市王口镇郭西烟花厂响起第一声爆炸，接着引起连锁反应，爆炸持续不断。记者赶到现场时，郭西烟花厂已是一片火海，一股股热气夹杂着浓烈的焦糊味扑面而来，弥漫的烟雾刺激得人眼睛都难以睁开，大大小小的爆炸声此起彼伏。搜寻伤亡人员的工作在爆炸和火光中紧张地进行着。
伤员被抬上救护车	
又一次猛烈的爆炸	【现场】 　　（巨大的爆炸声）
现场指挥人员紧急部署抢险	【同期】指挥人员： 　　除消防人员和救护人员，其他人员全部撤离200米以外。
救护车一路鸣笛紧急赶赴现场 消防人员火速赶往现场 一名老人被救出 现场简单包扎 紧张有序的救援现场	【正文】 　　据现场抢险人员介绍，爆炸发生后，当地医护人员和消防官兵、公安干警等陆续赶到现场抢险，现场不断有伤员被从废墟中抢救出来，医护人员对伤员进行了简单处理后，根据不同情况送往相应的医院进行抢救。 　　据了解，爆炸发生时有169人在厂区工作，到记者发稿时已知有2人死亡，100人左右受伤。 　　　　　　　　　　　　（2003年7月28日首播）

　　这是一条灾难性新闻报道，记者在事发现场拍摄到正在发生的景象：剧烈的爆炸，紧张的救护，构成了一幅视觉冲击力极强的影像，这是其他媒体

难以比拟的。

二、非影像新闻

电视新闻报道中的口播新闻、字幕新闻以及图片新闻一般统称为非影像新闻。

1. 口播新闻

口播新闻是以播报员出图像为主，结合画外音，播报文字新闻稿的新闻报道形式。

口播新闻没有新闻现场的影像画面，它是以语言播报为传达信息的主要手段。口播新闻主要分为两类：一是文件类，如公告、决议、命令、新闻发布稿等。二是简讯类，播出有新闻价值没有新闻画面的重要信息。

口播新闻具有以下几个特点：

（1）时效性强。对于突发的新闻事件，由于电视记者无法在短时间及时赶到现场拍摄影像，但消息又非常重大，为了抢在第一时间传播出来，采用口播新闻的形式是一种更快捷、更及时的方式。例如，中央电视台新闻联播中插播某地发生地震的消息，就用口播方式。

（2）制作简便灵活。口播新闻一般不用拍摄、编辑等环节，只要了解新闻事件的五要素，就可以直接由播音员播报。因此，口播新闻制作环节少，制作速度快，播发效率高。随着电视技术的发展，现在的口播新闻还经常运用抠像等电视特技，配以照片、地图、图表、实物、动漫等背景资料，使口播新闻的生动性、可视性大大提高，扩大了单位时间内的信息传播量。

（3）口播新闻显得庄重、清晰和直接。由于这个特点，它常用来播报党和政府的重大决策和公告。同时，口播新闻不受现场图像的局限，在报道重大突发新闻事件时，可以采用口播新闻方式争抢新闻的时效。美国著名主持人爱德华·默罗曾说过："信息本身比它的传播手段更为重要。"对观众而言，"信息欲是第一位的，其次才是传播手段如何"。

随着电视新闻的不断发展，口播新闻也会出现新的变化，其形象化、动态感让口播新闻更加生动、活泼、鲜明。

2. 字幕新闻

字幕新闻是用电子计算机控制字幕发生器，在电视屏幕上打出字幕，以简洁的文字，向观众传播最新的新闻信息，是电视新闻最简便的报道方式。①

---

① 杨伟光主编. 电视新闻分类与界定. 北京：中国广播电视出版社，1994 年版，第 9 页

　　字幕新闻是电视技术发展的一个产物。按照字幕运用的不同处理技术，字幕新闻可分为静态和动态两类。静态字幕就是指无形象画面，将文字打在空白底色上报道的新闻。动态字幕是指在正常播出的电视节目画面上（通常在画面下方）叠加上下滚动的字幕报道与正在播出的画面无关的新闻。它常常用于插播重要消息。

　　字幕新闻具有时效性强、文字言简意赅、制作灵活简便等特点，得到越来越广泛的运用。例如，2005年8月我国浙闽沿海等地遭受台风"麦莎"袭击时，中央电视台和各地方电视台都采用屏幕下方滚动字幕的方式，制作播出了大量的字幕新闻。这些字幕新闻的内容主要是预告台风"麦莎"即将来袭的消息，各地应对台风"麦莎"袭击的措施，"麦莎"登陆浙江省台州市的最新情况和消息，以及受"麦莎"影响浙闽地区的天气情况等等。字幕新闻对提高报道的信息量和时效性起到了非同一般的作用。

　　字幕新闻的插入方式可以在观众心里形成"重大"、"紧急"的心理作用，容易吸引观众注意。同时，字幕新闻不干扰原有节目的正常播出，可以形成信息"双重传播"效果。但字幕新闻如果用得过多过滥，则有可能适得其反，影响信息的传播效果。

　　3. 图片新闻

　　图片新闻是运用单张或成组的新闻摄影图片，结合文字解说报道新闻事实，是把报纸、杂志的新闻图片报道引用到电视新闻中来的一种报道方式。①

　　图片新闻采用多幅新闻摄影照片，多侧面多角度反映新闻事件，将具有相对独立内容的照片经过逻辑组合后，便可完整、全面地反映新闻事件全貌，阐释新闻主题。因而，图片新闻在我国电视新闻屏幕上也在相当时期内占有一席之地。

　　随着电子摄影技术的普及与发展，图片新闻这种报道形式在中央电视台经济频道的早间栏目《第一时间》和午间栏目《全球资讯榜》里经常出现。由于图片新闻弥补了缺少新闻现场图像的不足，因而扩大了新闻报道面。

　　三、现场报道

　　现场报道是最能体现和发挥电视传播优势、特点的新闻报道形式。电视记者在新闻事件现场，面对摄像机（观众），以采访记者、目击者或参与者身份作出镜报道，具有很强的现场感。

---

　　① 杨伟光主编. 电视新闻分类与界定. 北京：中国广播电视出版社，1994年版，第8页

自 20 世纪 70 年代初，美国电视界最早开播现场报道以来，现场报道毋庸置疑地成为最具电视特色、最受观众欢迎的新闻报道形式。

现场报道的基本形态要素有以下几点：

——现场报道反映正在发生或发展的新闻事件；

——记者在新闻事件现场，进入画面作报道和采访；

——记者在新闻现场随着事件进展边观察边叙述，报道与事件同步；

——事件现场画面和现场音响，包括讲话、同期声、效果声。

例如，2003 年 10 月 15 日上海东方卫视播出的中国第一艘载人航天飞船"神舟五号"发射的新闻《"神五"升空特别报道》就是现场报道。

画面	解说词
记者出镜	观众朋友，这里是酒泉卫星发射中心，我现在所处的位置离发射塔只有 1000 米，这也是我们被允许进入的离发射点最近的地方。现在是北京时间 8 点 59 分，大家可以看到我身后的发射塔架已经完全打开，场上的工作人员也已全部撤离，"神舟五号"飞船发射已经进入倒计时，中华民族的飞天梦就要实现了。
镜头摇到火箭，记者话音刚落，火箭点火升空实况 13 秒 运用特技做出双框效果 杨利伟首次记者见面会镜头 凌晨出征画面 杨利伟上车与群众握手告别 指挥中心内飞船运行轨迹图	承担今天首飞任务的航天员叫杨利伟，今年 38 岁，辽宁省绥中县人，1998 年由空军飞行员选拔为航天员，已经接受了 5 年的严格训练。按照计划，杨利伟将乘坐"神舟五号"飞船环绕地球飞行 14 圈，明天早晨 6 点多在内蒙古中部着陆。如果这次飞行圆满成功，中国将成为继美国、俄罗斯之后，世界上第三个能独立开展载人航天活动的国家。卫视特派记者李姬芸酒泉卫星发射中心现场报道。 （2003 年 10 月 15 日首播）

中国第一艘载人航天飞船"神舟五号"顺利点火，发射升空，是举世瞩目的重大新闻。为了满足人们目睹"神五"升空的壮观景象，上海东方卫视恰当地运用了现场报道形式。我们从新闻中看到：当记者在现场报道"神舟五号飞船发射已进入倒计时，中华民族的飞天梦就要实现了"的话音刚落，这时镜头就从记者推摇至火箭发射塔，画面中显示火箭开始点火，烟火漫卷之

中，火箭扶摇而上，蔚为壮观，极大地满足了观众的视觉快感。

在现场报道中，记者第一时间到达新闻现场，报道的是正在发生的新闻，而不是一般影像新闻所报道的新近发生的新闻，因此，现场报道更能突出电视新闻的时效性。现场报道记者在新闻事件现场，及时地把现场发生的事件、人物、氛围、细节等诸多因素进行组合，通过电视屏幕传播给观众，将观众"带入"新闻事件现场，让观众看到新闻事件现场的图像，听到新闻现场的音响，了解事件的发展过程，有时还可采访到新闻事件参与者、目击者的内心感受，因此，能让观众获得身临其境的现场感。

在收看电视新闻现场报道时，观众不仅可以像现场目击者一样了解新闻现场的动态，并且与信息采制、传送、接收同步，这样可使新闻的事件发展产生一种悬念，从而让观众产生更多的求知欲和参与感。

四、连续报道与系列报道

1. 连续报道

连续报道是对正在发展中的新闻事件进行及时而又持续的报道。它是消息类电视新闻对某一事态作深入报道的方式。

连续报道具有以下三个特点：

（1）时效性。对于正在发生的重大新闻事件，用连续报道的形式将事件的起因、经过、结果在第一时间传播给受众。例如，中央电视台2005年8月对"第四轮朝核六方会谈"进行了连续报道。从2005年7月26日会谈开始，中央电视台新闻频道和国际频道就一直十分关注，进行了连续追踪报道，到8月7日会谈结束，连续13天不间断地予以报道。

（2）事件性。事件性的题材要求报道具有连续性、完整性，交代事件从发生、发展到结束的每一步进展。中央电视台对"第四轮朝核六方会谈"的连续报道中，就是着眼于会谈的每一步进程，使得这一新闻事件通过连续报道形式引起受众广泛关注。

（3）递进性。连续报道通常采用递进式的手法，按照事件发展的时间和空间的转换而层层递进、步步深入，使受众有一种渐进渐知的参与感。

2. 系列报道

系列报道是围绕同一新闻主题从不同角度、不同侧面作多次连续报道的一种方式。

我们以中央电视台《新闻联播》播出的10集系列报道《人民西藏四十年》为例，谈谈系列报道的特点：

（1）题材重大性。系列报道都是对党和政府的中心工作、现代经济社会发展、人民群众生活有重大影响的题材。例如，《人民西藏四十年》是在2005年西藏自治区成立40周年之际推出的。通过记者的深入采访和生动报道，让观众切身感受西藏40年来在经济建设、社会发展、文化传承和生态环保方面所取得的巨大成就，感受党中央对西藏的亲切关怀和全国人民对西藏的大力支援，感受西藏各族人民艰苦卓绝的奋斗和亲如一家的民族情怀。

（2）主题同一性。系列报道着重通过多次报道突出体现某一主题思想，展现共性，反映具有普遍意义的状态和趋势，引起社会普遍关注和重视，因此它是主题性新闻题材。《人民西藏四十年》系列报道的10集都是围绕西藏40年来从落后到先进、从蒙昧到文明、从封闭到开放的历史跨越所进行的报道，充分展现了西藏自治区成立40年来的辉煌成就，反映了党中央多年来的亲切关怀和英明领导，反映了全国人民的热情支援和西藏270万各族人民的团结奋斗。

（3）立体式结构。系列报道每一集并不是对信息的简单罗列，它们之间是按照一定的逻辑顺序排列，从不同的角度、不同的侧面反映主题。这种报道顺序可以是并列，也可以是总分或是递进。《人民西藏四十年》采用的是总分结构，先是从总体上叙述西藏自治区自成立以来发生的巨大变化，以《四十年大跨越》开篇，然后再分别以《旺堆老汉的二十一亩青稞地》、《普琼的藏戏人生》、《洛尼老师的教学路》、《青藏铁路过我家》等为题，从农业、文化、教育、交通等方面介绍西藏自治区在这些年里的蓬勃发展。

3. 系列报道与连续报道的异同

系列报道与连续报道有许多相同之处，如两者都具有新闻性，都是由多个独立报道构成播出形式，都是出现多次的连续性的报道。

但是，系列报道和连续报道作为消息类电视新闻的两种形态，它们之间也具有许多个性的差异。

（1）题材的差异。连续报道的题材多为事件性新闻，系列报道的题材多为非事件性新闻。所谓事件性新闻，是指有一个明显的起止时间，有一个有形的发生、发展、结局界限的相对独立的事件。事件性新闻具有很强的动态性，时空要素齐全，感染力强，报道的目的在于传播信息，其指导性较弱。而非事件性报道的题材没有明确的起止时间，也不是一个相对完整、有形的事件新闻，它多为典型性、经验性报道和反映各方面成就的报道。

（2）时效性差异。连续报道注重时效性，即每条新闻都是最新报道，是新近发生或正在发生的事件。例如，"第四轮朝核六方会谈"这一连续报道中的每条消息都是在事件进展的当天就向观众传达事件发展最新动态。系列报道注重适宜性，即适宜当前形势的报道。《人民西藏四十年》报道的是西藏自治区成立 40 年来的辉煌成就，时间跨度为 40 年，当然不具有时效性，但它在 2005 年西藏自治区成立 40 周年之际播出则具有特殊的总结和激励的意义。

（3）报道序列的差异。连续报道结构是追踪事态发展，在报道顺序上应采用不可更改的时序排列。系列报道结构是展示同一主题的不同侧面，报道顺序则是以人们认识的逻辑为主组织安排各篇报道，使各条新闻之间产生内在的关联。

（4）传播功能的差异。连续报道的内容多为突发性新闻事件，需要在第一时间向观众传达事件的发生、发展、高潮、结局等相关信息，满足观众对信息的需求。系列报道主要是反映主旋律，具有很强的指导性。它的任务以宣传党的路线、方针、政策，反映积极向上的人和事，反映各个领域先进典型和进取精神。例如，《人民西藏四十年》的系列报道详细记录了在党中央的关心和全国人民支援下西藏人民奋斗的故事，见证西藏自治区成立 40 年来创造的奇迹和西藏历史上社会制度跨度最大、最深刻、最根本的伟大变革。

五、新闻特写

新闻特写是以集中突出的、形象化的描绘，再现新闻事件的新闻体裁。它把新闻事件中最有价值、最生动感人的片断和部分加以放大，描形描态，绘声绘色，给观众以鲜明突出的印象。新闻特写的特点就是：运用近镜头、特写镜头"放大"和"再现"。

例如，中央电视台经济频道《全球资讯榜》栏目 2005 年 8 月 18 日报道的新闻特写《大熊猫"龙凤胎"诞生记》：

　　四川卧龙中国保护大熊猫研究中心，目前世界上体重最重的大熊猫双胞胎诞生。8 月 16 日凌晨 3 点 45 分，大熊猫"公主"产下第一胎。8 月 16 日凌晨 5 点 57 分，大熊猫"公主"产下第二胎，守候了整整 20 多个小时的科研人员顾不得片刻休息，立刻把这两只熊猫宝宝转移到大熊猫产房里，量体重、测体长，这两只熊猫宝宝的生理特征在第一时间被完整地保留了下来。

　　四川卧龙中国保护大熊猫研究中心高级兽医师李德生："这对双胞胎是目前我们发现的最大的，体重最重的一对双胞胎。老大达到 191.5 克，老二 185 克，这应该是一个新的世界纪录，就是我们大熊猫的单胎最重的一般也是不超过180克，像两个双胞胎，两个都超过180克的是非常少见的。"

…………

从上述这条新闻，我们可以进一步理解新闻特写的特点：

（1）在选材上，新闻特写注重于再现生活的画面，放大新闻事实诸要素中有意义、有情趣、有影响的一两个要素或片断，它主要是向观众说明事情是如何发生的，当时的情景怎么样。《大熊猫"龙凤胎"诞生记》选择了"龙凤胎"诞生的过程，充分地展示记录了熊猫宝宝诞生的横剖面，较之一般新闻更集中、细腻、活泼、绘声绘色，感染力更强。

（2）在结构上，新闻特写的结构既不同于一般新闻，也不同于一般文艺作品。而是取二者之长，常常以一个概括性的导语开头，点出部分事实要点；或从生动的情节、场面、引语入手，但不透露太多，真正最重要、最精彩的东西，放在后面，使观众看完后产生一种"满足感"。

这种结构首先是阐述，它引导观众知道事件的经过，或者介绍将要说到的主人公，或者是描绘事件的发展情况。接着是事件的发端，而后是事件发展的高潮，以及结局和尾声。如果用图表来说明特写的结构，就是：

$$\boxed{引言} \rightarrow \boxed{叙述} \rightarrow \boxed{高潮}$$

熊猫双胞胎"诞生记"是从高潮开始的，以特写镜头切入，然后过渡到事情实质的叙述，最后突出超体重熊猫幼胎的事实。

（3）在角度上，新闻特写切忌从头至尾地报流水账，也切忌一二三四地开中药单。它不采取鸟瞰全貌、尽收景色的手法，而是选择一个特定的角度，细察局部，从一个点、一个侧面、一个口子插入放大，出奇制胜，别开生面。

它可以撇开一场球赛的全过程，而专拍某一球之争或一个进球。

它可以放弃整个会议程序和会场情景，专拍一个问题的讨论，一个提案的提出，一次独特的会面等等。

它可以截取时间进程中的某一瞬，充分展示和描绘，给人以深刻难忘的印象。甚至可以从某一个富有情趣和人情味浓厚的细节开掘进去，拍出立体化的新闻。

新闻特写要选准一个"镜头"（包括选准一个片断、一个情节），加以"放大"，要抓住人物和事物的特点；要抓生动的形象，捕捉人物、事物的动态、动势；要抓有感情色彩的东西。情能感人，要善于把人的喜、怒、惊、思、悲、恐的感情恰到好处地表达出来，让情融于事中，使情满而不溢；要抓取新闻事件的高潮部分；要综合运用多种表现手法，但必须严格遵守新闻真实性的原则，不能夸张、虚构，更不能合理想像。

新闻特写，必须是事实本身有特写镜头可拍，并且值得一拍的特写镜头。选择典型的事件、人物、场景、细节，特别是广大群众关心的、有积极意义的、有兴趣的某个部分或片断，作细致突出的描绘。有许多特写镜头是稍纵即逝的，摄像事先要有充分、周到的准备，设想到可能出现的各种情况，临场又要有敏锐的眼光和灵活的动作抓住最精彩的瞬间。

新闻特写根据报道对象和内容的不同，可分为以下几种类型：

（1）事件特写：摄取与再现重大事件的关键性场面。

（2）场面特写：新闻事件中精彩场面的再现。

（3）人物特写：再现人物的某种行为，绘声绘色，有强烈动感。

（4）景物特写：对于有特殊意义或有价值的罕见景物的描写。

（5）工作特写：对于某一工作场面的生动再现。

（6）杂记性特写：各种具有特写价值的新闻现场的生动再现。

第三节　编排类型

电视新闻节目编排就是按照新闻传播的规律，结合一定时期的宣传重点，由编辑对诸多单条电视新闻加工、整理、归纳、选择、调配后进行有机串联。

电视新闻节目编排制作是节目变成成品前的最后一个环节。它集中反映了记者、编辑等电视工作者的劳动成果，体现着电视新闻节目的总体形象。

电视新闻节目编排绝不是新闻稿件的随意堆砌串联和新闻画面的简单拼装，它是把分散的新闻素材按照新闻价值、频道设置要求和观众的接受习惯，依据一定的报道思想和规定的时间限制，进行科学合理的排列组合，使之成为一个完整的电视新闻节目。

电视新闻节目编排的质量直接影响着电视新闻传播的效果，因此，电视新闻节目编排是十分重要的。

一、新闻栏目

电视新闻栏目经过不断地创新发展，已经实现了电视新闻栏目化。例如，中央电视台的《东方时空》、《新闻30分》、《新闻联播》、《新闻调查》、《焦点访谈》、《今天》、《本周》等栏目已成为家喻户晓的优秀栏目，进而带动了我国电视新闻栏目化的快速发展，并形成多种节目形态。

电视新闻栏目形态，即电视新闻栏目的播出和表现形式。依据不同的划分方式，电视新闻可以有不同的栏目形态。一般来说，应以栏目的结构形态为标准划分。这样，我们可以把电视新闻栏目大致归结为以下三种形态：

1. 集纳型

这是最早出现，也是我们在电视屏幕上最常见的一种新闻栏目。这种栏目一般是动态消息的组合，能够最简明、最快捷地告诉观众最新的新闻事件。像中央电视台的《新闻联播》、《新闻30分》、《国际时讯》，凤凰卫视的《凤凰早班车》，以及各地方台的早晚新闻等，都属于此种类型。

集纳型新闻栏目，是指消息类电视新闻节目的汇编单位和划分形式。依据不同的分类标准，集纳型新闻栏目可以划分为不同的类型：根据栏目内容的不同，可以分为时事类、经济类、体育类、娱乐类和综合类等；根据报道地域的差别，可以分为国际新闻栏目、国内新闻栏目以及地方新闻栏目。而在当今，最能体现栏目各自特点和风格的分类方法，似乎应该以播出时段为依据，划分为早间新闻、午间新闻、傍晚新闻、晚间新闻栏目。

以《南京零距离》（江苏城市频道）的节目形态为例，在一档60分钟的节目中，由时政要闻、社会新闻、生活资讯、（主持人）孟非读报、现场访谈、现场调查、现场电话连线、曝光台、现场电话投诉和滚动字幕新闻等集纳而成。整档新闻分成五节，由广告和下段内容提示隔断。节目编排采用开放式的板块排列。这种"不到最后一刻，谁都不知道下一个板块、下一条新闻究竟是什么"的播出状态，成功地营造了观众的收视预期。这样做的结果是，防止观众看了开头的提要，看了结尾的国际新闻，其他就不看了的情况。利用这种没有固定规律的编排方式，节目组可以根据观众的收视习惯，依据收视率调查，把重要新闻放在观众容易流失的时段，来吸引观众继续关注。

《南京零距离》以市民的视角，关心市民身边的事，以极具亲和力的语言表达，讲述与老百姓生活息息相关、对群众有影响的事件，从而使栏目与观众实现了心理上的零距离。这种心理上的零距离首先表现在内容上的贴近性、服务性，即使是"主旋律"的新闻报道，也要以平民化的视角切入，从中找到与百姓生活息息相关的结合点。

2. 杂志型

此种节目形态与简报型栏目相比，信息含量更大，节目形式也更为灵活多样。最明显的节目特征就是其板块化的节目形态。一个杂志型新闻专栏往往由若干板块组成。我国最早的杂志型新闻栏目是上海电视台的《新闻透视》（1987年7月），而真正产生巨大影响的则是中央电视台1993年5月1日开播的《东方时空》。

杂志型节目(the magazine format)的概念最早由美国全国广播公司(NBC)前任副总裁西尔维斯特·韦沃(Sylvester Weaver)在 20 世纪 50 年代初提出。而且,韦沃本人还身体力行地创立了世界上第一个杂志型新闻栏目《今天》(Today,1952—)。《今天》的创立不仅仅在于韦沃为 NBC 打造了一个 50 年来长盛不衰的名牌栏目,更在于它作为一个开创者所带给后人的启发与引导意义。从此以后,杂志型节目便成为电视新闻栏目里不可缺少的一个组成部分。其中不乏经典之作,像 CBS 的《60 分钟》(60 Minutes,1968—)、NBC 的《日界线》(Dateline,1992—)、ABC 的《20/20》、《黄金时间实况》(Primetime Live)等。

杂志型新闻栏目按照编排方式,又可分为事件组合式和栏目组合式。

(1)事件组合式。事件组合式新闻杂志,就是在每期节目中播出几则深度报道,通过记者或主持人的点评串联,而形成一个有机统一体的杂志形态的新闻栏目。美国 CBS 的《60 分钟》便是这种形态的典型代表。我国中央电视台的《焦点访谈》则相当于其中的一则深度报道,时间均为 13 分钟。

(2)栏目组合式。栏目组合式杂志型新闻栏目就是在一个统一的栏目名称下,把形态不一、内容各异的多个小栏目经过精心编排,组合而成的播出节目形态。该形态最忠实地代表了杂志型栏目的倡导者、NBC 前副总裁韦沃的意图。在世界范围内,NBC 的《今天》是栏目组合形态的典型代表,迥异于以《60 分钟》为代表的事件组合形态的杂志型新闻栏目风格。

在国内,人们对杂志型新闻栏目的理解更多地倾向于这种形态。所以,中央电视台的《东方时空》被公认为典型的新闻杂志节目。从 1993 年至今,《东方时空》在经历了数次的改版与调整后,已经成为当今中国电视新闻杂志领域里的一面旗帜。

3. 专题型

电视新闻深度报道的兴起,促进了专题类电视新闻栏目的产生。简报型新闻栏目往往只报道动态消息,杂志型新闻栏目又涉猎范围过广。为了满足观众对新近发生的某一重大事件前因后果、发生发展的深入了解欲望,单一专题型新闻栏目应运而生。中央电视台的《焦点访谈》、《新闻调查》,东方台的《东视广角》以及其他各地方电视台的"焦点"类栏目,都属于此种类型。

专题型新闻栏目是相对于杂志型新闻栏目而言的,是指每期内容只有单一专题报道的新闻栏目。由于这种类型栏目着重于事实深度的挖掘与分析,因此深度报道就成为其主要特征。

对于深度报道的定义，美国哈钦斯委员会在其报告《自由而负责的新闻界》中，这样阐述："所谓深度报道，就是围绕社会发展的现实问题，把新闻事件呈现在一种可以表现真正意义的脉络中。"这种脉络的展现，相对消息来说，实际上就是在空间上对事件做出背景网络的呈现和拓展，在时间上是对事件过去、现在和未来的交待与预测。

我国最早的专题型深度报道栏目，是中央电视台1980年创办的《观察与思考》。目前，中国电视屏幕上此种栏目形态的典型代表则是中央电视台的《焦点访谈》和《新闻调查》。

专题型新闻栏目由于其深度报道的典型特征，使得其无论在题材的选择，还是形式的设置上，都有自己较为鲜明的特色。在题材选择上，应当选择具有重大性、社会性、故事性和人性化的内容；同时还应当注重对事件叙述和理念表达的技巧把握。

二、新闻频道

新闻频道是专门播出新闻节目和具有新闻属性的节目的专业电视频道。它兴起于20世纪80年代初，是随着受众对新闻信息快速、连续索取的需求，以及对有线和卫星技术的运用而出现的。1980年6月1日，美国有线电视新闻网（CNN）开播。这是全世界第一个24小时新闻频道。新闻频道的出现反映了分众化、专门化的传播能力的提升，因此，在20世纪90年代迅速发展起来。

新闻频道这一专业频道现已在全世界范围内普遍兴起，在我国于2003年5月1日试播、7月1日正式播出的中央电视台新闻频道已成为颇具权威性的新闻专业频道。在第一时间向观众提供第一手的新闻资讯和服务，是电视新闻频道应遵循的普遍规律，也是新闻频道必须向观众作出的基本承诺。正是基于这一思想，我国央视新闻频道、美国CNN、英国BBC以及我国台湾的东森等，无一例外地把新闻的播报贯穿于24小时的节目安排中。[①]

新闻频道的基本形态有狭义的新闻频道（纯新闻频道）和广义的新闻频道（泛新闻频道）两种。

所谓狭义新闻频道，是指以消息的播报为主要内容，以新闻的滚动为主要特点，强调频道的整体感而不突出栏目特色的新闻频道，如BBC24小时新闻、我国台湾的东森新闻台等。

---

① 周勇著. 电视新闻编辑教程. 北京：中国人民大学出版社，2002年版，第161页

广义的新闻频道一般的编排规律是每个整点提供半小时的综合新闻，在每个小时的后半段提供分类新闻和新闻专栏节目。其优势在于分类新闻和大量新闻专栏节目可以给观众提供更丰富的选择。它的典型代表是美国的CNN和我国的央视新闻频道。

新闻频道的基本特征主要反映在以下几个方面：

（1）新闻报道的充分性。新闻频道在时间上的宽裕给充分报道每一条新闻提供了便利条件。新闻频道围绕重要新闻事件进行全方位报道，并在此基础上进行深度分析、新闻背景透视，既有事件性报道，也有人物特写、专访，更有细致的分析、背景介绍等等，体现了新闻报道的充分性。

（2）新闻报道的滚动性。大密度、高频次的新闻滚动播报是新闻频道的一个基本特征。以央视新闻频道为例，新闻和天气预报每整点播报一次，体育新闻和财经新闻也按一定的时间予以播报。此外，提要也成了新闻滚动播报的一种形式，央视新闻频道在屏幕下方经常出现字幕条，以提要的形式循环报道当天的重要新闻。

（3）新闻报道的动态性。对于一个新闻频道来说，新闻的"滚"（反复播报）只是一个基本要求，关键还在于能够"动"起来。当今的受众早已不满足新闻媒体仅仅报告给他们一个新闻事件的片段或结果，他们更希望随时了解新闻事件的最新动态，了解事件的每一个细节。这也是新闻频道能够充分发挥事件和信息资源优势的一个重要方面，要充分展开"进行时"的报道。

（4）新闻报道的多样性。新闻报道的多样性包括题材和体裁两个方面。对于新闻频道来说，报道题材的多样性一是来自于受众了解多方面新闻的需求；二是频道内部用稿量的需求。因此，题材的多样性要求新闻频道拓宽思路，扩大新闻选材范围，不断满足受众在新闻方面多层次、多方位的需求。而新闻体裁的多样性则是在新闻频道中。在任何一档整点新闻中，只要需要，消息、分析、背景、人物访谈等各种报道题材都可以灵活运用，以求在每一节报道中尽量给观众一个完整的报道。

（5）重视现场直播。现场直播是衡量电视台实力和快速反应能力的重要标志，是电视新闻最具魅力和影响力的形态，也是当今新闻频道最重要的构成部分，是新闻频道存在的最大价值。因而，重视新闻现场直播，是电视台新闻频道的一个重要方面。在现有新闻频道中，现场直播占的比重很大。这种直播已经做到了小型化和常规化，真正成为了一种手段而不是目的。简言之，它已经跳出了"为直播而直播"的局限。央视新闻频道开播以来，连续递进播出十多天的几个大型直播报道给观众留下了较深的印象，也引起了较大的反响。

电视新闻节目类型的划分，有助于新闻制作的规范和观众定势收视的预期。作为电视新闻"把关人"的编辑，只有在熟悉掌握电视新闻节目类型的基础上，才能根据新闻事件和议题的需要，用最恰当的节目体裁予以表现，从而实现最佳传播效果。

思考练习题

1. 区分影像新闻和非影像新闻的概念，并举例说明。
2. 举例分析现场报道的主要特征。
3. 联系实际谈谈你对当前我国电视新闻言论类节目个性特征的理解。
4. 电视调查报道的细分依据及类型。
5. 分析我国电视新闻栏目的形态和特征。

第三章　电视新闻图像编辑

本章要点

● 掌握图像编辑的一般原理，弄清声画关系的四种状态、时空观念及电视结构原则。

● 掌握图像编辑的基本规则。

● 电视新闻编辑点的选择及轴线规律的正确运用。

● 掌握电视新闻图像编辑的组接方法，学会镜头段落转换的技巧。

电视的本质是"从远处来的画面"的意思。与电影一样，电视"是一个视觉的手段"，其"最独特的贡献事实上毋庸置疑地来自摄像机"及其图像。电视新闻编辑工作的一项重要任务，就是对画面图像进行剪辑。图像编辑是电视制作的一项工序和电视艺术创作的一项专业技术，也是电视创新的一种艺术方法。

第一节　图像编辑的一般原理

电视新闻编辑是一种基于视听语言的形象思维，它通过对视觉形象的选择、剪辑，以符合电视编辑一般原理的叙事，讲述一个个新闻故事。

一、电视声画语言

电视语言的独特性在于电视以视听形象材料为载体，通过画面和声音同观众交流。电视的这种综合性特性，使电视传播表现为视听各元素的综合运用，共时播出。这种合成性的表达语汇既包容了传统语言的大部分陈述的可能性，同时又可以形象直观地呈现陈述对象。根据电视的传播特性以及观众接受信息的不同渠道，我们将电视的语言系统划分为画面语言和声音语言。

画面语言是指诉诸视觉形象，能被观众的眼睛所感知和接受的符号系统；声音语言是指诉诸听觉形象，能被观众的耳朵所感知和接受的符号系统。我们简单地区分画面语言和声音语言，可以看其传播载体是否是电视屏幕。所有能在电视屏幕上呈现的信息，都可称之为画面语言，它包括图像、图片和屏幕文字；反之，不看屏幕就能接受的信息是声音语言，包括电视中的人物语言、音乐、音响等。

电视的画面和声音两大语言系统，一个作用于人们的视觉，一个作用于人们的听觉，它们在电视传播中哪个更重要？长久以来，电视理论界关于这个问题争论不休。"主声论"和"主画论"各执一词，但在图像编辑中，正如英国的电视理论家格林·阿尔金曾说："电视不只是一种看的东西，然而也没有必要说音响或图像哪个更重要。在制作一个效果好的节目时，两者是相辅相成的。如果说两者中任何一个能独立发挥作用的话，那不是对它们的赞扬，相反，却说明这两者还没有很好地结合起来。"①

的确，我们在图像编辑中更应该关注两种电视语言的组合，并在实践中较好地运用它们。一般来说，声音和画面的关系在电视作品中呈现出四种状态：声画对位、声画隶属、声画分立和声画对立。

1. 声画对位

对位关系是声画组合中最基本、最常见的关系，它是指声音语言和画面语言同时表现相同的中心，两者呈现"对位"状态。声画对位也可以叫做声画同步。一般说来，在纪实性的场景中较多运用声画对位。电视作为"物质现实的复原"，只有声画对位才能增添可信性和感染力。根据声音和画面关系的不同，对位关系可以进一步区分为声画合一及声画统一。

（1）声画合一。声画合一是单纯的同步关系，在这种关系中，声音是由画面里的人或物同步发出的声音，画面显示声音的发出者。声画合一是一种最简单的声画组合，也是"真正的电视画面"的原始状态。它不需要编导另外对画面和声音进行编辑，而是在拍摄时将声画同步摄录。声画合一主要涉及到声音语言中的同期声和自然音响。声画合一能使观众感到真实、亲切，易于产生信任感。

（2）声画统一。所谓声画统一，就是指声音语言与画面语言在基本内容、时代色彩、环境特征、人物情绪上基本同步的声画关系。声画统一主要涉及到声音语言中的解说词和音乐。

首先就解说词来说，声音必须是解释和说明画面的，如新闻专题片《我说潇湘女》中，有一幅画面是主人公之一劳君展的照片，与画面相对应的解

说词是："劳君展，世界著名科学家，居里夫人惟一的中国女学生。"这是典型的声画统一，解说词的内容（人物介绍）与画面（人物照片）所呈现的内容是完全一致的。

其次，音乐与画面必须同步。按照同步性，声画统一的音乐在情绪、节奏上应该和画面的情绪节奏相符：悲哀处配上哀伤的乐曲；欢乐处配上欢乐的乐曲；惊险、格斗处配上紧张、剧烈的音乐；内心独白处配上沉思默想的旋律。

2. 声画分立

声画分立是指声音和画面各自独立、声音和声源不在同一个画面上的声画关系。分立即意味着声音和形象具备相对的独立性，它们通过分离的形式，在新的基础上求得和谐统一。它的直接结果是突出了声音的作用，使声音从依附地位中解放出来，成为独立的艺术元素

在声画分立中，解说词往往以画外形式出现。如电视新闻《中国第一艘载人飞船发射升空》，当画面展示杨利伟凌晨出征，上车与群众挥手告别时，相对应的解说词则是介绍杨利伟的个人基本情况和即将环绕地球飞行状况及其意义。在这条新闻里，声画互补，丰富了报道的内容。

除了解说词外，音响与画面也能产生声画分立的效果。

3. 声画对立

声画对立是与声画对位相反的一种声画关系。它是指编导为达到一种特定的艺术目的，有意识地造成画面和声音之间在情绪、气氛、格调甚至内容等方面的对立、差异，从而产生某种新的含义或潜台词。声画对立是以对立统一的辩证法为美学基础的，它有意以不和谐达到和谐，在同一序列中显出变化，于针锋相对中表现平衡，使寓意更加深刻。

二、电视时空观念

电视是结构时空的艺术，电视向观众展示的就是流逝的时间线和转换的空间场中值得记录的那些部分。电视新闻制作者不仅在拍摄中忠实地记录时空，在后期编辑中也要巧妙地结构时空，从而确保电视作品的纪实美。

电视时空是有限性与无限性的统一。之所以说它有限，是因为电视必须在有限的时间（电视新闻的播放时间）和空间（屏幕画框空间）中展开叙事，这两种是物理意义上的形式的限制；但同时呈现给观众的内容却是无限的、能够自由缩放的新时空。一部电视作品可以表现几倍、几十倍、几百倍于自身播放时间长度的历史，轻而易举即可完成对诸如"物种起源"这样有着亿万

年历史的现象的描述。电视新闻也可以展示任何一个空间，宏观到地球、宇宙，微观到只有显微镜才能发现的地方，可以将千万里之外的空间传送到人们眼前，亦可展现人体内各生理机能的运作，可谓无所不包。

当然，没有规矩，不成方圆。电视时空的建构必须以生活逻辑和观众的视觉思维习惯为依据，从这个意义上说，电视时空的无限性并不是绝对的。如果没有一定的规则束缚，新闻不为观众认同便不能够成为合格的电视作品——一种大众媒介的产品。

1. 电视新闻编辑的时间观

马尔丹认为："无可置疑，电影首先是一种时间的艺术，因为，在观看一部影片的全过程，这一现象是能迅速抓住的。这无疑是因为空间是感觉的对象，而时间却是本能的对象。"[①]电视空间必须在流动的时间艺术中表现和延续，可以说，时间在电视艺术表现中是占第一位的。

客观世界里真实流淌的时间是线形的，始终向前的。但在电视新闻里，事件被记录在一定的存储介质上（如录像带），而非真实的时间中，因此电视新闻叙事的时间有了多种形态，它们存在的心理依据之一在于人们对电视叙事时间的感受与实际的延续时间（即现实时间）常常是不一致的。所谓"影视时间"，主要指的是通过影视手段对实际时间进行处理而形成的特殊的时间观念。匈牙利著名电视理论家贝拉·巴拉兹认为电影有三种时间：第一种，是影片表现的动作和故事的实际进展时间；第二种，是影片放映的时间，也就是艺术家对影片素材的实际进展时间处理的结果；第三种，是观众观看影片时主观感受中的时间流逝。同样，电视作品也存在这三种时间，其中电视叙事的屏幕时间（与第三种电影时间对应）与现实时间（与第一、第二种电影时间对应）的最大区别在于，现实时间是线形的、连续的，而屏幕时间只是给观众一种感觉上或想像中的连续，实际上是片段的、打乱的。

虽然电视的媒体性质要求它主要记录现实时间，例如电视新闻节目在叙述上就应以无限接近现实时间为最高追求；但是同时，作为一种艺术，电视也需要使用较为主观的手法去处理时间，创造出服务于内容的艺术效果。现实中客观运动着的时间，在电视作品的叙事中呈现出多种复杂的形态，分别属于过去、现在、未来和假设四种时态。随着电视艺术的发展和制作者创作心态的日趋复杂，在电视作品中对时间的处理方式也越来越多元化，并且制作者不拘泥于已有的形式，仍在不断创新。下面着重介绍几种较为常见的经

---

① ［法］马赛尔·马尔丹著. 电影语言. 北京：中国电影出版社，1980 年版，第 173 页

过处理后的时间形态。

(1)延伸：在影视作品中可以表现无限时空，因此常常通过蒙太奇的手法或者使用特技，将几分钟内发生的动作扩展为仿佛是数倍于此时间的场面。

(2)压缩：鉴于电视时间是有限时间与无限时间的有机结合，"压缩"是电视作品中最常见的处理时间的手法。电视中常用非常"吝啬"的几秒钟或几分钟表现一些漫长的过程：植物的生长、地球的变迁、人类的进化、时间的流逝等等。电视作品中的时间压缩是对现实时间序列的再创造，它保留对主题有用的浓缩片段，完成跳跃性的简要叙述。这些片段中间的间断和空白可以通过观众的联想和想像加以补充，从而使叙事连贯。

(3)冻结：将时间"冻结"是指在电视新闻叙事过程中，根据叙事结构中人物特定的心态让时间暂时静止的叙事手段。它是很主观化的一种人物心态的流露，在表现手法上可以通过画面的定格、语言的解说等方式实现。

电视作品中有时为了让观众看清楚细节，明白细节的含义，会用到画面定格。特别是新闻节目中的批评报道，为让观众看清楚关键细节镜头，编辑往往定格两三秒钟。例如《焦点访谈·罚要依法》，主要揭露了山西某段公路上的乱收费问题，在暗访拍摄的镜头中，有一张由交警塞过来的莫名其妙的罚款单被编辑定格几秒钟，同时画外解说提出了记者的疑问。

需要注意的是，由于定格是一种非常主观化的时间处理方式，所以用在电视作品中时必须谨慎，否则会弄巧成拙，给人造作感。因为在电视新闻中用一种人工痕迹很重的技巧来表现时间的停顿时，一方面这种时间的静止在叙事中只能是暂时的，终究又会恢复时间本身的流程；另一方面，观众观看新闻的时间是永远流动向前的，作品中时间的停顿会令他们感受到人工雕琢的痕迹，如处理不当会使观众感到生硬，从而破坏了审美感知。

(4)颠倒：时间的颠倒实际上是突破现实时间的顺向流逝，自由地组合过去、现在和未来。电视作品中对时间的颠倒处理，都是从时间的"现在"这一个点出发，分为两种情况。

第一种是从现在回溯过去，描述现在的故事发生之前的事情，或者把时间退回去，描述在此之前并未讲述过的故事的一部分。回溯通常采用倒叙或插叙的方式，把一个观众还不太清楚的故事的实际情况展示出来，以便为现在的事态提供一些背景材料。在电视新闻专题报道中，经常在介绍一个新闻人物或新闻事件时，穿插一些有关过去的背景资料，既让观众了解事情的脉络，又能给观众提供一个可资参考的评判依据。

第二种情况是由现在展望未来，作出一定的预言、设想或想像，表现即将发生或可能发生的事情。

（5）变速：时间的变速处理实际上只能属于"技巧"的范畴，因为它只是对镜头的加速或减速处理，即快镜头或慢镜头，是一种电视作品外在节奏或心理节奏的外化，与蒙太奇组合出的对时间的"延伸"和"压缩"不同，后者是电视作品的内在叙事节奏。变速往往用来表现一种玄想、希冀或达到某种戏剧效果，表达某种象征意义。

作为一种大众媒体，电视在时间上的特性比起电影有着更为复杂的形态。影视作品中都具有共通的时空假定性，但是电视除此之外还拥有真实直播的时间和时间流，因此电视时间比电影时间要丰富得多，这是由电视传播的性质所决定的。电视可以平行地叙述当代人的故事，这种持续性使得人们可以通过电视屏幕跟踪实际事件发展的时间，如现场直播，这让电视在艺术的处理时间方面比电影又迈进了一步。电视纪录片中的时间虽然也是已经过去的被记录下来的时间，但是在后期编辑时尽量保留了时间的原始连续状态，因此制造出了真实时间的幻觉，给观众一种现实的、与观众经历的时间相吻合的独特时间感。当然，在更多的依照情节和时间的顺序叙述故事的同时，也没有必要放弃灵活而又富有成效的蒙太奇手法，只要能够为内容服务，又能使表现形式丰富和生动，就应该采用多种方式，让它们共同发挥作用。

2. 电视新闻编辑的空间观

电视空间也是有限空间（屏幕空间）与无限空间（表现出来的空间）的结合。时间本身是抽象无形和线形的，它必须依附在具体的空间结构里，才能展现故事情节，描绘人生百态。与电视中的时间一样，电视叙事中的空间并不是真实的连续，而是一种艺术的美学的连续。这种连续以不同空间的转换为基础，而且转换必须合乎一定的逻辑关系——心理逻辑、审美逻辑或想像逻辑等电视叙事观念的逻辑。为了创作的需要，电视中创造出种种符合叙事逻辑的艺术空间是应该的，也是必要的，比如省略不重要的空间，利用景深镜头和场面调度变更人与物的关系或它们与背景的距离，运用景深镜头可以造成空间纵深上的效果，可以通过焦距的变化把观众的视线从前景转移到后景，这种转移让人产生三维空间的幻觉，使屏幕上的空间表现更加真实和富于立体感。当然，作为大众媒介的电视，在进行现场直播时，其直播现场、演播室、异地切换等因素，又使得它的空间形态更加复杂多变。

马尔丹认为："电影在处理空间时，有两种方式：一是限于再现空间，并通过移动摄影使我们去感受，或者是去构成空间，创造一个综合的整体空间，这种空间在观众眼里是统一的，但实际上却是许多空间段落的并列组接，这些空间段落彼此之间完全可以毫无具体联系。"①

（1）再现的空间：再现的空间即是通过摄像机的记录特性和运动特性，再现现实世界的行为空间——有形的形态造型、环境背景、主体运动，从而给人真实的空间感。它虽然不是真实空间，但是它是一种基于纪实美学的创作手法，是对现实空间的还原，它最大限度地消除了屏幕形象与现实的隔阂，虽然不能等同于现实，却可以无限地贴近现实。再现空间依附于电视媒体的记录特性，一般在前期拍摄中完成，是电视屏幕空间的一种还原存在特性。

（2）构成的空间：真正体现在电视叙事观念中的空间，一般均指"构成空间"，它是一种创造性的空间思维形式和结果。构成空间不是真实空间在屏幕上的直接反映，而是对一系列记录着真实空间的片段进行选择、取舍、重新组合后构成的新的空间形态。构成空间中的镜头之间的内部联系有多种方式，不同的构成空间也各有不同的作用。

跳跃性的构成空间不仅保证了观众连续的空间幻觉，也留给了观众想像的空间，由于每一个镜头只表现一定的有限的内容，镜头之间的空白部分留给观众以联想来填补，可以引导观众的注意力，并影响观众的审美情趣和审美心理，最后由观众参与完成构成空间的叙事。

戏剧空间的构成　戏剧空间是指新闻事件展开和发展的环境空间，也是人物动作展现的环境。这里面的创作有一个"循环"的过程：通常将完整的空间进行合理分割，再重新进行组织，通过组合分割后的局部空间来表现事物的全貌。这种表现方式也符合人的视听感受规律，人们会用视线运动停留的程度带来的景别的变化来观察一个空间，并从中综合出一个整体的印象。例如，具有不同介绍功能的镜头的有序组合，可以让观众对事物的空间面貌有相对完整的印象，也能得到对于新闻所展示的特定时代、季节、气候、区域和民族风情这些故事发生的背景的整体印象。

构成空间的制作使叙事简约、集中。相对再现空间而言，构成空间常常用跳跃性的空间连续突出高潮点，简化叙事的过程，充分体现叙事的一条原则："有话则长，无话则短"，即使省略不必要的动作也同样可以表现一个完整动作。戏剧空间以"构成"的手法，通过对完整空间的剪裁、加工、组织，

---

① ［法］马赛尔·马尔丹著. 电影语言. 北京：中国电影出版社，1980 年版，第 170 页

将片段空间并列与交错，使之成为独特的艺术元素。这不仅使得电视空间表现的可能性更大，而且由于在剪裁取舍上的灵活和转换上的自由、组合上的多样化，电视在叙述方式和结构形式上更趋丰富多彩。

心理空间的构成　心理空间是心象化和情感化的画面影像空间，它不是现实客观世界的真实复原，也不同于仅仅用于展开剧情的环境空间，而是另一个世界——人物内心思想、情感世界的物化和外化。电视作品中创造心理空间常以空镜头表现，却让它们发挥积极的写意作用，对于渲染环境气氛，烘托人物心境，刻画人物性格，抒发一种情感，表达一种情绪具有特殊的功效。

电视作品中的回忆、想像、幻想、梦境、闪回等心理活动镜头和主观镜头都是心理空间的思维表达形式，倒叙时的事件空间也具有心理空间的性质。虽然是幻想的空间，但却是人物心理的真实表达，这样的空间起到了连续情绪和延伸情绪的作用。

观念空间的构成　观念空间，也被叫做"哲理空间"，是借助镜头传达某种理性认识或观念的空间，它并不是真实意义上的空间，而是隐藏在画面背后的具有某种表现性的空间。观念空间的构成主要是借景引理，或者以景喻理，表达创作者对主观世界的理性认识，很明显它不可能单纯地再现空间，也有别于简单意义上的戏剧空间。观众从制作者创造的观念空间中可以获得思维的点拨和开拓。例如专题片《西藏的诱惑》的开篇镜头，老中青三代僧侣跋涉在朝圣路上，此时构成的不是再现空间或简单的戏剧空间，而是创作者对"朝圣精神"的理性认识空间。

电视作品中观念空间的构成常以隐喻、象征、对比、暗示等手法完成，也可以通过空间的队列使空间之间产生新的关系和含义，这种新的理性的意义自然比单个空间片段的含义要丰富和深刻得多。

三、电视结构原则

结构是自然界事物的存在方式，同时它也是各种艺术存在的方式。电视有着自己独特的视听形象思维的特点，也存在着自己的结构。电视作品的画面和声音等要素的有机结合形成一定的结构形式，并通过这一结构形式为观众所认知。电视创作者只有通过特定的结构、形式，才能很好地表现现实和历史。

在电视图像编辑的工作层面，不仅仅是把不同的镜头连接在一起，而且还要把若干镜头片段组合成一部完整的作品。因而我们所说的新闻编辑，不只是把不同的镜头或片段简单相加，而是要实现一种镜头或片段的有机结合，并通过对若干镜头或片段的组合，使其整体上所传达出的意义大于各个单个的镜头和段落所呈现的意义。在这里，镜头如何衔接，片段如何组合，即如何利用电视节目的素材进行叙述，其表现形态就是结构。只有把镜头或片段统一于一个完整的结构系统中，才能实现它们的功能。也就是说，电视编辑结构就是电视节目素材在内容和形式上的总体布局和组织方式。

那么电视新闻编辑在对电视节目素材从内容和形式上进行总体布局时，应该遵循什么原则呢？

1. 结构要服务于主题

主题是安排结构的基础。无论是电视新闻，还是电视专题片，或电视纪录片，编辑在制作时都是从确定主题开始的。那么主题是什么呢？如果把主题简单地理解为传播者的一种宣传意图，那就太过于狭窄了。实际上，主题是一种对生活的见解、一种思路、一种领悟，甚至只是一种要求表达的情感和愿望。事实上，对节目主题的表现反映在电视创作的各个环节中，从拍摄素材时对画面内容和拍摄方式的选择，到制作后期对镜头内容的挑选，都是为反映主题服务的。制作者在创作过程中都会把那些最能表现主题的内容选择到节目中，并配之以适当的形式，以便最大限度地表现和突出节目的主题。

电视作品的主题是指导电视制作者进行创作的动力，也是电视节目的灵魂所在。在传统的电视节目中，主题的确立和结构的安排一般分别位于整个制作过程的最前和最后。"主题先行"，是指根据主题去挑选题材、素材，甚至决定如何取材；"结构后置"则是根据表现主题的需要，把所有的素材进行组接安排，以完成全片。大部分的新闻节目和专题节目都是这样的。有些纪实节目的主题及题材的选取就是直接来自栏目的定位，像中央电视台的《焦点访谈》、《新闻调查》等栏目，都是先有节目的主题，然后依据主题来选取题材的。

电视节目的主题是通过节目内容来表达的，而内容的分布形成了作品的结构。电视作为声画艺术，其主题是通过声音和画面传递的信息向观众反映出来的。电视作品将一系列单个镜头和声音符号有机地组合，从而展开叙述，其表现形态就是结构。可以说，结构本身就是对内容的表现，并承载着一定的内容。

与自然界中物质的结构不同的是，艺术作品的结构表现为主客观的统一，是创作者调动主观能动性对客观存在的内容进行的改造。这种改造不是主观臆断，而是对内容的一种筛选和组织，是对作品结构形式的一种布局和规划。可以说，结构反映了创作者的主观思想。创作者的个体差异决定了其对同一主题表现的结构形式和内容选择上的差异。因此，不同的电视创作人员在反映同一主题时，其编辑作品的结构形式是不同的，对完全相同的素材的选取也是不一样的。

2. 结构要促进叙事

在文学和戏剧艺术中，作品的主题是通过内容来表现的。电视新闻也一样，只不过它对内容的叙述不是采用简单的文字或声音符号，而是通过对画面、声音、文字等多种符号的综合运用表达出来的。从最终意义上来讲，电视编辑工作就是要构造一种完整的叙事系统，即结构形态。

结构是不可缺少的叙事外化形式。电视中的叙事必然表现为一种结构上的形态，而作品的结构，也将直接影响叙事的表现力和感染力。因此，在电视制作过程中，对电视新闻结构的选择要与电视叙事的内容相适应，从而促进电视新闻的叙事，只有这样，才能更好地实现对主题的表达。

电视新闻的叙事有两个层面的意义：一是叙事的内容，即作者通过画面、声音、文字(字幕)等元素讲述的故事；另一个则是指表达层面，即叙述的方法。作者要讲述的故事就是由表达层面的方法来叙述的。叙事的内容是"说什么"的问题，而叙事的方法是"怎么说"的问题，这个"怎么说"也就主要表现为作品的结构方式。

在电视新闻叙事的两个层面，即叙事的内容和叙述的方法之间存在着三种相关关系。第一是次序关系。叙事的内容通常以思维的或事件的发展次序为特征，而叙述的展开次序中往往会调动回忆、插入、跳接、闪回等手段，使其与叙事内容的原始次序拉开一段距离。第二是时延关系。一般来说，电视节目在叙述中的时延都短于内容中同一事件的时延。比如报道一艘新船下水的新闻，在两个多小时的新船下水仪式的拍摄中，电视新闻只是选取了港口、仪式会场、有关领导讲话、气球放飞、轮船、领导剪彩、群众欢呼、起锚、轮船驶入大海等十多个主要画面。这条电视新闻仅仅用了不到两分钟的时间，就把整个新闻事件的过程全部表现出来了。第三是视点关系。在叙事内容中一般只以叙事者的视点来建构故事，而在具体叙述时，则可以表现为多重视点，通过旁观者、叙事内容中的人物、解说员等站在不同角度述说，全方位地反映出叙事内容，让观众更加生动全面地了解创作者要传达的信息。

不同的叙事形态往往表现出不同的作品结构形态。在电视作品对叙事内容的叙述中，既可以突出情节因素，强调冲突和矛盾，表现为情节化的叙事；也可以突出逻辑因素，强调生活本身的过程，表现为一种散文化的叙事；还可以突出情感因素或理念因素，强调心理体验和理性的思考，表现为一种诗化的或哲理化的叙事。

总之，把握电视节目结构的原则，是为了更好地通过节目的内容、通过叙事来表现节目的主题。这就要求我们充分认识电视作品叙事的特点，把握好叙事的内容和叙述的方法之间的关系，选择与叙事内容相适应的结构形式，增强电视作品叙事的感染力。

第二节　图像编辑的基本规则

谢尔曼在《论剪接的艺术》一文中指出："每做一次剪接，都必须要有充分的理由，把注意力从一个形象转换到另一个形象，不论转得如何流畅，只有在为了一个特殊的戏剧性所做的剪接时，才是有真正作用的。"[①]要想剪辑之后的电视作品能被最为普通的观众所认可和接受，在剪辑时就必须掌握一些规则。

一、编辑原则

电视编辑工作的一项重要任务，就是对画面进行剪辑。剪辑是电视制作的一个工序和电视艺术创作的一项专业技术、技能，也是一种影视艺术的创作方法。剪辑的原则源自积累，源自生活，它是历代电视创作人员和理论工作者的经验总结。这些基本的原则是任何一部电视作品剪辑的基础，也是保持画面组接连贯性的重要规则。而要做到画面的连贯性，就必须在上下镜头的内容中寻找建立连贯关系的因素。这个因素就是在每一个镜头里安排一个足以承先启后的东西，如一个活动，一个手势，一种形态等。那么，选择这一因素的依据是什么呢？这就是下面要谈到的编辑原则。

1. 逻辑性原则

逻辑既是一种思维规律又是一种客观规律。画面剪辑的原则，就是要按照画面所表达的内容的客观规律来组接，根据观众看电视时的思维规律来编辑，要使画面的视觉形象就像生活里所发生的一样连贯流畅。否则，就会使观众陷入理解上的混乱。所以，符合逻辑是剪辑工作最根本的基础。

(1)生活逻辑原则：我们先看这样一组画面：人物 A 起床；走向洗手间

---

① 转引自北京广播学院电视系学术委员会编. 中国应用电视学. 北京：北京师范大学出版社，1993 年版，第543 页

洗漱；换装；挎着包出门；走在林阴道上；进入一栋教学楼；人物 A 面对一群学生讲课。看到这组画面后，想必我们会得出这样的结论：这是人物 A 从早晨起床后到教室上课的一段生活镜头。这段画面之所以能给人清晰明了的结论而不致引起误解，就是因为它符合生活本身的逻辑，它展示的是一段符合客观生活的真实流程。

生活的逻辑包括两个方面：一个是时间上的连续性，一个是空间上的联系性。这就像一副坐标，纵向上是在时间流程中绵延不断的继续，横向上则展示着事物与周围环境无法割舍的关联，叙述的基点则在纵横交织的那个点上演绎和推进。以上面的一组画面为例，为什么起床、洗漱、换装、出门、进校、讲课的一系列镜头可以清晰地完成一段叙事，因为它体现了人物 A 在时间上连续展开的一组动作，它符合我们每个人的日常生活经验，因而是可以被观众理解的。如果任意颠倒其中一个画面的顺序，必将引起观众理解的混乱。同样是上面的一组画面，它还展现了卧室、卫生间、起居室、马路、教学楼这样的空间变化，为什么不致引起观众理解上的混乱？因为这一系列的空间转换体现了一组动作彼此间承前启后的联系，也展示出人物 A 与周围环境的关系。

（2）叙事逻辑原则：作为一门日益成熟的艺术，电视语言的表达方式也在逐步地拓展和完善，探索出了日渐丰富的表述方法。所以我们不仅仅可以看到符合客观生活流程的顺叙式手法，电视作品中也会穿插倒叙、插叙、悬念等手法，这就涉及到了叙事的逻辑。叙事的逻辑看似游离于生活的逻辑之外，重新建构时间和空间，可是这种建构还是基于生活的真实的。比如讲述一个人的经历，其中穿插一段往事的回忆，这段回忆似乎打断了原有的叙述流程，但是对于整个节目而言，它很可能是一种必不可少的补充，正是有它的加入，才使节目变得丰满和厚实，有一种时间上的纵深感。这段经历是生活本身就有的，之所以在正常的叙述中穿插进来，也是因为它和人物现在的某种行为有一种因果联系，否则它就成了一种累赘的画蛇添足，破坏了原有的叙述节奏。所以，不管是什么样的叙事，它都必须符合某种逻辑关系，或者符合思维的规律，或者符合事物发展本身的客观规律，否则就会使正常的叙述变得杂乱、零碎和莫名其妙，最终不能被观众理解和接受，那么这种剪辑无疑是失败的。

2. 连贯性原则

编辑电视节目的过程，也可以说是省略和连接的过程。省略掉不必要的内容和情节，将那些有助于节目表达的镜头和镜头段落组接在一起，便是编辑工作的任务。省略可以使结构更为严谨,节奏更为紧凑,连接则应当使叙述连贯而流畅。连贯性原则,强调电视节目叙述的连贯性,不能给人断断续续、支离破碎的感觉。既要保证视觉效果的连贯,又要在深层次上符合心理的连贯,使精神活动也在上下镜头里平稳地继续下去。

电视节目以连续的活动画面来叙事,画面与画面之间在视觉效果上的连贯是剪辑的基本要求。但是如果画面与画面的连接只产生视觉连贯的效果是远远不够的,如果不能推动情节的发展以至最终完成某种叙事,那么这种连接即使再连贯也毫无意义。所以在画面连贯的表象之下,镜头的连接必须符合观众心理的连贯,剪接才会产生意义。

那么,怎样才能体现出心理的连贯呢?

在一部电视片中,镜头连接是以人物或观众的视觉或思想为基础的。如果镜头中出现了一个人物,那么下面的镜头将会使我们看到这样的情景:

(1)他真正看到或当时正在看的东西;

(2)他所思考的,他的想像或回忆所引出的事物;

(3)他力图看到的事物,他的思想倾向(例如:他听到了一个声音,摄影机随即向观众展示音源);

(4)在他的视线、思想或回忆之外与他仍有关的人或事(例如某人在对方不知道的情况下隐蔽起来,监视对方)。①

在(1)和(2)中,镜头间的联系是由人物自身确定的;在(3)和(4)中,镜头间的联系则由观众这个媒介来完成。如果出现的镜头正好和观众心中的揣测相吻合,那么剪接就会被观众所认可和接受,更重要的,是剪接终于能够完成某种意义的表达。

3. 修辞性原则

修辞是指通过修饰文字词句,运用各种表现方式,使语言表达得准确、鲜明而生动。电视作为一门日趋成熟的艺术,已经形成了自己独特的语言,它有自己的单词、造句措辞、语形变化、省略和文法。用画面语言来实现修辞效果的手法也被有经验的编辑人员运用得日益熟练。

在文学语言中,修辞的种类十分丰富,诸如比喻、象征、拟人、夸张、排比等等。这些手法被电视语言借鉴过来并且已经运用得较为纯熟的,主要是隐喻和象征。

(1)隐喻:著名电视理论家贝拉·巴拉兹在其名著《电影美学》一书中,

---

① 〔法〕马赛尔·马尔丹著. 电影语言. 北京:中国电影出版社,1980 年版,第 114 页

曾引用了"电影之父"D. W. 格里菲斯的一部影片中的例子作为隐喻蒙太奇的说明。这部影片里表现黄色报纸是能够、并且的确毁灭了一个女人的名誉。影片中的报纸轮转印刷机像速射炮发出炮弹似的喷出报纸，其间切入一个女人惊惶失色的脸，这样就造成了一个明喻。最后，印刷机传送带上的一捆捆朝我们滚滚而来的报纸就像一次不可抗拒的雪崩，终于埋没了那个孤立无援、惊慌失措的女人。蒙太奇在这里就造成了一个隐喻。

所谓隐喻，就是通过蒙太奇手法，将两幅画面并列，而这种并列又必然会在观众思想上产生一种心理冲击，其目的是为了便于看懂并接受导演有意通过影片表达的思想。① 电视编辑中的隐喻可以分为造型的隐喻、戏剧的隐喻和思想的隐喻三种形式。

造型的隐喻是以画面的纯表现性内容中的相同或类似的结构形态或心理格调为基础的。这种造型的隐喻在现在的电视节目中运用得已经相当广泛，例如一部关于人类情感的专题片，在母亲与孩子的镜头之后紧接一组动物孵化、哺乳的镜头；在很多体育节目的片头，经常会用画面与画面之间的造型变化，例如一组冲浪、赛车、滑雪的镜头组接在一起，表现体育运动的激烈、竞争精神等等。

戏剧的隐喻对情节起着更直接的作用，它带来了一种有助于叙述故事并看懂故事的解释性元素。在获得中国广播电视奖一等奖的专题片《生命如歌》中，叙述到女主人公冯化的离世时，接着出现了一幅旋转的树梢的黑白画面，隐喻着对生命的消逝的一种追怀之情，同时又为下一段叙述的展开作了铺垫，这种手法运用得比较自然，观众也容易理解并产生共鸣。

思想的隐喻的目的是为了在观众的意识领域内激起一种想法，这种想法的价值远远超出了节目的情节范畴，并且促使人们对人类的许多问题具有更广泛的看法。在获奖纪录片《远去的村庄》中，也有一个运用思想的隐喻的片断：父亲询问在北京打工的儿子今后的打算，儿子表示以后还会在外打工时，紧接着是一只鸟在天空中翱翔的画面，隐喻儿子对外面世界的向往之情，暗示外面世界的精彩(天高任鸟飞)，唤起观众对本片的主题——村庄的命运，村庄里人物命运的关注和思考。

事实上，很多隐喻是难以泾渭分明地划分为是造型的、戏剧的或是思想的。大多数时候都是你中有我，我中有你，相互交融在一起，共同推动着主题的发展。

---

① ［法］马赛尔·马尔丹著. 电影语言. 北京：中国电影出版社，1980 年版，第 114 页

（2）象征：当含义并非产生在两幅画面的冲击之中，而是蕴藏在画面内部时，这就是象征。这是指某些镜头或场景，它们始终属于剧情本身，但是，除了它们的直接含义之外，还拥有一种更深广的意义。[①]

电视画面具有这样的特征：画面在感性和理性范围内同观众有着一种辩证关系，而它最后在荧屏上体现的意义既受到观众思想活动的支配，也受到编导创作意图的左右，所以荧屏上表现的一切都具有一种意义，而且在很多情况下，它还会有一种次要意义，这种意义只有经过思考后才出现。所以我们可以看到这样的情况：海洋可能象征满腔的情欲；一撮土可以象征远离乡土；在阳光下闪闪发光的一缸金鱼可以象征幸福。

运用象征意味着画面能够启发观众的地方，要远比看到的明显内容所能提供的多得多。因此可以说，电视画面既有一种明显内容，也有一种潜在内容，明显内容是直接的，可以鲜明地看到，潜在内容是由编导有意赋予画面的或观众自己从中看到的一种象征意义所组成。

二、编点选择

编点选择，就是我们常说的剪辑点选择。电视编辑对画面的选择、剪辑，实质上是一个取舍的过程，即选取主要情节，舍弃次要的部分，把不同内容的画面，选取两者恰到好处的连接地方，相互连接起来，构成一个完整的动作或概念，这就是编点（剪辑点）选择。剪辑点的选择，是很微妙的，有时因为只差几帧画面，给人的感觉就很不一样。选择正确的剪辑点，对保持画面连接的自然流畅，表达出一个连续而完整的动作或一个完整的意思，是至关重要的。

在选择剪辑点时通常要考虑这样几个方面：内容、动作、情绪、声音和节奏。

1. 内容剪辑点

即以画面内容的起、承、转、合以及画面内容的内在节奏作为参照因素选择剪辑点。编辑时要考虑画面内容是否已经交待清楚。如果内容已经能被观众感受到，画面又没有新的信息可以展示，就要果断地将镜头剪断，否则会产生拖沓的感觉。

2. 动作剪辑点

这在画面编辑中是最为常见的情况。通常以画面中人物（或动物）的形

---

① ［法］马赛尔·马尔丹著. 电影语言. 北京：中国电影出版社，1980 年版，第 74 页

体动作为基础，选择主体动作的开始或进行中或是动作的结束点，以及动静转换、出画入画，或速度、方向改变的瞬间作为剪辑点。选择动作剪辑点，一般要求一个画面的长度能完整地表现人物某一动作的全过程，或动作过程中一个相对完整的阶段。

3. 情绪剪辑点

上面谈到的两种情况都是着眼于镜头所直接呈现出来而且能够被观众明显感知到的方面，但有时画面的剪辑是依据人物的心理活动和情绪变化，这样就产生了情绪剪辑点。在一部作品中，情绪剪辑点的存在并不多。但是只有选择恰当的剪辑点，才可能将叙述推向高潮，并使观众受到感染，甚至为之激动。情绪剪辑点的选择通常是在人物情绪的高潮处，利用前后两个镜头在情绪上的一致性来切换镜头。这种不必依靠任何形体动作或声音，而是将不同情绪内容与镜头的造型特性相结合而作的灵活处理，可以造成某种感情的产生和情绪的渲染。

情绪剪辑点，以人物的心理情绪为基础，选择能表达喜、怒、哀、乐等外在表情的过程作为剪辑点。这是因为人物的动作虽然停止了，但人物的心理活动仍在继续，人物的情绪仍在延伸。因此，原则上"宁长勿短"。有一个电视节目在采访被遗弃的孩子对母亲的思念时，孩子一边回答说"想妈妈"，一边将手中叠成的纸船放到河中。这时本应用一个长镜头将画面拉开，让纸船带着孩子对母亲的思念漂向远方，直到在音乐声中消失在河流远处，让孩子思念的情绪随着画面延长。遗憾的是，节目的编导在纸船落入水中的一瞬间，将画面剪断，戛然而止，看到此景真有如鲠在喉之感。画面情绪剪辑点的确定，全凭编辑人员对电视片情节内容和含义的理解，以及对人物内心活动的心理感觉。情绪剪辑点处理是否得当，完全取决于一个编辑人员的艺术素养。

4. 节奏剪辑点

节奏对于任何一部电视片来说都是至关重要的。节奏的表现就是根据内容表达的情绪、气氛以及画面造型特征来灵活地处理镜头的长度，通过运用镜头的不同长度，来创造舒缓自如，或紧张激烈的节奏。节奏的形成可通过如下方式实现，包括情节的发展，人物心理变化，形体动作、影像造型、色彩组合、镜头运动速度和镜头长度、景别的变换，语言及音乐的运用等。对于节奏剪辑点的选择必须考虑如下原则：既要使外部节奏与内部节奏相吻合，又要保证单元段落中具体节奏与全片的总体节奏，以及视觉节奏与听觉节奏的和谐。

5.声音剪辑点

电视片中的声音包括语言(解说、对白、旁白、独白)、音乐和音响三个大类。各种声音都有自身规律,但又必须结合画面内容、情绪、节奏等来选择剪辑点,才能使声音转换自然流畅。声音剪辑点是根据画面中声音的出现与终止以及声音的抑、扬、顿、挫来选择的剪辑点,它首先要考虑的是声音的真实感和完整、自然,其次是声音的处理是否符合内容与情绪的表达和节奏把握的需要。

在编辑中,要根据声音类别的不同需要作出适宜的选择。在人物对话中,应结合语言的起始、语调、速度来确定剪辑点。如同期声可采用同位法剪辑。有时也可运用人物与声音不同时切换的错位法剪辑,即以声音的延续和提前介入来串接上下两个画面。在音乐声的剪辑中,应以音乐节奏、乐句、乐段的出现、起伏与终止为主要依据选择,但要防止陡起陡落。在音响剪辑中,要根据内容的要求,与画面同步剪辑,或提前关闭、延伸音响等均可。

剪辑点的选择是很精确的,可以说,每一个剪辑点都只是"那一个合适的点",哪怕只差了几帧,都有"失之毫厘,谬以千里"的可能,然而选择剪辑点的时候又不能忽视创造性,这样才可能创作出新颖的,乃至于优秀的节目。

三、轴线规律

电视是一种在空间里展开的时间艺术和在时间中连续的空间艺术。电视叙事过程中的动作由一处转换到另一处,就包含了空间的连续。电视屏幕里展示的空间连续,并不是真实的连续。电视里的空间,可以通过摄像机直接再现现实空间,也可以通过剪辑技巧重新构成空间,它已经超越了空间的物质性质,表现为一种经过创造性的重新构建的艺术美学的空间。那么这种空间是否能为观众理解并接受,就必须考虑空间的转换是否符合规则和轴线规律。在电视节目采访和编辑的过程中,轴线规律是一个相当重要的概念,采编人员必须始终铭记和遵守这一规律,否则屏幕里展示的空间关系很可能令观众陷入不明就里的混乱之中。

如果说剪辑点的选择是解决画面的连接是否流畅的问题,而轴线规律则是强调画面连接的方向是否一致的问题。在电视镜头中,主体的运动、人物的视线和人物的交流使画面具有方向性。但画面中的方向不是由主体本身的方向来决定的,而是由摄像师或编辑选择的拍摄方向决定的,由此,形成了画面组接的一些规律，如轴线规律。

　　轴线规律，即 180 度角规律，是指在拍摄和编辑的过程中，必须在脑海中设定一条假想线，拍摄时摄像机不能越过这条假想线，编辑时只能选择在假想线的固定一侧拍摄的镜头组接在一起。这条假想线是无形的，却随时随处会影响屏幕画面的方向，如果越过这条线拍摄或编辑，就会造成屏幕画面方向的混乱，也就是所谓的"跳轴"。

　　轴线规律具体包括两个方面：运动轴线和关系轴线。

　　1. 运动轴线

　　运动轴线也被称为动作轴线，它的存在是屏幕中主体运动方向不至出现混乱的保证。比如转播一场足球比赛，摄像机必须保持在球场的同一侧拍摄，也就是不能越过运动轴线（如图 3 - 1）。

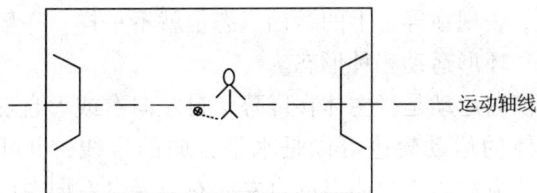

图 3 - 1

　　这样不论采用什么角度，整个运动场景的系列镜头在屏幕方向上总能保持一致。如果摄像机随意地在运动轴线的两侧拍摄（如图 3 - 2），那么1 号

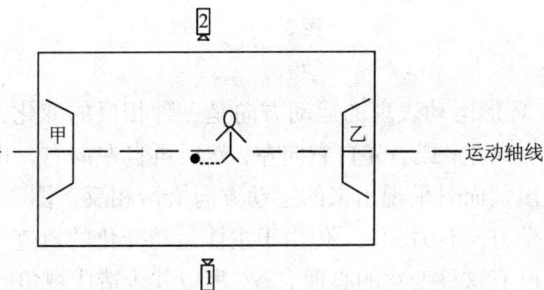

图 3 - 2

摄像机拍摄的画面是球员在向左运动，也就是向甲球门进攻，而 2 号摄像机

拍摄的画面则是球员在向右运动，好像又带球朝自己的球门方向返回。如果将这样的两个镜头组接在一起，观众就会莫名其妙，不明白正在进攻的球员为什么突然回撤了。所以在拍摄和编辑的过程中，一定要始终铭记运动轴线的存在，只有严格遵守在运动轴线的固定一侧拍摄，并且选择将这种情况下拍摄的镜头组接在一起，才不会引起屏幕方向的混乱。

运动轴线是无形的假想线，但它却是重要和不容忽略的，在图3-1和图3-2两个图示中，这条线是一条直线，因而遵守运动轴线也被称为是遵守180度角规则。然而更多的情况下，轴线也可能是一条曲线，所以我们先了解一下屏幕方向。

（1）屏幕方向：屏幕方向是由于主体的运动而产生的。电视画面展示的运动方向与实际生活中的运动是不一样的，屏幕上主体运动的方向性是由于屏幕边框的存在而产生，因而它具有一种假定性。由于摄像机在拍摄主体运动时角度的变化，表现在屏幕上的运动形态也就不一样。一般可以分为横向运动、垂直运动和环形运动三种形态。

横向运动：横向运动是指主体在屏幕中自左向右或者自右向左运动。在这种模式中，主体的运动轨迹可以是水平方向的直线，也可以是横向的斜线，但是主体的总方向表现出明显的自左向右或者自右向左（见图3-3）。

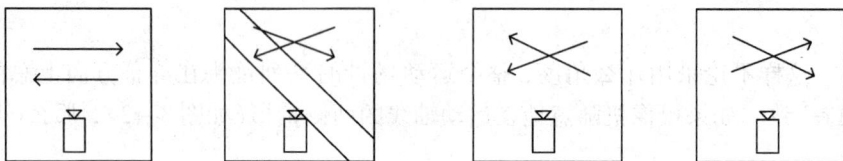

图3-3

环形运动：环形运动表现的运动方向是一种相反的变化，或者先自左向右，然后变成自右向左；或者先自右向左，然后再自左向右。也就是说在这种模式中，主体进出画面时呈现出来的运动方向恰恰相反。图3-4在这种运动中，虽说主体运动方向有时相反，但由于主体运动变化的轨迹一直在镜头中没有中断，观众早已有这种变化的心理准备，所以并未造成视角的混乱。

垂直运动：垂直运动的画面显示的是主体面对观众而来或者背对观众而去。也就是说，在拍摄时，主体是对着摄像机镜头的方向而来或者背着它的方向而去，这时呈现的运动方向是中性的（见图3-5）。

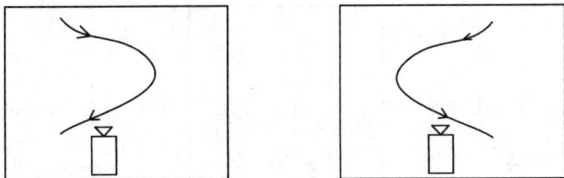

图 3 - 4

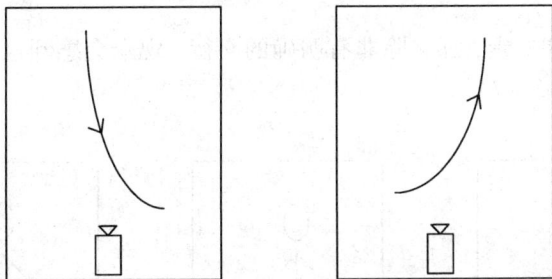

图 3 - 5

　　在上述三种运动形态中，主体的运动轨迹就形成了必须要遵守的运动轴线，始终保持在这条线的固定一侧拍摄，屏幕方向就不会出现混乱。如果画面中主体的运动方向或视线方向无缘无故改变了，引起了观众理解上的混乱，这就叫跳轴。

　　（2）屏幕方向的处理：由于屏幕方向的客观存在，在进行镜头组接的时候就必须谨慎地遵守有关的规则，因为不同的组接方式所表现的运动的含义是不一样的。比如主体运动始终保持一个方向，表明主体在向前推进；主体的运动方向相对或相反，表明主体的运动是一去一回；而垂直运动中，主体没有太明显的方向，因而这种镜头是可以和任何方向的镜头组接在一起的。对于屏幕上运动方向的处理，可以分为不变的运动方向、相向或相反的运动方向、垂直的运动方向三种形式。

　　第一，不变的屏幕运动方向：在这种情况下主体的运动只有一个方向，一旦设定了这个特定的运动方向，就应该在这种运动模式里保持下去，以达到一种明确的方向感。比如一幅画面中一个人在朝右走，那么接下来的画面或者他依然在一幅画面里朝右走，或者他从画面的左边进来朝右走，总之，他的运动方向是一致的（见图 3 -6）。

　　如果第一个画面中这个人朝右走，接下来的画面却是他在朝左走或由

图 3-6

画的右边进入往左走，那么除非有明确的交待，观众会感到这种方向的改变是混乱的(见图 3-7)。

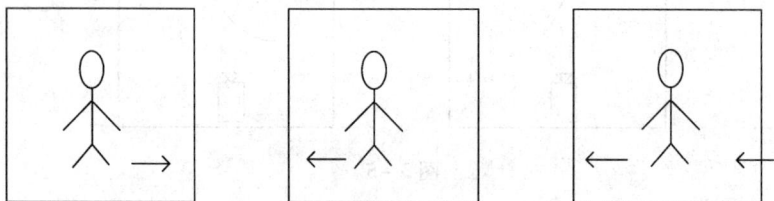

图 3-7

也许会有这样的情况：同一主体具有明显方向感的镜头不是直接地组接在一起，其间还穿插了别的镜头，在这种时候，除非有所交待，否则主体的运动方向是不应该改变的。比如这样一组画面：画面 1 是一辆公共汽车自左向右在繁华的街道上行驶，画面 2 可能是司机或乘客的特写，也可以是从车窗内看到的街景，画面 3 仍然是公共汽车在自左向右开。画面 3 和画面 1 中，公共汽车运动的方向应该是一致的。还应该注意的是，为了保持镜头过渡时的视觉流畅，画面 2 显示出的方向感不能与画面 1 和画面 3 相冲突，比如画面 2 如果是从车窗内看到的街景，街景就应该随着汽车自左向右的前进由画面左边退出，否则就会打破运动方向的设定，让观众感觉这辆公共汽车又突然开回去了。

第二，相向的或相反的屏幕运动方向：在这种情况下主体的运动是朝着两个完全不同的方向，它可以表示同一个主体的一去一回，也可以表示两个主体正朝着对方运动。

在表示同一个主体的一去一回时，必须事先设计好来回的方向，而且，这种方向应该是相反的。比如这样的两组画面：第一组画面是，①人物从宿舍出门，②人物走在路上，③人物走进教学楼，在这 3 幅画面中，人物的运动方向都是自左向右；第二组画面是，④人物出教学楼，⑤人物走在路上，⑥人物走进宿舍，在这 3 幅画面中，人物的运动方向都是自右向左(图 3 - 8)。

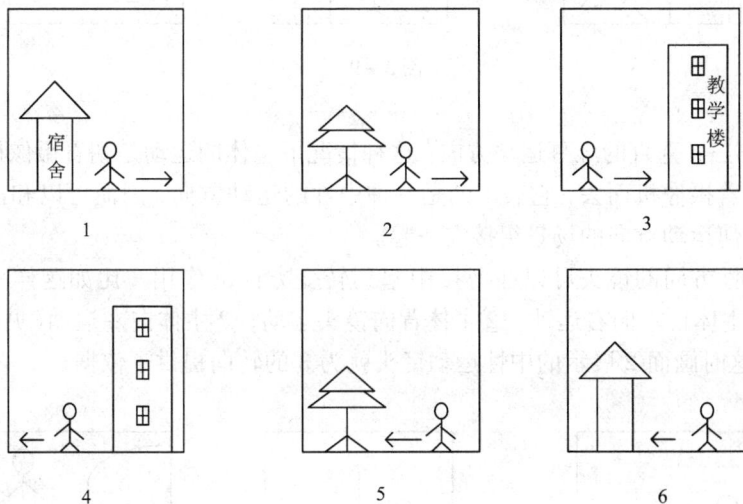

图 3 - 8

　　在这个段落中，自左向右代表了从宿舍去教学楼的行进方向，自右向左则代表了从教学楼回到宿舍的方向。如果画面里有明显的标志性的参照物，如宿舍、教学楼，那么观众看起来会更加一目了然。在这种运动方向的剪接中，一定要注意，一去一回的运动方向一经设定，就要一以贯之地保持下去。不管摄影角度和景别如何变化，情节如何复杂，主体的一去一回在特定的方向模式里都是不变的。

　　另一种情况是表示两个主体正朝着对方运动。这种情形经常是用一种交替的模式来叙述移动着的双方即将会合。比如人物甲从办公室出发去见人物乙，人物乙从家里出门去见人物甲，那么事先要设定好甲、乙两人的运动方向，如果甲的方向是自左向右，那么乙的方向就应该是自右向左(如图 3 - 9)。这样观众就会从画面中去假定甲乙两人正相向而来，并且即将见面。这种效果的产生是因为甲、乙两个运动主体相向移动而完成的。观众还会从中推断出甲的办公室在左边、乙的家在右边。需要强调的是，在这种情况的剪接中，运动方向一经设定，也是必须始终保持的，否则就会造成观众理解上的混乱。

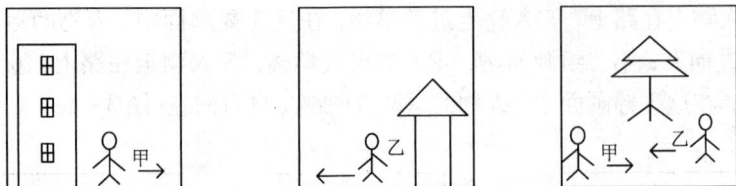

图 3 – 9

第三，垂直的屏幕运动方向：这种情况下主体的运动是朝着摄像机而来或者背着摄像机而去，它表示的是一种中性的运动方向，因而可以和前面讲到的任何运动方向的场景组接在一起。

中性方向的镜头可以在剪接中起到转变方向的作用。比如这样一组画面：①主体自左向右运动；②主体背向镜头运动；③主体向左运动（见图 3 – 10）。这时画面②展示的中性运动镜头就为③的转向提供了依据。

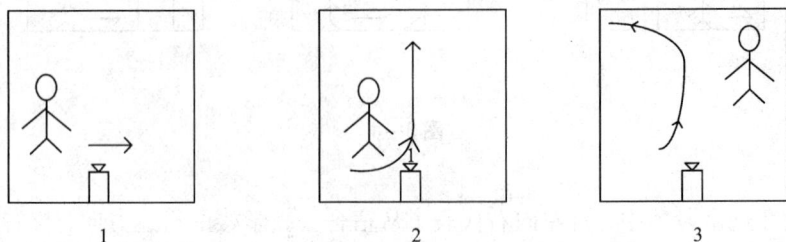

图 3 – 10

上面我们讲述了屏幕方向和动态的屏幕方向的处理，正是因为有了屏幕方向的存在，运动轴线就成为一个不容忽略的问题。如果在前期拍摄时没有考虑到运动轴线，那么拍下的素材就会在运动的方向上出现错误。

（3）跳轴的补救方法：在图 3 – 11 中，第 1、2、3 号摄像机拍下的画面在方向上总体是一致的，可以组接在一起；第 4、5、6 号摄像机拍下的画面在方向上也是一致的，可以组接在一起；但是在相反的两组镜头中就不能硬接在一起，如 1 号摄像机拍的画面就不能和 4 号摄像机拍的画面组接在一起。否则就会出现方向上的错误，也就是"跳轴"。如果由于拍摄时的疏忽造成了"跳轴"画面的存在，在后期编辑时就要采取补救措施，运用某种技巧来改变轴线关系，以便让观众从屏幕上得到提示，即视点已经转换，机位与主体之间已经建立起了新的空间关系,这样就可以减弱因跳轴带来的空间感在运动方向上的冲突,把主体的运动方向校正过来,以保持一种正确的屏幕方向。

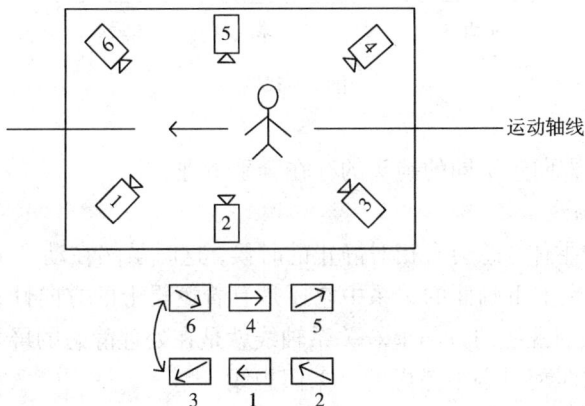

图 3 – 11

在实际操作中,对由于摄像师拍摄疏忽造成的跳轴错误,又无法再回到现场重拍,怎么办?这时,后期电视编辑可以采取如下方法处理:

一是插入中性运动镜头。在两个相反方向运动的镜头中间,插入一个垂直方向的有纵深感运动的镜头,因为这种中性运动镜头没有明显的向左或向右的方向性,可以减弱相反运动的冲突感。

二是插入特写镜头。特写镜头引导观众注意画面细节,造成一种视觉冲击甚至一种震惊感,这种感觉可以暂时分散观众的注意力。因此在两个相反方向运动的镜头中间,插入一个局部的特写或反应镜头的特写,可以减弱相反运动的冲突感。比如转播一场足球比赛,第 1 个画面是球员带球朝右射门,第 2 个画面是球员的特写或看台上观众的特写(即反应镜头),第 3 个画面是球员向左朝自己的球门跑。

三是借助运动的动作变化改变轴线。在两个相反运动方向的镜头中间,插入一个有运动转变动作或人物转身动作的镜头,利用这种动势把轴线变过来。

四是全景再次交待视点。这种做法是在上一种方法的基础上辅以景别的变化,例如在一些速度不很快的运动物体改变轴线时,可以从近景跳到大全景,待运动方向改变过来后,再跳到小景别(见图 3 – 12)。

五是借助人物的视线。人物视线的转变可以使相反运动具有一种逻辑

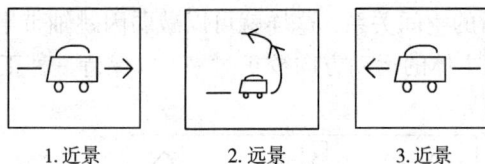

1. 近景 2. 远景 3. 近景

图 3 - 12

联系，从而使方向感不同的镜头的存在合乎情理。

2. 关系轴线

屏幕中的主体，总会有相对静止的时候，这时虽然在动作上没有明确的方向性，但是在上下画面的关系中它还是有着逻辑上的方向性，这种方向性主要表现在人物视线的方向上。关系轴线就是在处理静态的屏幕方向时，尤其是在视线的匹配时必须考虑的一条假想线。

视线的匹配就是指剪接时注意画面中人物的视线方向要合乎一定的逻辑关系。

在静态的屏幕画面中，虽然没有动态画面中的动作轴线，但确实也存在着一条直接影响着屏幕上人物位置的线，即关系轴线，它是每两个主体之间的一条假想线。（见图 3 - 13）

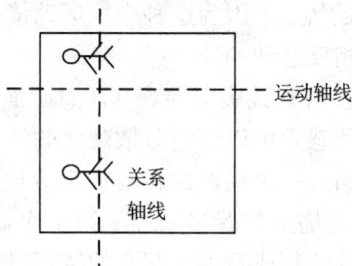

图 3 - 13

人物的视线方向是通过眼睛表现出来的。所以一个站在中心面对着摄像机的人，可以不扭动他的头就向上、下、左、右各个方向看，也可以直视镜头或者越过自己的肩膀看着相反的方向。这时关键的一点是要保持视线方向的准确，只有保持了设定的视向，在一系列的连接镜头中，人物的视线才会有自然的关系。如果视线的方向发生了变化，应该随时在一幅画面中表现出来，而不能在两幅画面之间去表现，否则两幅画面所表现出的视线方向就会相反。

　　轴线规律是在前期拍摄和后期剪辑中必须遵守的规律。运动轴线和关系轴线虽然是无形的，但摄像师、记者和编辑人员必须时时牢记这条线的存在，并且要注意，如果遇到原来的轴线发生了变化，一定要在这个画面结束时，确定一条新的轴线，以保证屏幕主体的运动方向和视线关系不致引起观众理解上的混乱。

第三节　图像编辑的组接技巧

　　在电视屏幕中，画面运动的构成因素有三个：一是主体的运动，即画面中的人或物本身处于运动状态之中。二是摄像机的运动，即由于摄像机的运动造成的画面运动感，比如用推、拉、摇、移、升、降、跟等方式拍出的画面。这种运动展示的是一种主观的感觉，所以不一定会和主体的运动在方向上或速度上保持一致。三是剪接率（或叫剪辑频率），即在单位时间里，镜头变换的多少，通俗地讲就是镜头的长度。以上三种因素都会使屏幕画面呈现出动感。而这种运动的形式是否表现得恰到好处，就离不开对上面三种因素的综合考虑。

一、组接的原则

　　运用镜头语言来描述一个完整的动作时，为了节省叙述的时间和突出动作的某个细节，通常不会用一个连贯的镜头来展示整个动作过程，而是通过把动作分解成几个关键的部分，然后再重新组合。因此我们看到电视中人物的一个完整的形体动作往往是由几个既相互连贯又有瞬间变化的动作片断组成的。比如表现一个人喝一杯水的动作过程，可以用三个动作片断：①手拿茶杯，②喝水，③手放茶杯来组成。这些不同的动作片断可以是由不同的景别、不同的角度拍摄的，选择剪辑点时要考虑：动作是静止还是在运动。在表现主体的运动时，剪辑点应该选择在运动的瞬间停顿处（静接静）或动作中间（动接动），这是镜头衔接的基本原则。这样就可以使动作的转换具有外在的连续性而避免了跳跃感。

　　在动接动、静接静的原则中，动与静是指在剪辑点上主体或摄像机的运动状态是处于运动的还是静止的状态。

　　通常情况下，在动作的过程中选择剪辑点，也就是"动接动"的剪接方法最为常用，因为这样做有两个明显的好处：一是景别变化或角度变化造成的视觉上的不协调会由于动作的掩护显得不突出，从而顺利地完成镜头的转换；另外由于用不同景别的画面描述一个动作，景别的变化会使得动作的力度和动感都被强化，从而使得动作具有更大的感染力。

在选择剪辑点其他时，还需要考虑不同的景别对时间的需要是不同的。比如大景别中的动作需要较长时间去感受，通常动作的时间长度应占到整个动作过程的三分之二；而小景别中的动作比较易于感受，留的时间可以稍短一些，一般只占动作过程的三分之一就行了。

二、组接的方法

1. 镜头的组接

(1)固定镜头与固定镜头的组接：这时镜头的外在形式是相同的，即都是用固定摄像机拍摄的画面。但要注意的是固定镜头中主体处于运动状态下，如何遵循静接静的原则来选择剪辑点其他。

第一种情况是静接静，即静止的主体接静止的主体，当主体在第一个固定镜头内是运动的(他从远处走来)，在第二个镜头中是静止的(他站定了)，那么根据静接静的原则，将第一个镜头中主体由动到静的瞬间作为剪辑点其他，再接主体站定了的静止镜头，这时镜头的连接就是流畅的。

第二种情况是动接动，即画面中运动的主体接运动的主体。如果在第一个镜头中主体是静止的(他站定了)，在第二个镜头中主体在运动(他在走)，那么可以在第一个镜头中的主体由静转为动的瞬间作为剪辑点其他，再接主体运动的镜头(他在走)，这时镜头的连接也是流畅的。不过这时要注意兼顾主体运动速度、运动方向的大体一致，注意动作形态的相似因素。

另外要注意，在将一组固定镜头相连时，要设法寻找镜头之间的某种一致性，如内容相关，或者镜头的长度一致，或者都是精彩的动作瞬间，或者正处于运动过程之中，这样组接之后才会产生一种和谐流畅的感觉。

(2)固定镜头与运动镜头的组接：这种情况下，不管第一个镜头是固定的还是运动的，都要遵循静接静的原则，即在接点处的镜头都要是固定的。如果第一个镜头是运动的，那么要留出镜头运动结束后的落幅画面，然后接固定镜头；如果第二个镜头是运动的，那么要留出镜头运动前的起幅画面，接在固定镜头之后。这样就保证了剪辑点其他处的静接静，画面的转换也是流畅的。因此，在拍摄运动镜头时，一定要在起幅和落幅处停留足够的时间，通常是3至5秒钟，这样剪接时才有足够的素材可供选择。

（3）运动镜头与运动镜头的组接：这时应遵循动接动的原则，在镜头运动的过程中选择剪辑点其他。运动镜头是在运动中带领观众用视线去追随、寻找画面的兴趣点，这样的镜头一定要在运动方向和方式上考虑到观众。因此，将运动镜头与运动镜头组接时，首先要注意保持运动方向的一致。比如摇镜头，前一个镜头如果是自左向右摇，那么后一个镜头最好也是自左向右摇；如果是推拉镜头，最好将一系列推的镜头和一系列拉的镜头组接在一起，这样才符合我们日常生活中的视觉习惯。如果保持了镜头运动方向上的一致，就可以不必留下运动镜头的起幅和落幅，以使画面在连续的运动中产生一种酣畅的感觉。但是运动镜头的起势和落势必须留着，这样视觉上不至于太紧张。如果一组急推镜头或者一组急拉镜头连续组接在一起，则应该留着起幅或留着落幅，这样节奏上不会太激烈，宜于观众接受。

无论是由于画面中主体的运动还是摄像机镜头的运动，电视画面都会呈现出直接的动感。各种具有动感的镜头连接起来之后是否能够保持视觉感受上的流畅与和谐，是剪接时要考虑的基本因素。这时通常要注意两个方面的问题：方向与速度。在运动的方向上，要力求保持方向一致，以使主体的动势自然、流畅地进行，这样观众的视线就能保持自然的过渡。

除了方向上的考虑，运动的速度也要尽量保持和谐统一，这样运动的节奏才不会发生明显的改变，人的视觉感受才不至于有强烈的跳动感。以一段体育栏目的片头为例：滑雪、赛马、冲浪……每一个画面中，主体的运动速度都大致相同，画面与画面间的转换十分流畅。

2. 长度的确定

不同的镜头长度，在叙事、表意上的效果不一样，因此在组接每个镜头时，要考虑观众收视时的心理需要。如果观众已经看得清楚、明白了，画面还在延续，就会形成拖沓的印象，令观众厌倦；反之，如果观众还没有看清楚，画面就被切换了，观众就会觉得突然、仓促、不解其意。另外还要考虑节目本身内容表达、情绪表达和节奏表达的需要，具体的侧重点不同，对镜头长度的处理也会各异。

镜头长度没有硬性规定的上限和下限，因为它可以长至几分钟，也可以短到只有几帧画面，弹性如此之大，就须掌握必要的技巧灵活处理。

（1）视内容表达的需要确定镜头长度：内容的表达是一个节目最根本的目的，因而也是确定镜头长度的首要依据。在一个叙述性的镜头中，镜头长度首先要保证在内容上能够让观众看得懂，并且要留下印象。所以只有在观众领悟了全部含义的时候，立即切换到下一个镜头，才是最为恰当的叙事长度。否则就会因为长度过短造成不知所云，或者过长造成冗长厌倦的消极效果。

在根据内容确定镜头长度的时候，要考虑关键情节是否交待清楚，解说词或字幕能否读完，观众对事物是否熟悉（熟悉的事物，其镜头较生疏的事物要短），以及镜头的运动方式（固定镜头里的内容容易看清，所以一般会比运动镜头要短一些）。

（2）视画面景别确定镜头长度：根据画面的特点和观众的收视经验，不同景别的镜头出现的长度也不一样。比如，用特写镜头去拍一本书的封面，由于画面上的物体比较单一，本书标题、作者一目了然，观众很容易看清，所以这个镜头没必要停留太长的时间。而如果是用全景去拍一个书店，里面有一架一架琳琅满目的书，有来来往往的顾客，而每一本书、每一个顾客在画面上所占的比例又十分有限，要想让观众看清楚这个画面里的细节，就需要留出较长的时间了。一般而言，大景别镜头，如远景、全景，由于包容的景物较多，每个对象所占的画面比例较小，观众看清楚需要较长的时间，所以，镜头长度应该留长一些。小景别镜头，如中景、近景、特写，所包容的景物较少，景物在画面上也较大，观众只需要较短的时间就可以看清，所以镜头的长度应该短一些。有这样的参考数值：特写在 1 至 2 秒之间，近景在 2 至 3 秒之间，中景在 3 至 5 秒之间，全景在 5 至 8 秒之间，远景在 8 至 12 秒之间。但是上述数值不是绝对的，因为确定镜头的长度还需要综合考虑画面的构图、情绪的表达、节奏的把握等。

（3）视画面构图确定镜头长度：不同的画面构图意味着观众感受画面信息和画面主体的时间会不一样，因而对于具体的镜头长度的确定也不一样。

如果画面上结构复杂，包含的信息量大，那么镜头长度应该比结构简单的镜头长。

处于画面前面的景物比后面的景物醒目、突出，所以处于画面前的，镜头可以短一些；如果主体在画面的后部，镜头就要长一些。

画面上，亮处的景物比暗处的景物容易引起注意，如果主体处于画面的亮区，镜头可以短一些；如果主体是在暗处，镜头就要长一些。

画面上，运动的物体比静止的物体容易吸引观众的视线，如果主体在运动，镜头可以短一些；如果主体是静止状态，画面就要长一些。

画面上物体的运动速度不一样时，观众首先会注意速度快的物体，所以如果主体是快速运动的那一个，镜头可以短一些；主体速度比较慢，镜头就要长一些。

（4）视情绪表达的需要确定镜头长度：电视节目中，有些段落是用于表达情感、渲染气氛的，其目的不仅仅是阐明，还要力求打动和感染观众。这时如果按常规处理，就会削弱某种特定情绪的表达。比如《难圆绿色梦》中，当老人回到毕其一生辛苦营建的园子塔拉，看到当年植下的成片林木已被砍伐后的颓败景象时，有一个老人的面部特写，如果按照特写停留1至2秒这样的常规组接，观众会产生这样的概念："老人很伤感，很痛惜"。如果这个镜头延续到2秒以上，观众就会想老人为什么伤感和痛惜，并且逐渐被老人的情感所感染和打动。所以在组接表达情绪、气氛的镜头时，会留出较长的时间让观众领会和品味。

有时延长某个情绪镜头还不足以形成效果，那么可以将几个情绪镜头交叉反复组接，以形成情绪的积累效果，产生出较大的感染力。

成年人的情感是比较成熟的，被打动和感染需要一定的时间，所以为了得到最好的效果，在情绪、气氛效果出来之后，还要设法让其延续一段时间。一般在组接时，情绪、气氛镜头之后不能紧跟解说词，以便让观众继续沉浸在特定的气氛里。在《难圆绿色梦》中，老人看到园子塔拉的一段画面就是无声的，观众在老人特写与现场情景的交替中，充分感受到了老人的吃惊、痛惜、伤心之情。如果这时解说或音乐突起，观众的思绪就会被生硬地切断，情绪段落的感染力也就削弱了。

（5）视全片节奏确定镜头长度：一部电视片的总体节奏，是由镜内节奏和镜外节奏共同形成的。镜内节奏在拍摄阶段就已经基本形成，而镜外节奏则是在编辑的过程中创造的。

影响镜外节奏的因素主要是镜头长短。通常将单位时间内镜头转换的速率称为剪接率。剪接率高，镜头就短，而且切换次数多，节奏就快；剪接率低，镜头就长，而且切换次数少，节奏就慢。因此把握好镜头的长度和剪接率，对于控制电视作品的节奏和风格，增强表现力和感染力，是十分重要的。一般而言，叙述性的内容，如纪录片，节奏较缓慢，因此剪接率低，镜头稍长；节奏强烈的内容，如体育比赛中的赛车、冲浪、滑雪等运动，会采用高剪接率，让镜头快速闪现，创造出速度和动感；有时为了创造某种特殊的气氛，可以把镜头接得越来越短或越来越长，形成"加速"或"减速"的艺术效果。

镜头长度的确定，不能视单一的因素就作出简单的决定，一定要在综合考虑各种因素的基础上作出慎重的选择，才能准确地传达意图，创造最佳的效果。

3. 音响的处理

在电视语言中,语言表意、音乐表情、音响表实。电视音响专指语言和音乐之外的,自然界产生的或者物体运动、摩擦、碰撞发出的声音等。

对音响的编辑要从两个方面考虑,一个是时间的处理,一个是音量的处理。

(1)时间的处理:时间的处理方法有三种:第一种称为预示法,即让后一个镜头的同期声在前一个镜头的画面中开始,使观众对即将出现的画面有所预感,以引起观众对将要出现的画面形象的注意。这也是用音响实现转场的一种办法。第二种是延伸法。即将上一个镜头中的音响延伸到下一个镜头,这样前一个镜头里所表现的情绪或气氛可以不因为画面的转换而中断,得以连贯地充分发挥出来,这样的过渡也比较自然。比如前一个镜头是掌声热烈的会场,后一个镜头是演讲者登台,掌声在后一个镜头中延续几秒钟,可以使掌声所洋溢出的情绪得到充分的发挥。第三种情况是音响的叠化处理。这时相连的两个镜头都伴有同期声,前一个镜头里的同期声延续到下一个镜头里,后一个镜头的同期声与画面同步出现,因此有一段同期声的重合。这样不仅可以保全前一个镜头里同期声的完整,还可以丰富声音的内容,强化出某种效果。

(2)音量的处理:第一,在画面切换时把音响处理成渐弱渐强,这就好比是给画面做淡出淡入,可以使过渡显得自然流畅。第二,明显的音量变化应该有相应的画面作依据。比如音量渐强时,画面由远及近;音量渐弱时,画面由近至远。第三,画内音响丰富时,要尽量让音响具有层次,比如区分为近声和远声,或近声、中近声和远声。第四,通过合理增加画外音响,来增加透视感和扩展画面空间。第五,通过夸张音响的使用,增强音响的表现力。比如用来强调速度或者重量,或者增加激烈、紧张的程度。第六,在表现情节的突然变化时,让音响突起、突停和使用超大音量。

三、镜头的转换

在文章的写作中,字与字组成词,词与词连成句,句与句形成段,段与段结构成一篇完整的文章。电视的表达也与之类似,只不过这时字、词、句、段都成了画面,而如何让观众从画面与画面的衔接、过渡中领会到句、段的转换,也就是本节要讲述的内容。

1. 镜头段落转换的视觉心理依据

我们知道电视节目是在一幅幅画面组成的不间断的时间流中进行的,画面句、段的转换不像写文章那样有明显的标点符号或另起一行来作提示，那么如何创造出这种转换的感觉，并且让观众在连续观看的情况下感受到呢？这时就要考虑到镜头段落转换的视觉心理依据。

其实这种视觉心理依据来自观众收看节目时的视觉心理要求，它体现在两个方面，一个是心理的隔断性，另一个是视觉的连续性。前者就是要让观众有比较明确的段落感觉，知道上一段的叙述在这里告一段落了，下面将另起一段，这样才不至于让观众看不出头绪。后者就是要让观众在视觉上感到这种句与句、段与段之间的转换自然、顺畅，这就需要借助一些手段，也就是转换技巧。

不同的节目内容，对于心理的隔断性和视觉的连续性的强调是不一样的。在句与句的转换中，侧重的是视觉上的连贯性。因为这时上下相连的内容之间虽然有差别，但是没有明显的意义上的隔离，它们之间仍然有直接的联系。所以这时就要利用画面造型上的相似性，或内容的逻辑性，或动作的连贯性来减弱内容上的断裂感。而在段与段转换时，由于意义上有了比较明显的区别，所以要在加强心理上的隔断性的同时，还要减弱视觉上的连续性，以产生"另起一段"的效果。这时往往会用对比鲜明的两极镜头（如全景接特写），或借助特技机上的定格、叠化等技巧，来造成明显的段落感。

2. 镜头段落转换的类型

时空的转换和情节的发展都可以作为镜头段落划分的依据。这是因为一组镜头构成的段落一般是在同一时空中完成的，因此时间和地点就可以作为划分的依据。而按情节发展所产生的结构上的启承转合划分出的情节段落，是与节目的内在节奏一致的，因而感觉也是自然顺畅、水到渠成的。

（1）时间的转换：电视节目中的拍摄场面，如果在时间上发生了变化，有明显的省略或中断，就可以依据时间的中断来划分段落。电视屏幕中的时间往往是对真实时间的压缩，在镜头语言的叙述中，时间的转换一般很快，这种转换的时间中断处，就可以作为镜头段落的转换。例如专题片《生命如歌》中，主人公冯化不幸患上了癌症，最后离开了人世，当时间转换时，镜头段落也随之转换。

（2）空间的转换：叙事的场景中，经常要作空间的转换，一般每组镜头段落都是在不同的空间里拍摄的，当空间变换的时候，就可以作为镜头段落的划分处。如果空间变了，还不作场面的划分，又不用某种方式暗示观众，就可能引起观众理解上的混乱。例如纪录片《远在北京的家》，就是以安徽保姆们相继在安徽、北京保姆中介所、雇主家等空间的变换，作为镜头段落的转换处。

（3）情节的转换：一部电视片的情节结构是由内在线索发展而成的，一般来说都有开始、发展、转折、高潮、结束的过程，这些情节的每一个阶段，就形成了一个个的情节段落，如果把这些情节发展中的每一阶段性转折作为镜头段落处理，就起到了情节转换的作用。例如纪录片《远去的村庄》中，有一条情节结构线：砸井、修井，从中派生出许多错综复杂的情节，诸如大旱、员根学砸井、乡里派人来查村长的账、丈量土地、学校停课、村民刘秀娃准备搬家、修电灌站、复课、刘秀娃搬家等等，这些情节的转折处，就成为镜头段落的转换处。

作为电视片基本的结构形式，段落的划分首先要依据情节叙述的内在逻辑关系，同时还要兼顾故事叙述外在节奏的要求。要通过恰如其分的划分和连接，表现情节的起伏、动作的跳跃和对接、高潮的形成与解决，从而使得节目形式上的安排与其内在情节的高涨低落、发展停顿相辅相成，互为呼应，以增强叙述的感染力。

3. 镜头段落转换的方法

镜头段落的转换也称为场面的转换，即转场。在上下相连的镜头段落之间，虽然存在着时间、空间或情节上的差异，但其间仍然有内容、逻辑、动作、运动等方面的联系，因此，选择合理的转换依据，运用恰当的转换方式，可以使全片显得顺畅、和谐、完整、统一。

转场的方式可以分为两类。一类是选择合适的素材镜头作直接切换，即无技巧转场。另一类是利用特技转换，即技巧转场。每一类方法在具体操作中都呈现出多种样式，下面分而述之。

（1）无技巧转场：无技巧转场是用镜头的自然过渡来连接两段内容。这种用镜头的直接切换来转场之所以能够成立，是因为影视艺术在时空上有充分的自由，屏幕画面可以由这一段跳到另一段，中间留下的空白无需说明，观众可以得出自己的理解。因为有了这种省略，无技巧转场可以缩短段落间的间隔，加快影片的节奏进程，使得作品的内在结构更为紧凑。

但是无技巧转场在段落转换处的画面必须有可靠的过渡因素，这些因素具有承上启下的作用，只有这样才可以直接切换。因此运用无技巧转场的方法时，一定要注意寻找到合理的转换因素和适当的造型因素，使之具有视觉上的连贯性。在作大的段落转换时，还要兼顾到心理上的隔断性，表达出间歇、停顿和转折的意思，要避免观众产生段落不明的感觉。

从内容和造型两个方面来考虑，画面的合理过渡可采用以下方法：

第一，逻辑因素转场

这种转场是利用上下相连的两个段落之间，在情节上的呼应关系或内容上的连贯因素实现转场。因为有内在的逻辑联系，这种转场能使段落的过渡水到渠成，自然流畅。

利用逻辑因素转场的方法有以下几种：

——动势转场。这种方法是利用人物、交通工具等动势的可衔接性以及动作的相似性，作为场面转换的合理过渡。比如主体的出画与入画，即前一个镜头中主体走出画面，后一个镜头中主体走入画面，两个镜头构成一种呼应关系。运用这种方式转场时，需要注意前后画面中主体运动方向的交待要清晰，不要让观众造成误解。

也可以利用人或物的动势来转场，比如一个交通事故的情节，前一个画面是人车相撞，后一个画面中人已躺在医院里。

——主观镜头转场。这是利用前后两个画面之间在情节、内容上的逻辑关系来转场的手法之一。主观镜头是指摄像机处于画面中人物眼睛的位置，去拍摄人物视线所看到的景物。因而用这种方式相连接的两个镜头，前一个是人物在看某处，后一个则是他所看到的景物，两者的对应关系使得段落的转换具有了合理的依据。比如前一个画面中一个人向着天空拉弓射箭，后一个画面中则是被他射中的猎物。

——修辞性转场。这是通过画面的对列组接，让后一个画面对前一个画面起隐喻、象征等修辞性作用，并顺利实现段落的过渡。比如在《远去的村庄》中，当偶然回家的小儿子向父亲表示以后将一直在外打工的打算时，接了一个天空中飞翔的小鸟的镜头，暗示出"天高任鸟飞"的寓意。

第二，同一主体转场

这是在前后两个场景中，用同一个人或物来实现段落的转换。比如《正大综艺》中，上一个镜头是导游小姐在介绍一处的风光，下一个镜头中，她已经是在另外一个地方。

利用同一主体转场时，要让主体在画面中处于比较醒目、突出的位置，以排除画面中其他因素的干扰，这样，观众的注意力始终保持在主体上，从而实现段落的自然转换。

第三，相似体转场

这是利用上下相连的两个画面中，两个物体在某一方面的相似因素来使得段落的转换连贯、自然。这种相似性可能表现在物体形状的相似，主体运动形式的相似，主体大小位置的重合，以及概念上的同一属性等等。比如前一个画面中是一个正在印刷报纸的工厂里的繁忙景象,一张张报纸印毕下线,后一个画面是街头报摊上摆放的报纸,下一段叙述也随之展开。

第四,两极镜头转场

在这种方法中,前后相连的两个镜头在景别上正好是两个极端,如果前一个是特写,则后一个是全景或远景;如果前一个是远景或全景,则后一个是特写。两极镜头的相连会产生一种鲜明的对比效果,因而可以造成明显的段落感。这种方法适宜于较大的段落转换,但如果过多使用,则会使节目显得零乱、不流畅。

第五,特写镜头转场

这种方法就是在前后相连的两个镜头中,无论前一个镜头是什么,后一个镜头都从特写开始。特写镜头转场有两个明显的作用:一是由于特写所展示的是物体或人物的局部,基本上看不出人物、物体、环境等各个因素间的相互关系,所以环境特征不明显,是否变换了场景不容易被观众看出来。另一个作用是由于特写镜头所揭示的画面效果不易被人们用肉眼看到或看清楚,因此,它的出现具有新奇感和冲击力,致使观众自然而然地集中注意观看特写中的人或物,从而忽视或淡化了特写镜头之前的内容,这样就感觉不到画面的跳动。正是这两方面的有利条件,使得特写镜头可以顺利实现转场。

第六,空镜头转场

空镜头是指画面上没有人物,只有景物的镜头。比如天空、树林、草地、水面等等。空镜头的插入可以使观众获得一个短暂的放松,然后再看新的段落,因而它有一种明显的间隔效果。比如《生命如歌》中,女主人公冯化去世后,用了一个旋转的树梢的空镜头转场。纪录片《深山船家》地点和季节的转换,也是通过空镜头实现的。特别是当前后段落情节紧张、情感激烈或动作性强时,空镜头的插入可以起到放慢节奏、调整情绪的作用。

第七,挡黑镜头转场

这种方法是前后相连的两个镜头中,前一个镜头是人物走向摄像机,直到画面全部挡黑,后一个镜头则让主体从镜头前走开,挡黑的画面逐渐变成了另一个环境,从而实现段落的转换。

用挡黑镜头转场有以下几个作用:一是主体直奔镜头而来,可以在视觉上给人较强的冲击,从而造成悬念;二是在一来一去之间,可以省略过场戏,使得结构紧凑;其三是主体逼近镜头的过程,对主体是一种强调和突出,可以使得主体形象在观众心目中留下深刻的印象。

第八，运动镜头转场

这是利用摄像机的运动将场景由一处转到另一处，从而实现段落的转换。摄像机可以作推、拉、摇、移、升、降、跟等运动，通过这些运动可以连续地展示一个又一个空间场景，随着场景的转换，叙述也可以自然而然地过渡到下一段。比如镜头跟拍一个学生，他走在校园的林阴道上，进入一栋教学楼，再拐进一间教室，上课铃响，一天的学习生活开始了。

20 世纪 90 年代以来，随着电视创作领域纪实风潮的兴起，这种运动镜头转场的手法成为电视记者经常使用的创作手段，但是在用运动镜头转场时一定要注意画面信息是否有效，要避免运动镜头的滥用造成节奏拖沓等弊端。

第九，声音转场

声音具有很强的组接、结构画面的功能。利用声音的桥梁作用，既可以连接同一个场面的不同镜头，也可以连接不同时间、不同空间的镜头。这些镜头的外在形式虽然可能有许多变化，但是一定有着内在的纵向或横向的联系，或者是反映了某个事件的前因后果，或者是某个事物的若干侧面，声音以其蕴涵的逻辑，将这些不同时空的画面连接在一起，又使得各组画面段落的转换自然流畅。在电视片中，解说词、音乐、音响都可以起到转场的作用。比如《让历史告诉未来》等大型政论片，就是由解说词来承担过渡与衔接任务的。

无技巧转场是在两个画面之间作直接切换，它在普通的编辑机上就可以操作，这种简便经济的转场方法在电视作品中运用得相当广泛。但是这种方法对电视节目的编导、摄像也提出了要求，就是要尽量发现画面之间在外在形态和内部逻辑上的联系，捕捉到可以用于转场的镜头，以满足后期编辑中无技巧转场的需要。

（2）技巧转场：技巧转场是通过电子特技切换台，用特技技巧对两个画面的连接作处理，并实现场景的转换。技巧转场既可以使不同画面的转换具有新颖、流畅的外在形式，又可以在视觉上形成明显的段落感，因而在实际创作中运用得也较广泛。

随着电子特技机在技术上的日益先进和完善，可以编制出的特技形式已经数不胜数，而且在实际操作中，不仅仅只是段落间的转换，在镜头的组接和画面表现方面也使用得越来越多。转场特技要求既能使上下相连的画面相互融合成一个有机的整体，又可以使两个段落的过渡自然有序。

常用的技巧转场手法有以下几种：

第一，淡出淡入

这种方法是让上一个段落的最后一个镜头由明转暗逐渐隐去，下一个段落的第一个镜头由暗转明逐渐显现，这个转场过程，前一部分就叫"淡出"，后一部分就叫"淡入"。

淡出淡入的时间长度，一般是前、后画面各占 2 秒，一共 4 秒。这段时间可以让观众去品味、思考上一段内容，或者为下面内容的出现作准备，因而会有明显的转场感觉。

在实际运用中，淡出淡入的时间长度，要结合电视片在情节、情绪和节奏上的具体需要来确定，可以拉长，也可以缩短。

淡出淡入可以用于场景、段落的转换和压缩时空，也可以用来延伸情绪和调整节奏。淡出淡入给人一种明显的视觉和心理上的间歇感，因而一般用在大段落的转换上。如果在一个节目中运用得过多，就会破坏节目的连续性和整体感。

第二，叠化

这种方法是前一个镜头逐渐模糊，直至消失，后一个镜头逐渐清晰，直至完全显现，在化出化入的过程中，两个镜头有几秒钟的重叠融合，就好像后一个镜头是从前一个镜头中慢慢显露出来的，因而给人的感觉自然、柔和，一般用于比较抒情的、富于某种韵味的段落。

叠化可以用来表现想像、梦幻或回忆；可以压缩时间，表示时间的流逝；可以表现景物的变幻莫测、目不暇接；也可以将两个因直接切换连接不畅的画面较为平稳地连接在一起。

为了使叠化特技相连接的两个画面过渡得自然、流畅，要尽量选择主体在画面的同一区域，或者主体在形状上有相似之处的镜头。

第三，定格

这种方法是把第一段的结尾画面定住，使人产生瞬间的视觉停顿，接着出现一个画面。在定格画面中，主体突然变成静止状态，可以突出强调主体的形象，或某一画面的细节。

定格画面给观众造成明显的视觉和心理上的停顿，一般用于较大段落的结尾或整个节目的结尾。由于这个停顿的感觉比较生硬，它不是时间流程的自然结束，而是一种人为痕迹较重的强行中止，所以节目中要慎用，以免打断叙事的节奏。

第四，划像、翻页等各种特技图案

随着技术的进步与完善，现代电子特技机已经可以制作出各种各样的特技，如划像、翻页、圈出圈入等多种形式，可以从屏幕的各个方向移入移出，也可以翻转飘飞，利用这些方式转场，顺利实现段落的转换。但要注意的是，这些特技形式的运用，要有助于画面内容的表达，要与节目风格协调一致，避免喧宾夺主干扰观众对节目的理解。比如表现一位德高望重的老画家的创作业绩，一般会用翻页的特技，就好像我们在翻看他创作出的一系列作品；而且通常是向上翻或向左翻，正好和我们的日常欣赏习惯相吻合。

技巧转场，因为有着明显的人工和特技机的痕迹，容易形成比较明显的段落感，所以一般只是用在较大段落的转换上。

电视新闻图像编辑总的要求是，通过画面与画面的组接，形成一篇合逻辑的电视叙事作品。为了实现上述目标，就必须遵循图像编辑的基本规则和组接技巧，经过长期的实践，成为一个能用图像讲述新闻故事的电视人。

思考练习题

1. 试述图像编辑的一般原理。
2. 在图像编辑中如何进行编点的选择？
3. 简析电视图像编辑的逻辑性原则。
4. 在电视图像编辑中如何处理跳轴的问题？
5. 编辑电视图像时如何确定镜头的长度？
6. 试述镜头衔接的方法及镜头和镜头段落转换的技巧。

第四章 电视新闻文本编辑

本章要点

● 电视新闻稿为听而写、为看而写。

● 电视新闻的导语、正文写作规范。

● 电视专题的选题与结构。

● 电视评论的选题与结构。

● 电视新闻的本地化、故事化、娱乐化表达。

人们通常把电视节目的各种符号概括为两种元素,即视觉元素和听觉元素。视觉元素是指图像(画面)语言,听觉元素包括解说与音响。电视解说文本是电视语言的主要构成因素之一,是电视节目制作的一种重要创作手段和表现因素。它发挥有声语言的独特优势,与电视节目的其他表现元素相结合,共同完成电视节目的创作,是实现创作意图、帮助观众理解电视节目内容的主要方式之一。

电视新闻的文本编辑是指电视解说词的写作,它以文稿的形式存在,通过电视传播给观众各种口语表达信息。传统的电视新闻编辑的任务主要有两项:一是画面剪辑,二是解说词写作与修改。虽然画面视觉元素体现了电视新闻的本质特色,但解说声音元素也是电视新闻重要的传播符号,甚至是不可或缺的。美国名牌电视栏目《60 分钟》制片人唐·休伊特在谈到该节目的成功因素时就曾说过一句名言:为听而写。这个任务对当代新闻编辑来说显得更为重要。

第一节 电视新闻文稿编辑特色

电视媒介不同于报纸,它是为耳朵而写作;电视也不同于广播,它是为眼睛而写。它读起来不像一篇完整的文章,它听起来似乎也没有华丽的词藻——这就是电视新闻写作的特性。

一、为听而写

文字稿最终是以声音的形式由播音员或主持人现场讲述的，因此文字内容应尽量做到简明、清晰、口语化，让受众听得清楚、听得明白。

1. 口语化

所谓"口语化"，是指新闻内容在播报时要像说话一样，通俗、简单、易懂。众所周知，电视新闻是由记者或主持人播报的，因此，电视新闻文字稿的写作要体现人际传播的特点，就是要向受众"说"新闻，而不是"念"新闻。另外，由于电视新闻受众群体的年龄、文化程度、职业的多样性，也决定了新闻解说词的口语化。文字稿只有写得平实、易懂，有如平日里人们说话一样，才能最大限度地让观众接受。

文字稿的口语化，首先要力求精练，即多用短句、直叙句，能用简单句表达清楚，绝不用复合句；能用主动句说明，就不要用被动句描述；能在一个时间点把故事的前因后果说清楚，就决不用更多的时间点来困扰受众。其次，强调动感，删掉一些不易让受众听清楚，甚至可能产生误解的文字，尤其是形容词，能不用就不要用。总之，电视新闻写作要永远追求简单、明白，远离复杂。写稿的时候，不妨反复"读"几遍，力求文辞通顺流畅。

下面这一则新闻稿口语化就运用得比较好。

　　导语：说起城市交通外环线，在平原城市如北京、上海，早已有了外环乃至四环、五环。而在重庆这样一个山环水绕的城市里打造高速外环，却是难上加难。今天，重庆的外环高速路终于呈现在世人面前。为了这条路，重庆历经了 10 多年的运筹，6 年的鏖战。

　　1995 年 11 月，随着嘉陵江高家花园大桥的开工礼炮声，外环线建设拉开了序幕……如今，在全长 75 公里的外环线上，包含了 3 座跨江大桥、18 座立交桥。在重庆这座山环水绕的丘陵城市中铺开如此大的工程，遇到的困难是可想而知的。数万建设者克服了地质条件差、地形恶劣的困难，一个个建设中的硬骨头被啃了下来。10 年艰辛奋斗终于换来丰厚的收获，重庆人终于有了如今这条最宽敞、最舒适的第一条外环高速公路。重庆的交通历史，在今天终于得以改写。

（《外环线：十年运筹　六年鏖战》重庆电视台 2001 年 12 月 27 日首播）

这条新闻用简洁的语言向受众传达了他们身边发生的事，既引起了观众的兴趣，又让他们听得清楚明白。电视节目稍纵即逝，如果要观众停下来思考前面的内容，很可能又错过了下面的内容。因此，电视解说词一定要写得口语化，明白易懂。

2. 简明

文字稿要求像说话一样口语化，但人们日常讲话也会流于啰唆，所以在撰写电视新闻文字稿时要尽量口语化却不啰唆。电视新闻文字稿本身也是一种很强调节奏的语言表达，不必细描细画原因与过程。这一点在消息类新闻中有较多体现。简明的要求是少用形容词、副词和复杂句式，善于运用动词，让句子简洁有力而紧凑。以黑龙江电视台《新闻夜航》2001 年 3 月 16 日播出的一条新闻为例。

画面	解说词
	【主持人】:哈尔滨市 62 岁的李伦老人是一位钟表收藏爱好者，凭借着 30 多年的不懈追求，他收藏的钟表终于获得了基尼斯之最。
李伦拨钟表 钟表全景 钟表特写 "南京钟"全景，"南京钟"钟座、钟面 瓷壳座钟全景 皮筒钟全景 打开钟罩上发条	【解说】:在李伦的藏馆里，有从 17 世纪末到当代的中、美、德、法、瑞士等几十个国家和地区出品的近万件钟表。 　　这座清代生产的"南京钟"造型古朴典雅，曾在 1915 年巴拿马国际博览会上获得特别奖;英国瓷壳座钟是产于 17 世纪 30 年代的皇家用品;德国皮筒钟是现代闹钟鼻祖;这种"故又鸣钟"上一次发条能走 400 天，是机械钟里走时最长的钟。
基尼斯之最奖状	经上海大世界基尼斯总部审核，李伦的钟表收藏以种类之多被列为基尼斯之最。

(《哈尔滨:收藏钟表 我是大家》)

这条新闻报道用语简洁、事实清晰，有利于受众的理解，同时也避免了陈词滥调和冗长乏味。总之，解说词的写作一定要寻找一种简明的表达方式，直截了当地报道新闻。

3. 清晰

电视新闻是线性传播的，信息稍纵即逝，不可重复收看。所以电视新闻文字稿的写作非常强调清晰准确，这包括结构的清晰和语言的清晰。新闻的事实贵在清楚而又简短，善于将复杂的事情条理化，在叙述中不要用生涩难懂的词语，太文气、太生僻和太新潮的都不可取。不要用同义词，因为用同义词会显得累赘；也不要用"前者"、"后者"等必须花脑筋的代用词。可以多用短句，适当的时候采用重复的字词来强调某些新闻重点，以加深受众的印象。请看下例：

画面	解说词
	【主持人】：今天上午 8 点，牡丹江市一名患者突发脑溢血，急需输入 2000 毫升 RHO 型阴性血，由于当地血站没有这种特殊的血液，医院只好向哈尔滨红十字血站求援。于是，一场爱心救助活动拉开了序幕。
护士为患者输液	
护士推药车	【解说】：患者张宝国在早晨上班时突发脑内
病人家属在医院焦急等待	大出血，必须手术。但由于病人是非常少见的 RHO 型阴性血，拥有这种血型的人不足千
医生会诊病情	分之一，而目前牡丹江市这种血浆的储备量为零，手术一时无法进行，张宝国的处境极端
医生讨论 X 光片	危险。
"哈尔滨市红十字中心血站"大楼外景	上午 10 点 30 分，得到消息，哈尔滨红十字血站一边火速将仅有的 800 毫升 RHO 型阴性血送往牡丹江，一边与全市 60 多位拥有
医生打电话联系	RHO 型阴性血的市民取得联系。10 点 50分，第一位献血者赶到了血站，到中午 12 点，
献血者献血	共有 42 位拥有 RHO 型阴性血的市民得知情况后主动到血站无偿献血。其中一位叫慕杰
献血记录单	的献血者尽管年初已经献过血，但还是放下手头的工作赶到血站，献出了 200 毫升殷红
慕杰献血	的鲜血。晚上 6 点 20 分，哈尔滨红十字血站将市民献出的 6000 毫升 RHO 型阴性血送到
200 毫升血袋	牡丹江市。
流动献血车"热血托起生命"	

（《牡丹江：稀有血液告急 两地紧急救助》，黑龙江电视台《新闻夜航》2001 年 3 月

16 日播出)

　　这篇文字稿中用"早晨上班时、上午 10 点 30 分、10 点 50 分、中午 12 点、晚上 6 点 20 分"五个时间要素把新闻事实的经过连缀起来，让受众随着时间的线索对事实经过一目了然、一清二楚。同时"RHO 型阴性血"一词在文中一共出现六次，这不但不让受众感到重复，反而加深了印象，对新闻主题理解得更准确，这不能不说是重点词语重复的力量。

二、为看而写

　　文字解说词弥补了画面所不能传达和未能传达的事实和细节，从而构成声画合一或声画对位的关系，使声画两者互为补充、照应，形成复合语言，新闻信息传播进一步强化。

　　1. 现场感

　　所谓现场感，是指在新闻报道中运用形象的手法来描述新闻事实，给人以置身现场的感受。《中国新闻大辞典》将此概念表述为：诉诸充实的具体形象的文字报道，作为一种文体，归类为现场新闻，常用于"见闻"、"目击记"之类的新闻报道。现场感强烈的文字稿，不同于平铺直叙的文字表述，它将记者采访中获得的大量的生动材料有机地组织起来，传达给受众，使受众从文字中"看到"新闻事实中的人物表情、现场情景、场面与氛围、地域特色等，这种报道有更大的可信性，也有更强的感染力。曾经两次获得普利策新闻奖的美联社特派记者雷尔迈，在谈到自己的采访经验时曾这样说过："一篇理想的新闻报道应该把读者带到现场，使他能看到、感觉到，甚至闻到当时所发生的一切。"

　　（全景：围观群众）

　　［记者现场］：各位观众，这里是杭州萧山坎山镇的横山村，5 月 23 日下午接近 3 点的时候，由于这条河河边的护堤突然塌方，致使一名正在水下作业的潜水员被困河底。据说潜水员的腿部以上都被石块儿卡住，无法浮出水面。我们现在看到有很多战士都在进行营救……现在，潜水员被困时间已接近 24 小时，我们看到营救工作还在紧张地进行。

　　［采访］：营救人员：现在把 3 米长的水管放下去，把人捆起来。

　　记者：水管放下去，用人力拉上来吗？

　　营救人员：哎，对，用人力拉。

[记者现场]：水下潜水员穿的就是这样的潜水服。非常重，据说有200斤。这几个战士正在打氧气水泵，主要是给施救的潜水员给氧，在河的对岸，还有一台氧气泵，主要是给被困潜水员供氧。现在呢，水下的情况非常复杂，营救不上来的原因也是非常多。比如我们刚才到的这个潜水服，非常重。河底的泥沙也非常多，这是一个非常大的困难。另据了解，这个潜水员是湖北人，今年28岁，名字叫冯谷兵。

……

[解说词]：在经过28小时紧张的营救之后，被困在水底的潜水员终于被救了出来。在场的群众报以热烈的掌声。现在，营救人员正在把被救的潜水员送往武警医院。

（《紧急营救被困潜水员》，浙江电视台2001年5月23日首播）

这则新闻长度为2分多钟，记者以现场目击者、参与者的身份作现场口头报道，这是现场报道的典型特征之一。从现场解说的情况看，记者将自己所见、所闻、所感全用口语化的语言表达出来，现场感非常强，现场紧张的气氛、扣人心弦的事态进程通过记者简洁而生动的报道，真实、准确地再现了营救潜水员的情况。

2. 信息量

信息，按照信息论的奠基人、美国数学家申农的定义，是指"不确定程度的减少量"，也就是说减少受众认识中的"不确定性"程度越多，即告诉受众未知事情越多，信息量就越大。作为现代传媒的电视新闻报道，其实就是一个信息采集、传递与接受的过程。随着现代社会生活节奏的加快，人们对各种信息的需求增大，同时也要求在最短的时间内用最简单、便捷的方式获取更多、更有价值的信息。请看下面这条新闻报道。

画面	解说词
气象专家聚集开会 气象图	今天下午四点，省气象台专家最终确认，今年第11号强台风今晚9点前后在我省沿海登陆。此时，台风中心正以每小时25公里至30公里的速度向我海岸扑来。
巨浪袭击堤岸	窗外狂风呼啸，大雨滂沱，省防汛指挥部内气氛凝重。省委书记李泽民、代省长柴松岳等党政军主要领导正在召开紧急对策会议，省委书记坐不住了。

续表

被风刮倒的树 省防汛指挥部工作人员开会 李泽民讲话 刘锡荣给在场工作人员布置工作 命令文件 准备撤退的人群 转移物资 部队官兵背老人撤退 党政干部现场指挥 官兵协助群众撤退 分析气象图 省委书记决定利用广播 省委书记讲话 省长打电话 路上风雨交加 电话报告记录 冲锋舟转运群众 撤退海上作业人员 人员冒着风雨撤退 车队前往现场 领导现场办公 领导在岸边视察 官兵垒沙包 汽车在风雨中前行 台风、巨浪 巨浪拍岸 风雨刮倒的树 岸边巨浪	【同期声】"凡是台风登陆和经过的地方，我看就要下死命令，该转移要转移，该撤退要撤退。" 　　副省长刘锡荣当即操起电话，给几个市县——下达了紧急撤退命令，一场和平时期最大规模的大动员、大转移十万火急地在沿海各地迅速展开。 　　部队官兵上去了，党政干部上去了，电话、传真、广播、电视等一切手段开始高速运转…… 　　时间在分秒流逝，台风在步步紧逼。下午6点，离台风登陆只有3个小时了，焦急不安的省委书记打电话给省电视台：新闻播出是否可以打破常规？时间不等人哪！ 　　天渐渐黑了，风更大，雨更紧。台州报告，部队的两艘冲锋舟和三艘橡皮艇已成功靠上了蛇蟠岛。 　　温州报告，正在南海六号钻井平台作业的96名中外技术人员安全撤回到龙湾基地。 　　宁波报告，一线海塘和危险山体水库下游人员已全部转移到安全地带。 　　放心不下的柴松岳匆匆赶到钱塘江一线海塘，他要亲自看一看，群众是否已真正转移了。听说海塘内的部分养殖户死活不愿撤离时，他下了死命令：对那些真正不肯走的，要采取强制措施，架也要把他们架走。 　　晚上9点30分，11号台风在台州登陆，其强度之大，为我省历史所罕见。虽然只有短短的五个多小时，全省却突击转移了近百万群众，人员伤亡减少到了最低限度。 　　本台报道。

（《百万群众大转移》，浙江电视台 1997 年 8 月 18 日首播）

　　这条新闻在短短 2 分 42 秒的时间里，把台风流向、紧急会议、大规模动员、台风紧逼、领导焦急、部队抢救、三地报告、安全转移等大容量信息快速播出。解说词以与现场画面相适应的快节奏，报道了"百万群众大转移"方方面面的信息，并且生动地表达了台风压境时党和政府关心人民、关注人的价值、关注人的生命的主题。新闻虽然不长，但主线清晰、信息量丰富，通篇没有多余的废话。

需要注意的是，解说词的写作中，一方面要在有限的篇幅内传达更多的信息，另一方面又要防止在较短时间内的信息流量超载而让观众产生迷惑。

3. 声画结合、留有余地

电视新闻的传播要素是多样化的，它的文字稿、图像、人物采访同期声、实况音响应综合考虑，一样都不能少，只有这样才能立体、全方位地传递新闻信息。其中文字稿只是电视诸种传播元素中的一种。因此文字稿的写作不能背离它与生俱来的配合性。

一是不必追求满满当当、完完整整。有人说构思文字稿使用的是声画思维方法，即对电视图像、现场声、文字解说的统筹、整体考虑的方法，这是有一定道理的。有些文字稿离开图像来看断断续续，让人不知所云，但配上图像后就很精彩了。这说明电视新闻文字稿的残缺不仅是允许的，还更符合电视新闻的特点。每一个传播元素都不要"越俎代庖"去干"别人的事"。

二是不要简单重复图像的内容。电视新闻的图像形象具体、直观，受众从图像中已获取到的信息，文字稿就不用再去表达了，而应着力表达图像没有或根本无法表达的信息。事实上，在电视新闻实践中，用文字解说重复图像的例子比比皆是。如图像上是太阳升起，文字解说是"一轮红日从东方升起"，这就严重忽略文字稿与图像的相互配合，在无形中消解了电视新闻传播的魅力。

第二节　电视新闻文稿规范写作

电视写作是电视节目创作的一项基本功，不论是新闻、社教或娱乐节目，都离不开文本写作，即使是谈话节目，也离不开谈话背景的文本解说。当代电视对听觉系统的开掘，更突显了电视写作的重要意义，本节将结合电视节目创作的实践，主要探讨电视新闻写作、电视专题写作及电视评论写的相关问题。

一、电视新闻写作

电视新闻是以现代电子技术为传播手段，以多元素的图像、声音为传播符号，对新近或正在发生、发现的事实所作的报道。广义的电视新闻是电视屏幕上各类新闻性节目的总称，包括新闻专题节目和纪录片。狭义的电视新闻是指消息类新闻，它迅速及时、客观简要地报道国内外最新事态。本节是在狭义的范围研究电视新闻的写作。

(一) 电视新闻导语写作

电视新闻的导语就是新闻开头的一两句或一段话，它往往用最精练的文字，简明扼要地对新闻的主要内容进行总结、提示和评点，给受众以鲜明的概念，使受众对新闻的关注集中在一个兴奋点上，吸引他们看完这条新闻，同时帮助他们理解这条新闻的主题。在整个新闻写作过程中，导语的写作通常要占整个写作和构思时间的三分之一到一半，可以说它是文字稿最费心思而又最易出彩的部分。西方新闻教育中非常重视对新闻专业学生进行导语写作训练。

1. 电视新闻导语的作用

(1) 引起关注。一条电视新闻能否引起受众的兴趣，能否抓住受众的注意力，导语往往起着决定性作用。收看电视新闻的随意性环境决定了受众的注意力徘徊于无意注意和有意注意之间，同时他们的心理活动处于不集中的涣散状态。他们对所要传递的新闻内容在大部分情况下缺乏期待。为了提高电视新闻的传播效应，这就要求新闻导语以鲜明的、集中的信息内容，激发起受众的注意力。举例如下。

　　导语：扎龙真的着火了。

　　没有人能把大火与湿地联系在一起，但是扎龙湿地却真的着起
了大火。

　　　　　　　　(《火烧湿地》，黑龙江电视台2001年10月27日首播)

这个导语非常精彩! 扎龙是湿地，怎么可能着火呢? 短短七个字一下就抓住了受众的新闻欲求，让受众急不可待地希望看到下文。

(2) 突显核心。新闻核心是新闻事件的主要内容和最有价值的部分，当然有时也包括传者对新闻事件所持有的观点及评价。好的新闻导语往往能在三言两语中突出新闻的核心。

　　导语：海尔，一个早已为国人熟知，如今正在被世界更多国家
的人们熟悉的名字；一个16年来以每年80%的世界家电业最快增
长速度崛起的企业；一个与世界顶级跨国公司并肩成为世界家电十
强、去年全球营业额达406亿元的家电巨子。今天的海尔，让世界
瞩目，令国人自豪。为展示海尔非凡的业绩和理想，本台采制了系
列报道《海尔阔步走向世界》。

　　　　　　　　(中央电视台、山东电视台、青岛电视台2001年播出)

海尔的非凡成就即是这条新闻的亮点，这一点在导语中被提及并加以强调。

(3) 确立要点。导语以简约的文字勾勒出新闻的轮廓及要点，为新闻正

文的写作确立基调。有了合适的导语，新闻主体写作也就有了准确的基调。

> 导语：今年入秋以来，被誉为"森林环保卫士"的国家级保护动物林蛙，由于具有极高的营养价值，在伊春林区遭到偷猎者的大规模捕杀。昨天，记者在大西北岔林场拍到了林蛙前往冬眠地路上的悲惨遭遇。
>
> （黑龙江电视台 2000 年 10 月 13 日首播）

这条导语中提出的问题：林蛙遭到偷猎者大规模捕杀，即是新闻正文行文的要点，导语中的提示，即为下文林蛙要闯三道生死关定下了基调。

2. 电视新闻导语的形式

从写作手法上来分，大致可分为三类。

(1) 叙述式导语。这类导语尽可能用平实无华的语言突出新闻事件的兴奋点。写作时可自问：这个新闻事件中什么地方最突出、最有新闻价值？预想中受众又最想知道什么？举例如下。

> "前些日子，社会上有关南丹矿难的说法众说纷纭。为此，本台记者深入到南丹矿区几个周边县市进行了调查采访，并将情况及时向自治区领导做了汇报。今天，自治区调查组证实：在南丹'7·17'透水事故中，确实有重大人员伤亡事件发生，请看报道。"
>
> （《南丹"7·17"事故初露端倪》，广西电视台 2001 年 8 月 3 日首播）

这则导语证实的内容正是受众早已关注、早有猜测但一直得不到确信的事情，因此尽管导语的叙述语气很平缓，仍然有很强的吸引力。

(2) 议论式导语。议论式导语在电视新闻中是最为常见的。这是因为电视新闻中那些活动的图像虽然能再现新闻现场，让受众耳闻目睹，给受众带来真切感受，但对新闻事实内在的、抽象的理性内涵反映不够。那么，电视新闻的导语自然可以在此适当地使用议论法反映报道新闻主题，吸引受众关注。根据议论方式，它包括结论式议论、评论式议论和提问式议论。举例如下。

> 今晚，是所有中国人都难以忘怀的日子。中国人终于结束了 15 年的艰难跋涉，成了世界贸易组织的正式成员。而这一历史性的变化，首先反映在中国代表团的座位上。
>
> （《从后排到前排 15 米走了 15 年》，上海卫视 2001 年 11 月 11 日首播）

这段导语用"终于"二字道出我国加入世贸的艰难，用两个"15"数字的巧合，让人通过一道简单数学题的运算结果，形象地反映了中国从"复关"到"入世"的艰苦历程。

> 为了减轻农民负担，从去年开始，我省进行了大规模的乡镇合

并，如今一年多的时间过去了，在荷泽市的一些乡镇，合并完成后农民负担没有减下来，乡镇官员的数量却有了大幅度的增长。

（《"改革"改出 52 个镇领导》，山东电视台 2002 年 2 月 12 日首播）

这段导语用"改革"的实际结果与改革的"预期"作对比，鲜明地表达了记者的态度，通过这一简要的评论，使人们从生活的反差中感受出了我国农村现实改革过程中暴露出来的而且是急需解决的一个共同问题：良好的改革愿望与实施过程中的走样，致使一场关系农村基层政权精干高效的改革走了过场，这里只有"改动"，没有出现"革新"。

（3）描写式导语。新闻描写即写作时抓住富有个性的情节，进行绘声绘色的描写，以期能够调动受众的想像，让新闻生动感人。由于电视新闻拥有"活动的图像"，能生动、逼真地再现新闻现场，因此，它的导语不需要像报纸新闻和广播新闻那样细描细画，而仅仅只是造成一种诱导性声势，引起受众对即将出现的图像的关注。当然，电视新闻导语所描述的内容绝不应简单地重复图像。根据描述对象，它包括人物描写（例一）、事物描写（例二）、现场描写（例三）三类形式。

例一：《"书记大姐"李淑敏之三》（山东电视台 2000 年 1 月 6 日起首播）

思想政治工作是手段而不是目的，生产经营才是企业工作的中心。1990 年，小鸭（集团）濒临破产，刚上任的厂长王世敦到任后非常着急，在全厂职工大会上说："人说新官上任三把火，那我就三把火三把火地烧下去。人说头三脚难踢，我就三脚三脚地往前踢。"李淑敏马上登台响应："厂长烧火我添柴，厂长踢脚我铺路。"这就是她对企业思想政治工作的认识和理解。

这是一则人物描写导语。在一段短短的导语中，要三言两语地把一个人物写活，关键在于抓住人物的典型言行，采用素描式的方法迅速勾勒出人物的特点。这段导语通过"书记大姐"最富特色的语言"厂长烧火我添柴，厂长踢脚我铺路"，以及"马上登台响应"的"行"，给我们描述了一个风风火火、热情洋溢、对事业满腔热忱、对改革孜孜追求的形象，简明扼要的导语很快给观众展示了一个极富个性的可亲、可敬、可学的人物。

例二：《南京冠生园：年年出炉新月饼 周而复始陈馅料》（例见前文）即是一条关于"丑闻曝光"的新闻，导语对南京冠生园生产陈馅料月饼的事物作了精到的描述：消费者的反映、霉变的月饼、媒体的报道、记者的调查、结果的呈现，全在导语的字里行间反映出来。短短的一百多字，包含了非常丰富的信息。这段导语既是事物的描写，又不越俎代庖，而是留下事物的悬念——"隐藏着更为触目惊心的事实",以此牢牢抓住观众。

例三:《"7·13"——申奥成功日 万众欢腾时》(北京电视台 2001 年 7 月 14 日首播)

> 导语:刚刚过去的 7 月 13 日成为每个北京人今生难以忘怀的日子。7 月 13 日之夜无人入睡,整个北京首都沉浸在巨大的欢乐之中,这巨大的欢乐汇成了沸腾的海洋,散播到每个角落,散播到每一个北京人的心里。

现场描述导语,一般适用于事件性新闻报道。由于事物的动态性,容易引起受众的注意。但问题的难点在于既要高度概括事物的现场情景,又要防止与现场画面"重合"。上述导语反映的是"7·13"我国北京欢庆申奥成功的情景。当时的北京世纪坛欢声雷动,长安街汽笛长鸣,天安门广场狂歌劲舞,北京市内处处欢笑。如何用精练的语言概述北京欢乐的情况,成为记者思考的重点。导语第一句"令人难以忘怀"是"虚","无人入睡"为"实",因为整个北京都在凝神关注屏幕。当萨马兰奇宣布中选城市为"北京"的话音一落,整个北京立即沉浸在巨大欢乐中。这一静一动,恰好反映了北京乃至全中国人民心系奥运。最后一句"散播到每个北京人的心里",看起来并不是实景描写,但透过"沸腾的海洋"铺垫,证实了这一真情的写照。

新闻导语诞生于特定的时代,成就了一种定律,影响了几代新闻人,并延用至电视新闻播报。但近年来,随着电子传播技术的发展和新闻改革的深入,新闻报道的多样化已成为媒体探讨的一种趋向,在这种潮流中,也出现了一种无导语新闻播报,同样受到了观众的欢迎,并被国内人士认可。像新闻《WTO 第四次部长级会议审议通过中国加入 WTO》(中央电视台 2001 年 11 月 11 日首播),就直接按会议进程报道,从中国代表团团长对外经贸部部长率团进入会场切入,直到会议主席宣布审议结果、中国代表团接受各国贸易代表的祝贺为止。

(二)电视新闻正文写作

继电视新闻导语之后,紧接着的就是正文部分的写作,也有人把正文称作主体。正文是新闻的躯干,所占文字最多,也是最能满足受众新闻欲的部分,在新闻写作中切不可忽视。

1. 电视新闻文字稿正文的作用

(1)提供详细的新闻事实。新闻事实在导语中有简明扼要的提及,但是十分简单。导语不会提供事件的全部过程,不会提供翔实的数据和丰富的细节,更不会把涉及新闻的方方面面都一一讲到。正文最明显的作用,就是将导语中已经表达过的主要事实进行解释说明，包括有关新闻的缘由，新闻事实的具体过程、数据、细节和当事人的语言等等。对此，美国的朱利安·哈瑞斯有过这样的表述："导语以后的那部分内容一定要流畅地与导语衔接，并且支持导语中提出的内容。"①因此也有人说正文的作用是补充导语。举例如下。

　　导语：经市文物考古所三峡考古队长达4年的考古发掘，近日确定奉节白帝城周围有4座古城遗址。

　　正文：这4座古城分别是公孙述政权在赤甲山所建的汉白帝城、白帝山北面的一座三国六朝城、唐代夔州城和宋代抗元山城。其中，宋代抗元山城位于瞿塘峡口，面积约5平方公里，这是迄今为止在三峡发现的规模最大、保存最好、规格最高的宋城遗址。这些古城遗址地控巴楚，在古代军事上起着重要的作用，城内主要功能亦为战事需要而设，并非一般意义上的居城。据专家介绍，奉节古城的重要发现，为我国研究长江流域汉、三国、南北朝以及唐宋文化的形成与发展，提供了翔实的历史资料。

（《专家考证确定：奉节周边有四座古城》，《重视新闻联播》2001年12月27日）

　　这条新闻导语只是简要地提到了奉节白帝城考古发现4座古城遗址。至于哪4座遗址、分布在何方、保存状况如何、有何意义等，都在正文中给予了详细介绍。

　　（2）阐释相关的新闻评价。相关的新闻评价最初是在导语中提出来的，这些评价若没有具体的素材予以证实就不能让受众信服，于是正文就承担了解释、证明的任务。约翰·钱塞勒等人认为："导语提出一个或几个观点后就要在报道中加以证明。"②威廉·梅茨也认为："新闻的正文则进一步展开、阐述和解释导语，导语中的任何陈述均须由下面段落中的事实予以支持，尤其是在导语中写到了引起争论的因素时更应如此。"③那么，这一作用也可看成是解释、证明导语。

　　（3）满足受众的新闻欲求。受众通过导语所提供的那些简单介绍判断和选择新闻，如果对某一新闻感兴趣，他就不会只满足于这些扼要的介绍，而会对具体详细的新闻事实产生强烈的新闻欲求。正文部分如能提供生动翔实

---

① 朱利安.哈佛瑞斯等著. 陆小华、谢国明译. 全能记者必备. 中国新闻出版社，1988年版，第110页

② 约翰·钱塞勒等著. 史文新译. 记者生涯. 世界知识出版社，1985年版，第122页

③ 威廉·梅茨著. 苏金琥等译. 怎样写新闻. 新华出版社，1983年版，第63页

的新闻事实，就可以满足受众的需要。

2. 电视新闻正文的写作要点

（1）层次分明。新闻正文的表述层次一定要分明，可以按照新闻主体发生、发展的时间顺序或人们认识事物的逻辑顺序安排材料，每一层都有一个主要意思。一层意思说清楚后，再说另一层，这样受众听起来才没有障碍。值得注意的是，若按时间表达，时间要素的提示一定要明晰，不可前后混杂。若按逻辑叙述，一定要条分缕析地交待事情的前因后果。

（2）材料充实。正文写作中应围绕着导语涉及的内容提供丰富的材料，一条消息不过几分钟时间，仅能容纳两三百字内容，因此要尽可能地充实新闻。这里的充实有两层意思。一是材料要典型，切不可夹杂进半句空话。要像哈瑞斯等说的那样"支持导语中提出的内容"，像梅茨所说的那样"导语中的任何陈述均须由下面段落中的事实予以支持"。二是增加适当的新闻背景材料，丰富报道信息，拓展报道内涵。

（3）手法多样。新闻正文是新闻主体，信息的容量大，在写作上有较大的空间和自由度，它可以采取一般的方法，如概括叙述的表达方式、直接写实的表现手法等。但也不能完全公式化，还应体现"大体须有，定体则无"的文法基本规律。这就要求勇于创新，大胆尝试新的写作技巧和表达形式。

下面以电视新闻《林蛙不归路》为例，综合分析导语与正文的写作。

林蛙不归路

画面	解说词
（中景）林蛙游向河中石头 （中景）林蛙游向岸边 （近景）偷猎者捡拾林蛙 （特写拉）水桶内的林蛙 （特写）两只手抓住几只林蛙 （移）蜿蜒千米长的塑料布屏障 （跟）一只林蛙在塑料布前来回跳窜 （移）塑料布前数个陷阱 （近景）几只落入陷阱的林蛙 林蛙搭阶梯逃生	今年入秋以来，被誉为"森林环保卫士"的国家级保护动物林蛙，由于具有极高的营养价值，在黑龙江省伊春林区遭到偷猎者大规模捕杀。昨天，记者在大西北岔林场拍到了林蛙前往冬眠的路上的悲惨境遇。 　　林蛙有着固定的迁徙路线，春上河冬眠。在不足千米的回归路上，林蛙要闯过三道生死关。由塑料布做成的数千米矮墙将一个个山头围得严严实实。 　　林蛙在矮墙前蹦来蹦去，一不小心就掉入了捕蛙人事先挖好的陷阱里。 　　而另一些林蛙只好挤在一起搭阶梯，为逃生拼死挣扎。

续表

(中景)潺潺小溪	这是一条从山上流下的不足500米的小溪,捕蛙人设置了十多个这样的网箱,逃过矮墙从小溪下山的林蛙多数又被收入这样的网箱中。
(移)河中网箱 (全景、摇)捕蛙人手持电棍电击河中的林蛙	有幸逃过前两关的小部分林蛙进入山下冬眠的深水区,就进入了死亡之渊。同一条河的两百米内,两伙捕蛙人的电棍所到之处,强大的电流使林蛙遭到了灭顶之灾。
(近景)挑选袋中的林蛙,剥皮、洗净的林蛙 林蛙被下锅,淋上酱油 (移)大片遭虫害的森林 (近景)虫迹斑斑的树枝一角	回家冬眠不成的林蛙最终出现在农贸市场和人们的餐桌上。目前,伊春林区林蛙密度已由过去的每平方公里1万只下降到不足1000只。今年,伊春林区发生大面积森林虫害。

(黑龙江电视台 2000 年 10 月 13 日首播)

这是一条关于环保的电视新闻。新闻报道了林蛙被捕杀的全过程,新闻通过此事揭示出爱护自然、保护生态平衡的重大主题。新闻导语"五 W"要素齐全:

Who(牵涉到谁?)——林蛙

Where(发生在何地?)——黑龙江省伊春林区

When(发生在何时?)——今年入秋以来

What(发生了什么?)——林蛙被偷猎者大规模捕杀

Why(为什么发生?)——林蛙具有极高的营养价值

导语中的内容虽然符合"五 W"要素,事情也比较清晰,但却显得平淡。如果有必要还可补充些重要的额外信息,如:

意味着什么?——导语通过在"谁"(林蛙)的身份前增加了一个定语"森林环保卫士、国家级保护动物",就提升了这条新闻的价值,使这条新闻的报道具有了较大的社会意义。接着导语以一句"昨天,记者在大西北岔林场拍到了林蛙前往冬眠的路上的悲惨遭遇",提启下文。

确定导语是新闻写作中最困难的任务。一旦确定下来,新闻的正文部分也就各就其位了。也就是要按照逻辑顺序列出各部分要点,逐点组织文稿。通常在导语后面是解释、报道更具体的内容,如果再加上新闻的结尾,就可由 WHT 公式表明:

W(What)发生了什么?——由导语完成

H（How）怎么发生的？——解释直接的背景环境，充实、展开新闻导语中的内容。

T（Tieup）整理新闻结尾。

这则新闻导语的最后一句"林蛙前往冬眠的路上的悲惨遭遇"提示了新闻故事的取向："悲惨遭遇"是怎么发生的？

正文部分用"林蛙要闯三道生死关"展开了故事过程：第一关，蜿蜒千米的塑料布制成的屏障和屏障前间隔数米的陷阱；第二关，侥幸搭梯逃过第一关的林蛙顺流而下，不幸又落入了小溪中随处可见的网箱；好不容易有幸闯过前两关的小部分林蛙进入了山下深水层，满以为就可迎来生存希望的河水冬眠的区域，谁知更为残酷的第三关——捕蛙人电棍释放的强大的电流关，将林蛙一网打尽，使林蛙遭到了"灭顶之灾"，林蛙的冬眠之路成了不归之路。

这条新闻层次清晰，材料充实，语言精练，尤其是精彩的解说词为该新闻增色不少。该新闻的解说词简洁利落，于平实中见犀利。如对林蛙生活习性的背景介绍：林蛙有着固定的迁徙路线，"春上山捕食，秋下河冬眠"。仅10个字就将林蛙的迁徙路线、迁徙时间、迁徙地点交待得一清二楚，也为后来的三道生死关埋下了伏笔。解说词接着对"三道关"清晰的描述，加上具有视觉冲击力的画面，使这条新闻的声画"相得益彰，共同构成了丰实浩荡的'猪肚'"。新闻的结尾解说词也颇见功底，在随后的文章中详述。

（三）电视新闻结尾写作

电视新闻文字稿的结尾，一般是指文字稿的结束句或结束段落。一条新闻有了吸引受众的导语和正文，还应有个回应导语或留下思索的结尾，以强化全篇的传播效果。好的结尾，应该做到紧扣导语、深化主题、加深印象，展示情感倾向并借此形成舆论。

然而，也有人认为结尾并不提供重要的新闻事实，不应过于看重。事实上，这种观点对电视新闻文字稿的写作是十分有害的。文字稿作为一种语言的表达，它的各个部分是一个有机的整体，任何一个地方的失误，都可能导致全局的失败。我们认为电视新闻文字稿是否要结尾，应视报道材料和意图而定。事实上，好的结尾能够加深内容的深度，给读者留下余味和思考，收到锦上添花之效。我国元代的作家曾提出过"凤头、猪肚、豹尾"的要求，大致是说文章开头要实秀，正文要饱满，结尾要有力。白居易说新乐府的写作要"首句标其目，卒章显其志"。电视新闻文字稿的写作也可参考这些经典的写作经验。

电视新闻结尾如何做到结尾有力，可参考如下几种形式：

1. 总结式结尾

这种结尾方法较常见,在片子结尾时用文字稿总结全片内容,使全文的内容最终归纳在一个点上。用这种作结论的方式结尾,强化了电视新闻传播的信息,但又不让人感到重复。

新闻《林蛙不归路》的结尾虽只有三句话,即"回家冬眠不成的林蛙最终出现在农贸市场和人们的餐桌上",道出了被捕捉的林蛙的去向;第二句话讲林蛙密度下降,点出了捕杀林蛙造成的后果;第三句揭示林区当年发生大面积病虫害,指明捕杀林蛙造成了严重自然问题,并危及社会。三句话层层递进,特别是最后一句发人深省,真像豹子尾巴一样有力。

2. 悬念式结尾

电视新闻不仅报道新近发生和发现的事实,还报道正在发生、变动的事实。新闻事实的发生、发展、结果有一个过程。这个过程有时候比较长,为了提高播报的时效性,可以对这个过程进行阶段性的报道,并促进受众关心该事实的进展,关注下次的报道。举例如下:

> 噩耗传来,袁慧英医生一家都陷入巨大的悲痛之中,袁医生的老伴哽咽得几乎说不出话来。袁医生代表着公民道德建设中上海医疗卫生工作者的整体形象,代表着上海 1300 万人民对新疆兄弟的深情厚意。我们的特派记者陆伟今天将随吴泾医院的领导和袁医生的家属再次启程赶赴新疆库尔勒,东视新闻和热线传呼节目将继续对这一事件进行报道。

> (《新疆兄弟紧急求援 上海各界伸出援手》)

记者和袁医生的家属再次启程赶赴新疆后将有什么报道?暂时不得而知,只好"且听下回分解",给连续报道留下了一个悬念。

3. 展望式结尾

在叙述完主要新闻事实之后,对其发展方向和结果做出预测,通常都是描绘乐观的前景,使受众对该事物的发展充满信心。

> 12 月 1 日,新的《药品管理法》将会出台。新法将从药品价格的源头开始抓起,进一步完善药品价格管理办法,有效地挤掉药价当中这些不正常的水分。同时,它还规定如果医务人员胆敢从这些药品中拿回扣的话,将会被处以 1 万元以上 20 万元以下的罚款,构成犯罪的还将依据《刑法》追究其相关的刑事责任。我们有理由相信,随着这些法律法规陆续出台,随着新法的进一步实施,将会有效地净化医药流通领域,还白衣天使原有的颜色。

（《被玷污的白衣天使》，中央电视台 2001 年 11 月 29 日首播）

4. 自然式结尾

这种结尾方法有"水到渠成"之感。当新闻的全部信息通过图像和文字稿全都播完后，就自然结束。

　　"魅力重庆一日游"一共推出了 4 条线路，18 个景点。有反映"巴渝巨变"的新重庆都市游；有展示重庆秀美山水自然风光和独具特色的山城夜景的"幽幽南山"游；有以"歌乐红岩风，千古古镇情"为主题，展示万古千秋的红岩精神和千年瓷器古镇风貌的观光休闲游。据了解，我市首批推出的"魅力重庆一日游"18 个景点都着重突出了"新、特、精"。同时"魅力重庆一日游"在旅游线路和旅游景点的选择上突出重庆山城、江城、不夜城的特点，使广大游客在短短一天的时间里，能够领略我们重庆新兴直辖市的魅力与风采。

（《"魅力重庆一日游"元旦开通》，重庆电视台 2001 年 12 月 27 日首播）这条电视新闻即是随着文字稿的最后一句话自然结束，内容完整。

5. 抒情式结尾

用文字语言恰当地抒发感情，以期引发受众的共鸣，升华主题思想，如下例：

　　新疆库尔勒轮台县是西气东输的起点，而上海市是西气东输的终点，将两地紧紧联系起来的不仅仅是这一重大工程，更有两地人民之间的深厚情谊。新疆兄弟食物中毒，上海各界伸出援手，上海医生更是星夜兼程、上门送医 3000 公里，现在患者有望早日痊愈。几天来，我们热线传呼节目的全体采编人员也被这一事件深深地感动着，我们看到了公民道德的闪光。

　　　　《上海医生送医 3000 公里 新疆兄弟有望早日痊愈》

6. 呼吁式结尾

电视新闻反映社会现实，对报道中的一些亟待解决又涉及面大的问题，在新闻的结尾，以呼吁的话语，提示引起广泛关注，并促成早日解决。

　　大火后的扎龙，一片寂静。

　　小鸟在焦土上起落，在苇根中觅食。排水渠仍然在施工。

　　丹顶鹤孤独地站在大火燃过的土地上，呼唤着失去的家园。

　　人们在忧虑，4 万公顷过火的苇塘何时能够恢复，我却在想，如果不从现在保护这里的生态环境，火后余生的另外 4 万公顷芦苇还能生存下去吗？当我离开扎龙的时候，扎龙刮起了龙卷风……

（《火烧湿地》，黑龙江电视台 2001 年 10 月 27 日首播）

7. 希望式结尾

在新闻事实已表达清楚的基础上，提出希望和要求，启发和激励人们为某一目标而努力。

"正人先正己"是群众对执法机关和政府部门的呼唤。在当今
环境和形势下，"正己"对于执法机关是一种威严，对政府机关是一
种表率，对企、事业单位则是一种形象。省会济南各行各业，如果
都能像交警一样"正人先正己"，一个全新的省会形象必定会成为每
个济南人的骄傲。

（中央电视台、济南电视台 1995 年 7 月 1 日播出）

电视新闻结尾形式不胜枚举，以上所举数例，仅是代表性的，希望能以此得到一些启示。总之不管用什么方式收尾，皆应顺势而成。

（四）电视新闻标题写作

标题是新闻的题目，它是用以提示、评介新闻内容的一句极简明扼要的文字。电视新闻标题以字幕的形式伴随着图像出现，在报道的开始起着吸引广大受众注意力的作用。

电视新闻标题主要是提示概括新闻的基本内容。我们知道，电视新闻首先引起观众注意的是伴随着第一个镜头出现的新闻标题。标题对新闻内容的概括，要做到让人一看标题就对新闻内容、新闻选材、新闻价值有个大致的概念，如《WTO 第四次部长会议审议通过中国加入 WTO》、《体细胞克隆山羊"阳阳"喜得龙凤胎》等。

电视新闻标题还可对新闻事实进行评价，表明电视台的态度、立场和观点。如《"7·13"——申奥成功日 万众欢腾时》、《光荣和梦想——崛起的体育大国》、《违法收缴违民心》等。

电视新闻标题还应激发受众兴趣，引导视听。如《内江警方围捕蒙面持枪歹徒》、《南京冠生园：年年出炉新月饼 周而复始陈馅料》。

总之，电视新闻标题利用视觉优势，增加了受众理解、记忆新闻的信息渠道，弥补了电视传播稍纵即逝的缺陷。

电视新闻标题的制作形式有陈述式、提问式、描写式、抒情式、概括式、赞扬式、揭露式等。

（1）陈述式标题：

《关注农民工　讨回打工钱》（系列报道）

之一：我省农民工工资被大量拖欠

之二：农民工讨工钱遭遇野蛮对待

之三：为农民工讨回打工钱工作取得进展

130 万元打工钱回到农民手中

(2)提问式标题：

《造林还是"造字"》

《"欺"房是怎样产生的》

(3)描写式标题：

《"7·13"——申奥成功日 万众欢腾时》

《百万群众大转移》

(4)抒情式标题：

《抗洪中的脊梁》

《提着灯笼奔小康》

(5)概括式标题：

《两岸同胞首次海上相会欢度中秋之夜》

《铲苗种烟 违法伤农》

(6)赞扬式标题：

《"百姓书记"梁雨润》

《丰碑》(52 集系列报道)

之一：共同的心声 人民的礼赞

　　——全国各族人民同赞党的丰功伟绩

之二：光荣与梦想

　　——崛起的体育大国

之三：网里神州

　　——腾飞的中国电信业

(7)揭露式标题：

《"改革"改出 52 个镇领导》

《调查"神药"治癌》

电视新闻标题的制作方式有许多，这里只举部分实例，希望能够给人以启迪，创作出多种多样的新闻标题。

二、电视专题写作

电视专题节目写作，首先要明确写什么，这就是选题问题，也是整个写作过程的基础。电视专题节目与纪录片都属于纪实报道类节目，它们有着许多共同的特征。因此，本节关于电视专题写作，包含电视纪录片的创作。

电视专题节目按选题内容划分，有以描写人物为主的人物专题，以记述事件为主的事件性专题，以反映社会生活为主的社会性专题，以记述历史事实为主的历史性专题节目，以揭示文化底蕴为主的文化专题节目。

人物专题主要以人物命运、人生轨迹、思想情操及卓越贡献叙述为主。事件性专题要抓住瞬息万变的社会生活中层出不穷的新生事物，展现事件的发生和发展过程。社会性专题节目主要选择与社会密切相关的重大题材，以事实本身的影响调动观众的注意力和思考力，以加深观众对重大社会问题的认识与感悟。历史性专题，则要运用多种电视手段，对重大历史事件或历史发展进程，给予多角度、多侧面、全方位的回顾与审视，以符合当代社会教育的现实关照来把握历史事实。文化电视专题则要从风物、人物、文物入手，充分展现某一文化的厚重、历史的悠久及风光之秀美，既要有意境，又要有知识、哲理。

（一）写作程序

电视专题节目和纪录片都要遵循从大纲写作到脚本完成的过程。在初步确立了节目主题和基本思路之后，撰稿人就要尽可能地列出完整的提纲，做出较为详细的程序表。在大纲计划中，要确定一些预期获得的资料，包括现场采访、必备镜头、过去的影像资料、家庭照片、日记以及其他资料，在此基础上，就可写初步的脚本了。然后对以上资料进行研究分析，在将节目必需的资料收集齐全后，就开始撰写脚本。具体来说，其写作程序如下：

1. 确定主题

主题即立意，或说是中心思想。无论制作什么节目，都有一个基本目的，总是要说明点什么，或介绍某事，或宣传一种思想，或表达作者的某种情绪和感受。创作者在深入生活、观察社会的过程中，对许多社会现实、自然风貌、人物形象等都会表达出自己的态度、看法和主张，这些引起创作者创作冲动的基本事实和问题的提炼，就成为一件电视作品的主题。

主题的确立，"通常有两种方法，一种是'意在笔先'，即创作之初已定下一个主题，然后根据这个主题来选材、结构。另一种是在创作中不断修整、深化主题，有时到节目接近完成时才最后形成。"[1]这种情况在创作中经常遇到。但是解说词的中心思想不能凭空而出，必须以大量的形象材料作基础、作铺垫，从采访事实的分析研究中得出结论。中央电视台文化系列片

---

① 钟大年著. 纪录片创作论纲. 北京：北京广播学院出版社，1997 年版，第 279 页

《江南》的主题就经过了这样一个过程。

拍摄《江南》,自然要涉及其山川、水乡、园林、戏剧、民居、名胜古迹、民间工艺等。摄制组的最初分集方式也是根据以上内容制定的。于是,解说词的写作就按所拍摄内容分为"江南园林"、"江南水乡"、"江南民间工艺"、"江南饮食文化"、"江南历史人物"、"江南地方戏曲",照此构建,也未尝不可,但创作者总觉得无法找到江南的神韵,无法体现作者的思想感情,也无法为后期编辑以至于解说词的撰写找出主题思想的支持与贯通。于是,创作者为了找出这部文化系列片的文化感觉,也从作者的个性出发,经过反复琢磨,终将所有内容集中为三大部分:即《水墨江南》、《倾听江南》与《感受江南》。这样一来,撰稿人也便找到了解说词写作的"线索"或"主脑"。

2. 列出提纲

提纲是为拍摄和解说词写作确立一个大致的方向,提纲内容包括故事或节目梗概;对主要镜头、情节和片断的描述;节目的开头、中间串词和结尾。由于电视节目制作是一个集体合作的结晶,因此,提纲能使他们在开始工作之前就明白共同的目的。尽管提纲会改动、甚至推翻,但仍具有很高的价值。一旦将提纲写成文字,人们都会认真对待它。聪明的撰稿人或制片人是不惜在提纲上花费工夫的。

提纲一般有拍摄提纲和写作提纲。下面是中央电视台制作的系列专题节目《百年中国》中关于纪念碑这一部分的拍摄提纲。

纪念碑
在幽远而虚静中,构建心灵净化的祭仪

一、题旨:

纪念碑是凝固的历史,是一个民族命运的见证。选择七座有代表性的纪念碑,运用精细的拍摄手段和富有创造性的结构方式,连接过去、现在和未来,通过历史碎片的拼接,完成对民族精神的追问和凭吊。创造一种神圣而悲凉的悼亡诗境界。

二、内容

纪念碑——历史资料——城市环境——见证人的诉说——现在的生活

三、选题

1. 克林德牌坊(八国联军、第一次世界大战、五四运动)

2. 黄花岗烈士碑(广州起义)

3. 三一八烈士碑

4. 苏军烈士碑(武汉空战)

5. 南京大屠杀纪念碑(南京)

6. 抗美援朝纪念碑(丹东)

7. 人民英雄纪念碑(北京)

寥寥数语,已经使我们明白了这段电视片的画面内容以及导演风格。一般说来,这一类提纲的最初设计可能与最后完成作品相去甚远,甚至完全不一样,这是很正常的。

事实上随着纪实主义创作方法的兴起,越来越多的专题节目的提纲趋于简化,甚至一些创作者在确定拍摄题目后就直接进入事件的记录过程,不管有什么先拍下来再说,在获取了大量的素材之后,再在编辑室中对素材进行分析、提炼、筛选,最终完成作品。

3. 采集分析

在提纲的指引下,撰稿人于写作前还必须搜集相关资料,包括图书文本资料、原始音像资料、现场人物访谈、脚本衔接素材等。撰稿人在收集事实、准备采访时,为了保证效果,必须精心准备采访的背景材料和问题。当这些基本素材收齐以后,撰稿人要对材料做详细、认真的研究,正式确定节目采制中具体的采访对象,并根据已搜集材料的摘要向被采访者提出一系列相关问题,同时,还要建议制片人和编导进一步获取某些特殊的材料,并介绍从哪些渠道获得这些材料。

4. 撰写脚本

在上述过程完成之后,撰稿人就要正式进入写作,形成一个包含解说词、采访录音材料说明和画面提示的双栏完成脚本,并和制片人、编导商量修改之后,最终形成播出台本。

(二)专题结构

电视作品的结构框架是电视节目制作者在制作中始终都必须反复考虑的问题,因为它直接关系到节目的成败,无论你前期拍摄的素材多么丰富,如果结构不好仍然不会产生好的作品。结构的任务就是把前期拍摄获得的纷繁复杂的素材根据一定的主题需要,恰当地组成一个有机的整体。结构有两层含义:一个是外部结构,这是对作品整体形式的把握,使作品层次分明,结构完整;另一个是内部结构,这是对影片中各局部之间的构成和转换的把握,使作品上下连贯,过渡自然。

1. 外部结构

结构不仅是一部专题节目的骨架,也是一部节目的内容。对创作者来说，结构是掌握全局的重要手段，是创作者思想观念的体现，同时，也是观照自我、观照人生、观照世界的体现。

专题节目的结构形式有着很大的自由度和灵活性，不同的作者具有不同的风格，但是我们仍然可以从大量的专题节目实例中总结出一些有共性的结构样式来。

（1）中心线串联式。这是最常用的结构形式之一。所谓"中心线串联式"，就是把几部分不同的材料用一条或若干条主线依序串联在一起，从事物的不同方面展现同一个主题。我们熟知的一些系列片如《丝绸之路》、《话说长江》、《黄河》、《望长城》等都采用的是这种结构方法，通过一条条或自然或人为的中心线，将纷繁复杂的内容串联起来，构成一部又一部的宏伟作品。在这种结构形式中，通常中心线本身并不是节目的主题，而只是为了便于反映主题而选择的一个由头、一个话题、一条供叙述之用的元素。如在《望长城》中，贯穿整部片子的中心线是长城，由于长城这条中心线的作用，创作者们能够用比较清晰的思路来拍摄"沿线"的风土人情、民间习俗和人文景观，描绘生活在长城脚下的中国人的风貌。中心线串联式的合理运用，可以使一个庞杂的主题变得清晰明确；同时还可以给后期编辑带来意想不到的方便。

（2）逐层递进式。这种结构形式是按照事物发展或人们认识事物的逻辑顺序来安排层次的。这种安排方法使整部作品有明显的发展线索，循序渐进，层层递进。它可以以时间为线索来安排结构层次。

所谓按时间结构，是以时间为轴线，按人物活动的线性发展、事物进程的自然秩序组织安排材料，具有较强的叙事性和较严格的生活逻辑。上海电视台摄制的《半个世纪的乡恋》就是这种结构方式的佳作。《半个世纪的乡恋》真实地展现了第二次世界大战期间，一个13岁就被日军从韩国抓到中国，成为日军"慰安妇"的李天英老人长达半个世纪的人生经历和情感世界。该片以李天英回国探亲的归程为主线，展开了一个凄婉哀怨的故事。

专题节目还可以以认识事物的顺序来安排层次，或以时间推移为纵轴，空间展开为横轴，纵横交叉式地安排片子的层次。《我们的留学生活》这部电视纪录片同时反映了多个主人公的经历，就其中一个人物而言，片中是以时间为顺序来讲述他的生活的，而整部片子则是采用了纵横交叉式的结构方法，这样就把同一时间不同地点发生的事情紧密地交织在一起。

逐层递进式的结构方法运用较多，因为它比较符合人们认识事物的特点，人们认识事物总是由浅入深，由现象到本质的。逐层递进式的另外一个优点就是它便于讲述故事，便于设置悬念，从而克服了纪录片一个常见的缺陷——平铺直叙。

（3）放射式。这种结构形式是先确立一个比较明确的主题，然后将几大块相对独立的内容并列地组织在一起来说明这个主题。用这种方式结构作品，材料的使用有很大的随意性，可以不受严格的逻辑要求限制。层次演进不再是单线条式的从开头到发展再到结尾，而是呈放射性线条，每一部分相对独立的内容沿自己的方向向外发散，而所有的放射线又都有同一端点，这个端点就是一个题目或作者的一种想法。如纪录片《半个世纪的爱》，共介绍了 14 对金婚夫妇的具体生活历程，真实地再现了 14 对不同类型老人的真情生活，他们都围绕着一个人类最珍贵的"爱"这个主题而从横向上构成了开放型的结构。

国外纪录片用放射式结构的比较多，其具体形式往往是由一个主持人或类似的人物提出一个题目，然后用不同的材料来说明或证实它，具有强烈的主观色彩。

（4）漫谈式。"所谓漫谈式就是创作者以自己的目光为线索，看到哪里就谈到哪里，就像人们置身于生活之中，用自己的眼睛观察生活一样，真实，亲切。"[1]这种结构方式的特点是非常自然，没有人工雕琢的痕迹，是表现普通人的普通生活的常用方式。如北京电视台的纪录片《芝麻浆还要慢慢调》，讲述的是一个非常普通的老人，他有两个爱好和一个习惯，一是爱唱京戏，二是爱看足球，还有一个习惯是他家的芝麻浆一定要调八遍。他为了能唱京戏，常求别人给他拉胡琴，每次先给人家点一支烟放在旁边，趁人家拉过门时把烟递过去。他对足球的痴迷到了无以复加的程度，时不时发表评论，写发言稿时，一会儿用老花眼镜，一会儿用放大镜，写不出字时还查字典。片子就是通过这一系列的生活片段，把这位普通老人对生活的热爱表现得淋漓尽致。这部片子在播出后深受好评，其原因就是它以平民化的视角反映了普通人真实的生活。

在采用漫谈式结构时，要注意用独特的视点来观察生活，注意抓取能反映人物个性的细节，在平凡的生活中见光彩，切忌一般化材料的堆砌。

2. 内部结构

电视专题节目写作的一个重要任务是写好开场白、结束语、场面转换及段落衔接、悬念设置、戏剧化的矛盾冲突与高潮等，这通常被认为是节目的内部结构。

---

① 钟大年著. 纪录片创作论纲. 北京：北京广播学院出版社，1997 年版，第 249 页

（1）开头。我国著名电视人陈汉元先生在一次纪录片讨论会上曾幽默地说道："纪录片的开头就像一个人的脸，一个小伙子一眼就看上了一位姑娘，还不是那丫头有一张让小伙子受感动的脸。"①

美国学者罗伯特·赫利尔德认为："从大量录像材料中认真选出几段相关人物的简短陈述，迅速把它们提供给观众，以便获得他们的注意和兴趣，并直接、具体地告诉他们节目是关于什么问题的。质朴无华的开头——没有介绍语、没有音乐、简单的陈述能使开头有力。应尽早让观众获知纪录片将采取的态度。"②

下面看几例纪录片的开头：

例一：

　　俗话说，外行看热闹，内行看门道。有人说他是木匠，有人说他是石匠。然而，他不做家具，也不砌墙。是啊，他从少年时代开始就同木头、石头打交道了。

　　起初，大概是因为好玩儿，后来却成了他拆不开，放不下，棒打不回头的爱好和职业了……

　　　　　　　　　　　　　　　　　　　　　　——《雕塑家刘焕章》

例二：

　　天黑了。没有一个人知道，自己是否能活着走到下一个宿营地。然而靠着那不死的生命，红军队伍仍在前进……

　　长征是他们的苦难，苦难是他们的光荣。

　　对于今天驾着"雅马哈"飞驰的年轻人来说，长征已变成了一个老掉牙的传奇故事了，遥远而又遥远。

　　　　　　　　　　　　　　　　　　　　　——《让历史告诉未来》（二）

例三：

　　母亲是伟大的，它是善良、慈爱、牺牲的化身，母亲的身上集合了人类最美好的品质和性格。慈母情深，谁都不要有负于母亲。

　　　　　　　　　　　　　　　　　　　　　　　　——《义务兵的母亲》

上述第一例的开头语，语言平实，但却充满着悬念：他是谁？带着疑问，开篇马上把观众带进节目中。第二例开头具有强烈的抒情性，作者用诗一样

---

①　陈汉元著. 水淋淋的太阳. 北京：北京广播学院出版社，1994 版

②　[美]罗伯特·赫利尔德著. 电视广播和新媒体写作. 北京：华夏出版社，2002 年版，第 163 页

的语言，充满激情的叙述，在巨大的反差对比中拉开了长征的故事序幕。第三例，以议论方式开头，直接点明了本片的主题，全片紧紧围绕义务兵的母亲是伟大的母亲这个主题展开情节，从而一开始就引导观众沿着这条主线去思索，去寻觅。

纪录片与专题节目的开头方法各种各样，无定式可循，主要视作品的内容和作者叙述风格而定。要有一个好的开头，需要有"语不惊人死不休"的严谨态度。据说，陈汉元先生在撰写《话说运河》第一回时，为寻到一个好的开头，竟在中国地图前凝视了3天，才写出电视解说词的"神来之笔"：

你看，这长城是阳刚雄健的一撇，这运河不正是阴柔、深层的一捺吗？长城和运河是中国人为人类所创造的两个人工奇迹。

作者充分发挥想像，从中国地图里看出了长城与运河所组成的图形正好显示出中国汉字里的一个最重要的"人"字，人类的人，中国人的人。在导语中，人、历史、文化就这样紧紧联系起来了。这"一撇一捺"有如石破惊天之势，将千里秀美的运河画卷在这惊人的比喻中徐徐展开。

（2）结尾。结尾对于一部电视专题和纪录片来说是非常重要的一部分。一条新闻的结尾可有可无，然而一个专题节目和纪录片的结尾则是结构的一个必要组成部分。好的结尾可以收到"言有尽而意无穷"的效果。因此，在电视讲完了故事以后，不要就此结束。要通过采访与解说，暗示事件中含有比人物、事件、时间和地点更多的东西，要使作品能引起观众的共鸣，能引起观众的思索。

为了加深理解，这里还以本章在"内部结构"阐述时所举三个电视节目为例，分析几种常见的结尾方式：

例一：

假如你要寻找刘焕章的家，那是太容易了。你不必背记门牌号码，而只要记住胡同就行了。因为在他家的窗户外面，常年累月垒着那么多怪里怪气的大树桩。

那么，刘焕章在不在家呢？

你听——

（深沉的劈木、凿石之声，一直延续到本片职员表完）

——《雕塑家刘焕章》

例二：

（红军长征胜利。张学良、杨虎城发动了西安事变）

红军战士们怎么也想不到，由此发生的一系列变故，将导致他们摘下戴了十年的红军帽。

中华民族，危亡在即！

——《让历史告诉未来》（二）"苦难风流"

例三：

（妈妈屋内满墙锦旗，各地来信落入画面，孩子们拥向赵妈妈，妈妈在花丛中）

教子成才，当今岳母，

胸怀全局，爱国拥军。

普通而又伟大的母亲啊，您付出的巨大辛劳，您做出的高尚而又自觉的牺牲，儿女们永远不会忘记。

——《义务兵的好母亲》

例一的结尾，可以说是解说词写作"大家"陈汉元先生的经典之作，曾被无数次引用分析。当时，在电子摄录机的功能尚未充分发挥、同期声的作用尚未重视开掘的历史背景下，这部作品对解说词的表现功能作了大胆尝试，将解说词与画面作了天衣无缝的组合，巧妙地运用音响声应和解说之声，给观众以遐想的广阔空间，真是令人耳目一新、拍案叫绝。这段结尾解说词与整部作品风格一致，看似清雅朴实，实则韵味无穷，那一唱三叹、余音绕梁的结尾给人留下了回味无穷、意犹未尽的思考。这就像一部好的电影，让观众走出电影院后仍然围绕人物命运、事物的发展谈论不休，难以忘怀。

例二的结尾，在电视专题节目中运用较多，一般总是用充满激情的语言，给人以鼓舞、给人以号召、给人以希望。《让历史告诉未来·苦难风流》这一集专题反映红军二万五千里长征的故事，当红军爬雪山，过草地，被迫西行突围，打破了国民党军队的无数次围追堵截，历经九死一生，终于在甘肃会宁会师，胜利完成了战略转移任务的时候，却要让每一个红军战士摘下红星帽，换上国民党的青天白日徽，多少战士想不通啊，多少人从睡梦中惊醒过来！正是面对着这一"变故"，撰稿人怀着对红军战士的同情心，突然笔锋一转，以极其简练的语言、充满迷茫的感叹，准确地描写了广大红军战士此时的心情与态度。然而，为了团结抗日、为了救中国，解说词结尾以震撼人心的口号"中华民族，危亡在即"，唤醒民众，顾全大局、共赴国难。

例三采用了总结式结尾方法，以抒情式的议论照应开头，一气呵成，给人以水到渠成之感。如果说开头部分是中华民族概念化母亲形象的虚议，那么，结尾则是对义务兵的好母亲忍辱负重的高尚情怀的实论，这种由衷的议论是对模范人物最真实、最贴切的评价总结，也概括了全片的意义。

（3）悬念与高潮。悬念与高潮的设置是电视专题节目和纪录片创作中至关重要的环节，它是一部作品成功与否的关键。优秀的文学作品和电影故事片，必须要有完整的情节和戏剧冲突，才能引人"入画"，相反，平淡无奇的电视作品必然导致观众换频道。有人说，专题节目表现对象经常是一些极其普通的生活现象或自然风貌，它们本身很少含有戏剧性冲突，大多没有一条完整的情节线索，它对事件、人物的表现随意性大得多。其实，这种理解是不太全面的。

系列片《让历史告诉未来》几乎都是用历史文献的"碎片"画面构成，它没有长镜头的过程展现，很少出现戏剧性场面，但它却可以通过后期编辑和解说词的有机串联、铺垫，给我们设置一个个高潮。如第三集《血肉长城》，反映抗日战争时期的平型关大捷、击毙日军"名将之花"的陈庄战斗、振奋人心的"百团大战"、震惊中外的"皖南事变"等，都以重笔描绘而令人惊心动魄。尤其是作品中运用对比的手法，对抗战两个阵营泾渭分明的描述突显出"抗联"战士的悲壮，使全片达到一个新的高潮：

> 人和人十分相像，又十分不一样。有人壮烈战死，也有人屈膝投降。就在我们的孩子把买糖的钱都捐献出来，支援抗战的时候，国民党副总裁汪精卫却公开投降日本，成了中国最大的汉奸。抗战期间，投降的国民党将军以上的官员有五十多人，倒戈投敌、充当汉奸和伪军的中国人多达八十万。数量如此之多，难道不令人痛加思考吗？

> 然而，有人低头，有人挺胸！千千万万不愿意做奴隶的中国人民在战斗。

> 八个姑娘，普通的抗联战士，在敌人包围紧逼的情况下，投入牡丹江。至今人们仍在传说着"八女投江"这个悲壮的故事。

> 1940年2月，抗联军第一路军总指挥杨靖宇将军，率部与日军激战几个月后，仅剩下他一个人，弹尽粮绝，壮烈牺牲。日军将他的遗体运回解剖，杨靖宇将军的肠胃里竟然没有一粒粮食，全部都是草根、树皮和棉絮。

> 在场的中国人流泪了，日本人震惊了，他们无法想像世界上竟会有如此坚强的人！是的，他们终于明白，中国的大好河山，不是他们随意征服的王道乐土！中华民族不是随意践踏的民族！

电视专题节目高潮的形成，一般都在事情发展到最重要或情绪发展到最饱满的时刻，所以，在这样的内容出现时，要利用一定的手段加以强化。《让历史告诉未来·血肉长城》在抗日战争最艰难的环境里，选择情绪最饱满的时刻，将抗联战士"八女投江"、杨靖宇将军的壮烈牺牲演绎得荡气回肠。这时情感的凝聚点被充分展示，作品的主题得以升华，节目的感染力也达到了新的高潮点。

高潮的形成，一般而言都是在最后时刻才发生的，有时也可成为一个扩展的动作，推动故事进展的过程。这种过程既和矛盾冲突、危机紧张相连，又与悬念的设置、解扣有关。

"悬念是纪录片的重要组成因素，但不必仅仅是那种发现将发生什么事的悬念。因为纪录片建立在事实基础上，在多数情况下，我们知道将要发生什么事。悬念可以存在于对事件涉及的人物动机、内心情感和态度的了解中，即使那个真实的事件是旧话重提。"①

罗伯特的这段话明确了悬念产生的几种方式：将要发生什么事；事件涉及的人物的动机；人物的内心情感和态度。在一部纪录片中，往往通过各种形体语言表达和情感表达，构成一个个情节，把故事推向一个个高潮。"所有的这些因素应该相互联系，互为基础，并且共同把悬念发展到扣人心弦的地步。"

三、电视评论写作

在当代信息社会，我们并不缺少新闻信息，我们缺少的是观点信息。因此，谁能发布独家评论，谁就能赢得受众。这也是当代媒体越来越重视新闻评论的重要原因。

（一）电视评论的选题

好的选题是节目成功的前提和保证。选题是一个栏目生存发展的源头活水，选题自身的质量和选题的可操作性，决定着节目运行的质量。凡是取得成功的电视节目，他们无不把选题当作一件重要的事情来做。评论的价值首先在于所选择讨论问题的价值，在于这些问题是否选得准、选得好、选得及时、选得有意义。

评论选题，重要的是确定选题的标准。尽管节目每天都会报道不同的题材，但这些题材选取的原则都是一致的。中国新闻名栏目《焦点访谈》总结其长播不衰的成功经验，一个基本的共识就是坚持评论节目的选题标准，概括为三句话：政府重视，群众关心，普遍存在。

---

① ［美］罗伯特·赫利尔德著. 电视广播和新媒体写作. 北京：华夏出版社，2002 年版，第 164 页

　　1. 政府重视

　　电视评论作为舆论监督的重要节目形式，必须紧紧围绕党和政府在一个时期、一个阶段的重点工作进行；同时，政府重视的问题，又恰恰是政府迫切希望在工作中解决的问题，也就是说代表党和政府的意志，这也是新闻报道的出发点和归宿点。要寻找政府重视的选题，就需要研究不同时期的工作重点，目前有什么政策要推行，有什么问题需要注意或解决，应该怎样避免出现的问题。需要考虑的关键因素是把握好导向，考虑揭示这些问题对政府工作是不是有促进作用。节目的播出要有利于问题的解决，有利于满足观众的文化需求，有利于社会健康有序地发展。

　　1997 年 11 月 25 日，《焦点访谈》播出了反映 309 国道山西黎城、潞城地段交通民警乱罚款的报道《"罚"要依法》。这个选题涉及的乱收费问题一直为政府重视，而且就在 1997 年 10 月份，国务院纠正行业不正之风办公室还向全国通报批评了三起乱收费的问题，要求各地举一反三、引以为戒。因此，记者在接到群众反映后，觉得这个顶风而上的问题应该揭露。《焦点访谈·"罚"要依法》播出后，引起了强烈反响。中央领导也认为节目播得好，全国纠风办向全国通报这一事件，要求全国严查"三乱"现象，节目中的违法民警也受到了处理。这个节目之所以在全国产生如此大的影响，在于选题本身所具有的能量。

　　2. 群众关心

　　由于电视强势媒体的独特优势以及评论节目舆论监督的广泛性，这使得我们的选题必须是群众所关心的事情，从而实现节目的接近性和广泛性。比如随着住房制度的改革，各地都要逐渐取消福利分房，但许多工薪阶层根本买不起房，因此，如何解决居民的住房困难问题，这是许多百姓都关心的问题，《焦点访谈》针对这个问题做了一期节目《老百姓需要什么样的房》。记者通过广泛的采访调查，针对群众的疑问，层层剖析，并提出解决问题的办法，这样的节目自然能够赢得观众的欢迎。

　　3. 普遍存在

　　电视评论的选题要抓住社会生活中的热点、难点和疑点问题，帮助受众释疑解惑。但我们生存的社会每天都有各种各样的矛盾和问题，以及许许多多的国内外大事，电视评论不会也不可能一一予以评说。因此，它需要把握那些具有代表性的人或事，以个别来反映一般，通过对典型事件的分析，得出具有普遍指导意义的观点。实践表明，电视评论的社会反响如何、社会效果如何，很大程度上取决于是否抓住了典型的新闻事件。这条原则，对其他同类原则也是适用的。

如《发票：期待"透明"》节目中，记者抓住 2001 年 11 月 10 日中国加入世贸这样一个时机，选取日常生活中普遍存在的"乱开发票"的问题展开调查和评论。类似的经济生活的问题，与世贸规则背离太远。对于这些现象，政府虽然屡屡严厉禁止，却未能从根本上得到遏制。因虚开、增开发票产生的采购黑洞，便是一个极为典型的例子。有学者甚至把它称作"全民腐败"，并指出"如果听任这一现象泛滥，直到人们熟视无睹，将有可能导致社会伦理道德底线的全线崩溃，后果不堪设想"。而麦德龙发票的出现恰逢其时，从源头上堵住了这一漏洞。可以说，这样一个选题同时具备了政府重视、百姓关心和普遍存在的衡量标准。

（二）电视评论的结构

确定了节目的选题，如何组织这些题材成为关键。评论内容的不同将直接决定着评论的谋篇布局，同时，评论采取何种方式还取决于不同的评论形态和风格。一般来说，评论的结构方式主要有以下几种：

1. 递进结构

这种结构形式的电视评论是按照事物发展或人们认识事物的逻辑顺序来安排层次的，这也是目前电视述评节目中采用最多的一种结构形式。采用这种方法谋篇布局，可以使整个节目有明显的发展线索，并做到循序渐进，层层深入。这种结构形式的评论犹如层层剥笋，随着对事物的认识由表及里，由浅入深，从而不断地深化主题，使节目的力度不断加强。

湖北十堰电视台于 2002 年 11 月 15 日播出的电视述评《造林还是造"字"》，就采取了递进的方式来安排整个结构：

画面	解说词
太平寨山"封禁治理"四个字的全景 移动拍摄山上四个字的全景 记者现场解说	【导语】观众朋友，一条标语长达 5 公里，一个字有两个半篮球场那么大，这样庞大的标语你见过吗？近日，记者在陨西县就见到了这样的标语。 　　【记者现场】观众朋友，我现在是在陨西县店子镇姜家沟村。我们现在看到我身后这座山叫太平寨山，这个山上清晰地写着"封禁治理"四个大字。这四个字的意思就是封山、禁伐、治理荒山。 　　【解说】在村民的带领下，记者来到其中的一个"封"字跟前，由于字体太大，记者很难将该字完整地拍摄下来。

续表

记者上山 记者站在"封"字前做解说	【记者现场】观众朋友,我现在站在"封禁治理"的"封"字的一个大点上面,大家可以看到,这个"封"字的点是多么大。字长,我估计了一下大概有6米,字宽大概有两米五到两米八这个宽度,而且这个坡度是非常陡峭的,现在我估计有70度的坡度,可以想像当初村民在这儿建这个"封禁治理"的"封"字时是多么地艰难。
一村民在"封"字前介绍造字过程	【解说】在姜家沟村,几位村民给我们讲述了当时造字的过程。
	【同期声】记者:当时你参加了没有?
	村民:参加了。
采访村民 "封"字的特写	记者:这个材料是什么材料呢?
采访村民 记者在"封"字前采访一村民 从山下小河摇到山的全景 "封"字特写及全景	村民:这个材料开始是用石头铺的,后来用水泥和沙做浆,把它糊起来。 村民:开始先搬草皮子,搬完了之后把字打成印子,打成印子挖槽子,挖槽子以后搬石头上去齐齐排,排罢了之后,慢慢和水泥浆,往上抹。
采访村主任 字的特写	【解说】这位村民说,造字所用的石头、沙、水泥等都是从山下运上来的,从河中挑一桶水到"封"字跟前要四五十分钟。 ……
采访镇领导 四个字的全景	【解说】就这样,造林运动变成了造字运动。对于这种大规模的造字运动,村民们更多地表现出无奈和不满,村干部则考虑的是如何完成任务。 ……
采访镇领导 移动拍摄字的特写	【解说】这种造字运动不但违背了村民的意愿,而且花费的人力财力是相当惊人的。这位店子镇党委副书记给记者测算了建造"封禁治理"4个字所花的费用。
山路上移动采访	【同期声】副书记: 整个4个字用劳力、用工大概是1800个,用了60方沙石,用了2吨水泥,总共字的成本价,就是5200块钱左右。要是按每个劳力10块钱折合,整个(4个)字花了12000块钱。

续表

	【解说】而始终参与店子镇造字活动的林业站工作人员余秀武也给记者算了一笔账。
采访余秀武	【同期声】余秀武：
	店子镇前前后后上了 2000 多人，我们这么算了一个账，我们只按他每个人只干了 10 天，10 乘以 2000 就等于 2 万个劳动日；2 万个劳动日每个农民每天只算 10 块钱的工钱，光人力一项，店子镇在这 4 个字上就花了 20 万。你比方说太平寨那地方就做那几个大字，当初(县)林业局给店子镇 24000 块钱的奖金，这是县委领导授意的。给了 24000 多块钱的奖金，用 24000 多块钱买一毛五分一棵的松杉苗子，大概要买 16 万株，16 万株就可以把这个山绿化 12 遍多。【同期声】记者：这个钱如果用在真正植树造林方面会植多少树呢？
采访镇领导	副书记：植树至少按照这一万多块钱，我们这个地方植树从树苗成活率的保证，大概可以植树 30 亩左右。
四个字的全景	【同期声】记者：你感觉花这么大的代价值不值得呢？
采访镇领导	副书记：花这个代价我们认为还是值得的。因为我们做这几个字不仅仅是为了我们这一座山，而是为了整个全镇的农民，为了增强他们的造林意识。
记者从字上走过	【解说】那么村民们是如何看待这种造字运动的呢？
采访村民	【同期声】村民：
	从(河)对岸可以看到这边一排字好看，它只能说在对面过车来去，当干部的看了好看。
采访村民	村民：要依老百姓说都不值得，那山上啥东西都不长，搞了没啥意思。
采访余秀武	余秀武：我认为造林应该是实打实地造林，不应该把这个造林运动变成一种造字运动。当时以为恐怕将来会有一个很好的宣传效果，可是四年过去了，山上荒山还是荒山，这么一看就是一个劳民伤财的工程，也是一种形式主义做法。

续表

	编后语:封山育林,绿化山川,是我们各级政府部门义不容辞的职责。陨西县部分乡镇加强封山育林的宣传本无可厚非,但要劳民伤财地去"造字"不造林,那也只能是违民意、毁民财、失民心了。陨西县是国家级贫困县,至今还有不少农民未解决温饱,花费如此浩大的人力、财力来建造这样的石头标语,说到底还是一种不注重实绩、只做表面文章的形式主义。好,感谢收看本期节目,再见。

评论开篇设问,直接切入新闻点,从一条长达 5 公里的标语开始。记者首先采用现场调查的方式向观众展示了"造字"的事实,接着分析为什么要建造这样的石头标语(干部与百姓各执一词),石头标语的用途何在,花费大量的人力物力和财力建造石头标语到底值不值得,最后记者在事实调查的基础上分析议论造石头标语的目的何在(造林运动变成了一场"造字"运动,是一个劳民伤财的工程,也是一种形式主义的做法)。

整篇评论思路清晰,结构合理。以调查的手法全面展示了"造字"运动的前因后果、来龙去脉,并揭示了"造字"运动的本质和内涵,为受众提供了完整的真实内容。从提出问题,摆出事实,到分析评论问题,节目环环相扣,层层深入,从而体现了整个评论的深度和力度。

2. 总分结构

这种结构方式包括演绎式和归纳式两种。演绎式的结构方式即采取发散型思维,从某一个中心出发,向多方面展开。在节目中,首先表明观点,然后引入相关的材料佐证观点。归纳式结构则采用聚合式思维,节目围绕评论的主题,逐层运用材料说明观点,最后得出有说服力的结论。采用这种总分结构,可以做到条理清楚,也符合受众认识事物的逻辑顺序。

《焦点访谈》曾经播出的《推杯换盏话饮酒》就采用了这种结构形式。

画面	解说词
	【主持人】无酒不成席,无酒不成宴,这是中国人的习惯。逢年过节就更是如此。一家老小亲朋好友,举杯相庆,其情浓浓,其乐也融融。但是酒无常性,在不同的场合,以不同的名义和不同的人喝酒,这酒的味道呢,也有所不同。

续表

朋友聚餐场面	苏叔阳(作家):酒这种东西呢,它是植物加工后的产物,这证明着人类对植物不再是取其天然而为,这是一种巨大的生产力的进步;第二由于有了酒,人们的生理状态就多了一层,这一层呢,就叫做醉,由于有了这种生理状态,又引起了心理上复杂的变化。
碰杯	某甲:何以解忧,惟有杜康。我说今天是只有喜没有忧,男女朋友雄赳赳美酒一杯喝下去,草原的感情不能丢。
北京四合院过年场景	乔羽(词作家):我是爱喝酒,特别是年轻的时候,我这酒量还不能算小,喝酒不一定非喝醉不行,喝出酒的味道来,这个味道包括酒本身的味道,也包括喝酒时候产生的一种人生的趣味。 ……
朋友聚会 鼓掌	苏叔阳:多么伟大的事情,美好的事情,动人的事情都是因酒而起;也有很多罪恶、丑恶和阴谋,也是因酒而起,那么现代人就应该认识到酒的好处和坏处,因酒起祸,因酒杀人,因酒办缺德事、办阴谋诡计的事也是有的。 …… 记者:你这都是洋酒啊,有人买吗? 售货员甲:有人买,买的人还不少,送礼的多。 记者:为什么送礼要送酒呢? 售货员甲:送礼送酒现在好像是一种风气似的,其实好多人买了送人不见得就是想人家喝,我觉得中国人对洋酒好像喝得不是特别习惯,就为了面子,还有打通关系,办事什么的。 ……
酒宴	苏叔阳:酒啊,自从变成了人们的人际关系的润滑物或表达中国传统的人际关系以来,随着世风的发展,酒也起了不同的作用。
商店酒柜台	某公司业务员:作为公关手段,喝酒看来是很正常的,这对于我的工作。因为什么呢? 因为很多事情如果它有五分把握的情况下,如果在酒桌上谈的话,就可以七到八分。 …… 字幕:据统计,中国人一年喝掉的酒相当于一个西湖。1000人中有4个酒精中毒者。在喝酒成风的地区,1/3的交通事故和离婚案件与喝酒有关,50%的饮酒者基本用公款。

续表

【主持人】酒杯虽小,却能盛下一个西湖,酒桌不大,却能摆下亿万钱财。有一句非常流行的民谣是这样说的:喝坏了风气,喝坏了胃,喝得单位没经费。酒从欢庆喜乐的兴奋剂变成了败坏社会风气的腐蚀剂,这违背了人类发明酒的初衷。酒可以使好事变得更好,锦上添花,也可以使坏事变得更坏,雪上加霜。

3. 对比结构

这种结构形式是指将两个性质相反或差异较大的事物联系起来进行谋篇布局。这种结构形式可采用多种多样的对比来表现同一主题。可以采取单位与单位之间的对比,个人与个人之间的对比;不同时期同一事物之间的纵向对比;同一时期不同事物之间的横向对比;可以进行归类对比、散发性对比等,使之形成对比鲜明、反差强烈、震撼力大、说服力强、发人深省、令人回味的效果。

2001 年 11 月 10 日,四川电视台记者抓住中国入世的时机,以"发票"作为切入点制作了一期节目《发票:期待"透明"》,节目中较好地运用了对比的手法:

画面	解说词
摇摄商场外景 商场内货架 超市收银处	【解说】麦德龙成都青羊商场的老总怎么也没有想到进入四川两个月,在销售旺季居然会遇到大批量退货,而造成卖单损失的始作俑者竟是作为公司特色之一的"透明发票"。 ……
采访朱军	【同期声】 [朱军]这个发票,它的特点就是真实地记录了每一笔采购,就是说某个单位的采购员来我们这里采购东西,它没有一点变通的余地,因为我们不可能给他提供手写发票。使用这种清单式的正规的发票,是由我们的目标客户群决定的,我们的客户是专业采购,而不是个人采购。 ……
特写"透明发票" 超市收银台 暗访收银台 售货员开发票	【解说】然而这种符合国际流通惯例的"透明发票"正是因为太清晰、太严格而让一些人望而却步。据商场初步调查,随着麦德龙入川,"透明"发票投入使用以来,从市场的反应来看,总的来说,两种态度泾渭分明。

续表

从"透明发票"宣传海报摇摄到货架 街道外景 记者暗访进商场 成都人民商场黄河商业城营业员同期声 好又多中天店营业员同期声 家用商品特写 "模糊发票"特写	…… 【解说】不管怎样,"透明发票"确实让麦德龙损失不少收入。麦德龙的做法在时下的成都商界显得有点特立独行。那么其他商家是怎样给顾客开发票的呢? 记者伪装成消费者,前往好又多、人民商场、家乐福等商场进行了暗访。 【成都人民商场黄河商业城营业员同期声】 [营业员]开几千块钱的东西啊? [记者]啊。 [营业员]你补税,你要开几千嘛? [记者]开个 7000 多,不到 8000 元。 [营业员]你开多了划不着,你实在是要多开,要补税,你要登记,要登记你的身份证号码哦,登记你的身份证号码,也就是说不出事就算了,出了事要负法律责任。 【好又多中天店营业员同期声】 [记者]你给改成办公用品,单位我自己来填。 [营业员]先生,你买几万块钱或者几十万块钱也是一样的,给你改成办公用品了。 …… 就这样,这些商品一下子就变成了办公用品,而魔术师就是市面上流行的与麦德龙"透明发票"截然相反的"模糊发票"。正是这种"模糊发票"成了某些人损公肥私的遮羞布,商家则可以半遮半掩地作为一种促销手段。那么成都的商家对两种发票是怎么看的呢? ……

　　比较,是认识事物和说明事物的最好方法。德国的麦德龙和我国的某些企业有着相同的特征,但是他们对于"如何开发票"却有着不同的认识和表现。麦德龙入川两个月以来,"按照国际惯例开展经营活动,甚至不惜牺牲一些眼前的经济利益",但是在连续遭遇退货的情况下,麦德龙仍然坚持自己的原则,而同一座城市的其他商家,"发票上开什么品名都行,至于金额开多少都是可以商量的"。对待发票的两种截然不同的态度,一种是"透明",一种是"模糊",与世贸规则一比,谁对谁错,观众心中已经有了结论。

　　电视评论的结构方式并不是固定不变的,评论采取何种结构形式组织材料,主要的依据是事物内在的逻辑关系,同时也同记者如何认识和分析事物矛盾的方式方法有关。要使整个评论做到"言之有序"，就必须在充分掌握材料的基础上，合理地安排层次结构，这样才能满足观众的收视需求。

在电视评论节目中，"述"是基础，"评"则是提炼和升华。我们不可能只讲述而不作评价，也不可能长篇累牍地进行评论。那么，在叙述新闻事件的同时，如何进行"画龙点睛"的评论，就需要记者掌握好电视评论的基本手法。

第三节　电视新闻文稿风格表达

现代社会信息高速传播，资源广泛共享，媒体间的竞争日益激烈。这种竞争主要体现在两个方面：一是对信息源的争夺，面对同一新闻事件，十几家、几十家媒体同台竞争的现象已非常普遍，这直接导致新闻同质化现象越来越严重；二是对观众的争夺，信息的极大丰富让观众拥有前所未有的选择空间，按自己喜好自由选择成为现实。新闻同质化和观众需求多元化的矛盾使传统新闻传播观念受到巨大冲击，多元化发展成为必然。对既成观念和模式进行超越和创新，说新闻、方言新闻、故事新闻等新闻形式由此应运而生。与此相应的，电视文稿风格也表现出三种风格类型：本地化表达、故事化表达、娱乐化表达。

一、本地化表达

电视新闻本地化是指电视新闻为达到有效传播的目的，在内容选择上对本地信息的深层挖掘，对外地信息的本地化解读，在传播方式上则采用适合本土观众口味的节目形式，从而更加贴近受众的接受心理和接受习惯的一种传播思路。从狭义上讲，电视新闻文稿的本地化表达是指方言和新闻的结合，主持人用方言串接和讲解每条新闻。但是，新闻"本地化"决不能简单地同"本地话"划等号，本地话新闻并非是本地化新闻的应有之意。

电视新闻本地化表达是媒体竞争发展的产物，电视媒介为了在国内外强势媒体的夹击中获得更大的生存空间并占有一席之地，迎合本地观众的口味，采取新闻本地化的表达方式已成为了电视新闻节目竞争的一项基本策略。本地化表达作为一种传播手段和方式，它的最大特性就是贴近生活、贴近群众、贴近实际，从平民化、低视角的新闻姿态来报道百姓的新闻。

1. 内容贴近

20 世纪 80 年代，美国著名新闻主持人丹·拉瑟接替克朗凯特主持 CBS

《晚间新闻》节目后，确立了一条后院篱笆原则（back-fence principle）。所谓后院篱笆原则，丹·拉瑟是这么解释的："20世纪80年代，电视新闻关注最多的是这么三件事：英阿马岛之战、中东战争和英国戴安娜王妃的新生王子。新闻对哪件事更关注，更多报道？去报道新生小王子！设想一天结束时，两个主妇倚在后院的篱笆上聊天，她们多半会谈到新生的小王子。"①这就是对后院篱笆原则最为形象的注解，也就是丹·拉瑟所认定的那样，我们做电视新闻的人必须把新闻价值建立在我们认为受众最感兴趣的话题上。

内容贴近要求新闻内容贴近老百姓生活，报道的新闻是老百姓关心的话题。一档新闻节目，要想受到老百姓的喜爱就必须摒弃"贵族化"的倾向，以人文精神为本来报道新闻，对衣食住行、喜怒哀乐、精神追求等老百姓关注的内容作细致入微的报道。比如2004年1月1日，杭州电视台西湖明珠频道推出了一档新闻节目《阿六头说新闻》，收视率一路上升，一下子成了杭州地区各档新闻节目收视率的首位。《阿六头说新闻》在内容上以社会新闻为主，贴近生活、贴近现实，从平民百姓的兴趣点去编排新闻内容，把老百姓最关心的柴米油盐变成电视屏幕上关注的重要领域，内容覆盖了社会生活的方方面面。

以3月1日的串连单为例，当天共播出新闻8条，其中本地新闻7条。分别是《超市也要卖药了》、《电动"马儿"跑得快　废旧电池处理难》、《运河冒白泡　三个部门都推掉》、《一胎生六仔　小老虎要寻狗妈妈》，这些新闻涉及到百姓的医疗问题、环境问题、文化生活以及动物、植物等趣闻逸事，而这几类新闻也确实成了《阿六头说新闻》的主打内容。

本地化表达不仅在内容上选取软新闻作为主体，注重对本地普通百姓中新人新鲜事的报道，而且，对于硬新闻也采取了软化处理的方法。其实，时政、经济、文化等方面的重大事件，许多都与老百姓生活息息相关，老百姓过去之所以不爱看这类新闻，是因为一些电视台在报道这类新闻时爱唱高调，人为地拉大了观众与新闻事件的心理距离。因此，我们应该运用平民化的报道视角，对硬新闻进行软处理。

仍然以3月1日《阿六头说新闻》的新闻为例，第一条《超市也要卖药了》，这其实是一条政策性很强的时政新闻，因为从3月1日起《杭州市乙类非处方药零售企业设置与管理的若干规定》开始试行，这是对政策的解读性新闻，但这篇新闻以百姓生活作为切入点，枯燥乏味的新闻也变得面目

---

① 代欢、肖桂岚著. 作秀战术. 北京：中国广播电视出版社，2002年版，第163页

可亲。

2. 语言贴近

语言是人与人之间沟通的桥梁，根据大众传播的受众心理特征，语言贴近是电视新闻抓住观众最好的手段。语言贴近主要体现在对主持人播报语言、记者与采访对象的问答、新闻解说词以及标题的综合要求上。

运用方言播报新闻，是一种较明显的电视新闻本地化表达方式。方言是在特定地域环境中形成的文化，它承载和记录着这方土地上的历史和原住民的情感。乡音情感是最朴实最亲切的，同一地域的人们用方言交流是彼此在语言上的认可，这种语言上的认可和乡音情感会产生一种向心力和凝聚力，将不同年龄、性别、职业、身份、地位、经历的人联系在一起，达到心理同归。新闻运用方言是从语言上实实在在亲近百姓生活，记者与观众以同样的语言进行交流，一改往日中规中矩的播音腔，仿佛是在和观众拉家常、聊天，语气亲切，很富生活气息。因此，主持人运用方言播报新闻，容易被这个环境中的人接受并产生文化共鸣。当前，许多省级电视台都在向"说新闻"转变，也出现了一些用方言"说新闻"的新闻节目。如北京电视台的《第7日》，主持人用一口地道的京腔跟观众"说"新闻，她的主持语言由于加入了许多北京特有的口语词汇和表达风格，拉近了与观众的距离，令北京的观众觉得格外的亲切舒坦。

当然，语言贴近不仅体现在主持人的语言上，也表现在电视文稿中适当运用当地广为流传的方言俚语以及记者采访用方言问答上。湖南卫视的《晚间新闻》这档节目不仅新闻解说词中经常夹杂着许多湖南地区特有的词汇语言，采访对象也常采用湘味极浓的方言侃侃而谈，就连记者出镜进行采访也大多用方言。

除了播报语言方言化，在标题制作中巧妙地运用方言特点。尽管每条电视新闻标题通常只在屏幕上显示5秒钟左右，但鲜活的标题常常会吸引观众的关注。比如《阿六头说新闻》中有几条标题是这样的：《双休日　三八商机木佬佬》、《天气转暖　白蚁开始乱头飞》、《"万家灯火"：多算饭钿　吃客发火》、《老酒吃饱　司机十字路口困觉》等标题，还有的不仅采用方言用词，而且在语气、语法上也接近方言口语，读来通俗易懂，贴近群众、贴近生活。

在新闻报道中使用方言和新闻的结合这种现象是好是坏，研究者仁者见仁，智者见智，但不可否认的是这种方式拉近了电视和观众的距离。不过我们也应该辩证地看，在使用方言的时候应该把握一个"度"：所使用的方言限于流传范围比较广泛又接近普通话，基本不用那些相对难懂的方言。

二、故事化表达

电视是视听艺术,电视语言的元素包括图像、声音、音乐、字幕、图表、特技等等,这些元素的有机组合,使它较之文字语言、声音语言更能创造出一种身临其境的氛围,在展现现场的细节和情节上更具优势。

美国《60分钟》创始人、制片人唐·休伊特明确指出,《60分钟》的成功是因为它继承了一种"叙述传统":"不是处理事件,而是讲述故事。"故事增强新闻的可视性和感染力,而新闻真实的内核使故事更具震撼人心的力量。电视语言在叙事上具有其他媒介无法比拟的优势,而讲故事能使电视语言的魅力充分展现。

对于"新闻故事化",曾获普利策新闻奖的美国记者富兰克林说:"用故事化手法写新闻,就是采用对话、描写、场景设置等,细致入微地展现事件中的情节和细节,突现事件中隐含的能够让人产生兴奋感、富有戏剧性的故事。"简而言之,新闻是内容,故事则是传播新闻的一种特定表达方式和手法。电视新闻故事化就是运用电视语言采用纪实、故事化的手法来做新闻报道。

新闻故事化报道,是复制新闻事件一个完整的过程,其中有时间的动感、有场景、有人物、有细节描写,也有背景交代。电视新闻故事化表达,不仅关注事件的结果,而且更重视新闻事件的过程,注重展现新闻故事情节,挖掘人物的内心情感,刻画人物的个性,捕捉生动传神的生活细节,从而体现作品的主题思想,拓展电视新闻的报道空间,以增强新闻的可视性。其写作手法与文学性故事相似。但是故事化新闻本质是必须客观、真实,遵守新闻报道的真实性基本原则。

在国外,电视新闻故事化表达最早出现于美国CBS的《60分钟》栏目;在我国,是《东方时空》的子栏目《生活空间》把"讲故事"的理念带入新闻报道,从而一改电视新闻在观众心目中单一、刻板的形象。之后,故事化的表达手法在国内新闻报道中迅速普及。

故事化表达的写作技巧就是把真实典型的故事写得更有情感、引人入胜,更容易让受众对新闻事实产生共鸣,接受新闻信息。因此,我们在写电视文本的时候应该注意写作技巧。

1. 找准故事新闻的切入点

新闻故事化报道一般是选一个正在发生或刚刚发生的故事作为报道的切入点,然后由点到面,层层深入,对人物和事件进行有目的的综合组织,并自然巧妙地在报道中融入自己的感情和主观倾向，表现或展示一个人或一种社会现象。这种报道一般篇幅较短，这些小故事虽然情节很细小，但由于富有感情，有矛盾和冲突，能刻画得细微传神，这样，新闻故事不仅起到了解释作用，而且增强了报道的人情味，报道才能达到最好的效果。

2. 找准故事新闻的报道视角

同样的一个事件，不同的媒体报道的视角都不同，故事新闻更是如此。讲故事的视角是变化多样的，单一固定的视角可能使故事本身主题突出；移动变化的视角往往有助复原事件本身的复杂性，它使故事变得丰富、生动。一般的新闻报道，记者是站在第三者的角度上来报道，但是新闻事件发生时，多数情况下记者不在现场，这给记者报道新闻故事事件的细节和人物心理活动带来了局限。往往高明、成功的报道大都是采用故事人物的视角，通过故事人物耳闻目睹、内心强烈的印象讲故事，这样更具有感染力，更真实可信。如中国新闻奖二等奖作品《下辈子我们还当母子》，就是以母亲的视角，讲述儿子十多年来在和绝症抗争时自强不息的故事。报道凭母亲特有感受，细腻的笔触，让众多受众看后唏嘘流泪，感动不已。因此，我们在报道中一定要找准报道的视角，如果故事中典型的细节、色彩、声音和情感是某个特定人的，那就采用这个人的视角。

3. 新闻故事必须有代表性

电视新闻故事化的报道是否能成功，关键看新闻故事反映故事主题是否有代性，有新意。特别是人物报道，要拍得好看、感人，必须有一个去粗取精、去伪存真的筛选过程，电视新闻记者在采访中要从繁杂的素材中，找出闪光点，又具代表性，力避枯燥乏味的概述式内容。这就要求电视新闻记者必须深入生活，独具慧眼，能够站在一个高度去观察社会活动中的典型人物或事件，审视典型人物或事件背后的社会效应，提高在纷繁复杂的信息中捕捉新的立意的能力。

4. 新闻故事必须真实客观

电视新闻故事化表达和文学作品中的叙事是有严格区别的。文学作品中的"故事"是通过艺术的表现手法再现生活，故事中的人物情节是可以虚构的；而电视新闻中的"故事"必须是真实客观的，不然就会违背新闻报道所遵循的原则，导致新闻报道严重失实。电视是一种声画并茂的直观真实的艺术，任何一点虚假造作都会引起观众的警觉，所以在故事介入的方式上要充分遵循电视新闻报道客观真实的原则。"故事"可以通过与画面的真实记录和记者客观的叙述反映，也可以让报道中的人物自己来讲述，切忌加入记者过多的观点与摆布，以免使真实的故事因为作者的主观叙述而变得虚假失真。

5. 注意对新闻故事中人物的描写

每一个新闻故事肯定会有其主人翁，多数是一个，有时会是两个、三个，甚至是以一个群体为主线，因此，新闻故事中人物性格鲜明，观众才有兴趣看。真实生活中的人物性格往往呈多元化，每个人都有各自的生活轨迹、生活方式和行为方式。记者的讲述要尽量挖掘人物性格的多面，抓住特定环境中有特色的细节和语言特征，注意刻画人物形象，让新闻复现生活的真实。

电视新闻故事化表达虽然能使新闻报道更有趣、更富有人性化，但也有其自身的一些弊端，它犹如一把双刃剑，使用不当，就会对新闻报道不利。例如，用曲折的情节吸引人的同时也可能流于浅薄、俗套，容易导致虚假情感的泛滥，使观众感受过多的刺激从而产生厌倦、麻木的反应。因此，我们在采用故事化表达的同时一定要掌握好一个度。过度追求故事化，容易引发人为安排、主观介入等诸多不良后果，导致新闻社会责任缺失，从而走向庸俗化的危险。

三、娱乐化表达

20世纪90年代以后西方新闻界出现了新式新闻这一术语，最初采用这个术语的卡茨（John Katz）说："新式新闻是一个速配的混合物，它部分是好莱坞电影和电视电影，部分是流行音乐和流行艺术，它将流行文化和名人杂志紧紧混合起来，使小报式的电视节目、有线电视和家庭录像互相结合。"[①]上面提到的新式新闻指的就是信息和娱乐的结合，以至于西方出现了一个新概念——infotainment，这个词是 information（信息）和 entertainment（娱乐）的合成词，这说明西方新闻和娱乐的融合已成为了一种趋向，这种现象也是通常描述的新闻娱乐化现象。

目前，我国对"新闻娱乐化"的定义还并不统一。李良荣在《当代世界新闻事业》中提道："传媒的娱乐化不单单指报纸、电台、电视台娱乐性内容所占的比重越来越大，新闻节目（版面）受到挤压，而且新闻节目本身的娱乐性越来越多，连严肃新闻也竭力用娱乐性来包装。新闻的娱乐化主要指犯罪新闻、名人的风流逸事、两性纠葛。"由于媒体对不同报道对象的传播呈现着多样而复杂的状态，所涉及的社会各方面以及成因都有其独特之处，一般认

---

① 沃纳·塞弗林等著. 传播理论：起源、方法与运用. 北京：华夏出版社，2002年版，第9页

为，新闻娱乐化主要体现在两个方面：一是软新闻的激增及硬新闻的衰减。所谓硬新闻是指一种强调时间性和重大性的动态新闻，重在迅速传递信息；所谓软新闻是指一种偏重引起读者兴趣和情感呼应的新闻，更多地强调人类普遍兴趣。由此在报道内容上将名人趣事、日常事件及带煽情性、刺激性的犯罪新闻、暴力事件、灾害事件、体育新闻、花边新闻等软性内容作为新闻的重点，减少严肃新闻的比例。二是尽力使硬性新闻软化。从严肃的政治、经济等事件、信息中挖掘出所谓的娱乐价值。因此，在表现手段和新闻处理上，强调故事性、情节性、趣味性和人情味等。

　　新闻娱乐化实质上是新闻传播发展的必然。它是一种新的新闻叙述方式。这种新闻报道总是试图用轻松、温馨、平易近人的话语，去表达人的欲望诉求，体味感性娱乐，体验平常人生，从而释放隐藏的欲望，使得受众乐意去接受，并在接受的过程中获得心灵的满足。这种新闻报道用灵活多样的形式、趣味丰富的内容、强烈的视觉冲击以及富有刺激感的娱乐效应，为受众提供轻松、愉悦的氛围。中央电视台新闻节目《新闻30分》在2001年6月26日播出了这样一条消息《人类基因图谱完成》，编辑拿到的稿件是这样的：

　　　　继进化论、相对论、人类登月飞行之后，今天人类又拥有了一
　　个伟大的里程碑：人类基因图谱今天将宣布完成。专家说，这是医
　　学上一场革命的开始，但这场革命的成功将需要更长的时间，中国
　　科学家承担了这个工程1%的工作量……。

　　这则消息无疑是一条重大新闻，与整个人类息息相关，但它离我们的现实生活太遥远。把人类基因图谱完成与登月飞行、进化论相提并论不用说是恰当的，但是这远离了我们普通人的生活，这种报道方式大大减弱了新闻传播效果。后来经编辑修改，成稿如下：

　　　　如果现在来到儿童医院看病的孩子们还要通过照X光等传统
　　的繁琐方法来看病，也许在不久的将来出生的孩子就不用这么麻烦
　　了，他们一出生便绘制一套自己的基因图谱，拿这套图谱与人类标
　　准图谱一比较，就可以预测将来可能得的病，从而提前预防或治
　　疗……

　　经编辑软化处理后播出的稿件，新闻主题内容没变，依然是介绍一项重大的科研成果，即人类基因图谱绘制完成。但叙述方式的改变则使得新闻与受众的相关性发生了极大的变化。为人父母者最希望自己的孩子健康活泼，最关心的也是孩子的健康问题，把人类基因图谱绘制完成这个新闻事件和孩子的健康结合起来，很大程度上满足了家长们的心理需求，观众对事件的关

注度也得到极大的提高。

　　电视新闻娱乐化表达符合受众接受新闻讯息的心理，能为传媒争取更多的受众，受到了媒体实践者的喜爱。但如果不把握好"度"，刻意地追求娱乐化，很容易使新闻变得低俗，甚至成为文化垃圾导致媒体公信力下降，以致最终失去受众。因此，在运用新闻娱乐化表达时，一定要遵循新闻的基本传播规律。新闻的本性是信息交流，新闻传播活动的主要目的仍然是交流新情况、新信息。尽管有一部分新闻可以因其较有趣味性的内容而产生一定的娱乐效果，但并不能因此将新闻的主要功能定位为娱乐工具。社会新闻、文化新闻、体育新闻等与娱乐业紧密相关的内容，做成娱乐化的风格无可厚非，但严肃性和重大性的报道依然应该是主流新闻，媒体在重大的新闻报道中必须保持正确的舆论导向，做到严肃、庄重、不媚俗。

　　大众媒体的功能包括娱乐性，但不能无限膨胀，颠倒主次。受众虽然愿意在快乐中去获得信息，但是在人们的情感世界中，并不只有快乐，还有信念、崇高与责任诸如此类的东西。因此，我们并不能以弱化传播重要新闻事件的分量为代价。严肃性、针砭性、重大性的报道仍然应该是人们关注的热点；落落大方、语势稳健的播报新闻的方式也仍然具有广泛的适应性。

　　电视新闻节目娱乐化表达并不意味着内容的肤浅和简单的流行，它同样可以制作得相当精致、有品位，给予受众震撼力的思想、审美式的愉悦及高雅的休闲，在润物细无声中逐渐提高受众的思维能力和审美趣味。因此，我们在运用娱乐化表达的同时，应该树立起精品意识，这样才能发挥娱乐化表达的作用，打造出名牌节目、名牌主持人、名牌频道。

思考练习题

　　1. 简要地分析电视新闻文稿的编辑特色。

　　2. 举例分析各种类型的电视新闻导语特色，并试着改写几则电视新闻导语。

　　3. 以一部电视专题节目为例分析其结构。

　　4. 以一期《焦点访谈》节目为例，分析电视评论的制作。

　　5. 以一条最近报道的新闻为例分析电视新闻的故事化表达。

第五章　电视新闻叙事编辑

本章要点

● 目前在我国的电视荧屏上，新闻故事化已成为一个大的趋势。而这些故事的讲述，在很大程度上依赖新闻编辑对新闻素材的结构安排与剪辑。

● 电视新闻到底该如何讲故事？怎么样才能让故事讲得好听好看？电视新闻叙事研究从故事和话语两个方面入手，在一个更宽、更广、更深的层次上来探讨电视新闻的各种叙述方式和故事的组成要素。从叙事的角度看电视，为电视研究提供了一个新的思路。

● 电视新闻叙事结构研究的目的，就是找出故事公式化的叙事规则，发现和描述故事的"潜在结构"。普洛普的"功能"研究为我们提供了一个真正的叙事结构研究。

● 电视新闻叙事如何增强故事性？靠的是悬念，而悬念来自于二元对立。对立是构成叙事的最基本的逻辑，是隐藏在一切叙事结构背后的最根本的"结构"。

● 电视新闻在长期的实践中，形成了特有的主持人叙事者模式。在文本中叙事者和角色的重合增强了电视新闻的戏剧性，也造就了一批名主持人。这是未来电视新闻主持人的发展方向。

● "观众朋友"成为电视新闻特有的叙事接受者模式。演播室观众在电视新闻叙事文本中扮演着理想观众即"性格化观众"的角色。

　　什么是叙事？从简单意义上说，叙事就是叙述一段时间内发生的故事。在当今时代，"从早到晚，各种叙事不断在街道和楼房里出现……（接受者）一整天都在叙事的森林中穿行，这些叙事来自于新闻报道、广告和赶在他准备上床睡觉时从睡眠的门下悄悄塞进最后几条信息的电视……我们的社会在三层意义上变成了一个叙述的社会：故事，对故事的引用，以及无休无止的故事叙述定义了我们这个社会"。① 虽然最基础最经典的叙事研究文本是文

---

① 米夏埃尔·德·塞尔托著. 日常生活实践. 转引自伯格著. 通俗文化、媒介和日常生活中的叙事. 南京：南京大学出版社，2000 年版，第 6 页

学，但媒体(包括电视)受到了文学潜在而隐蔽的渗透。从表现形态上看，电视是以各种镜头的组接和音响的延续为主来展开叙事的，但语言文字仍然是叙事的思维基础。"电视节目是供观众阅读、理解和解释的。电视节目的创作与写书不无相同之处。电视观众会将他们品书时的一些技巧、期望和态度融于电视的收看中，并从中获得许多解读的快乐。"①电视叙事，"不仅是电视上起主导作用的文本类型，而且在很大程度上叙述结构就像是座大门，即使是非叙述性的电视节目也必须穿其而过，我们在电视上看到的世界就是由这一叙述话语规则构成的世界"。②

美国名牌节目《60分钟》的创始人和制片人唐·休伊特在谈及栏目的成功时曾说："我敢打赌，如果我们能使节目的主题多样化，并采用个人新闻——不是处理事件，而是讲述故事，如果我们能像好莱坞包装小说那样包装事实，我担保我们能把收视率提高一倍……这个节目的成功和历久不衰的主要原因，也就是这个节目的一个基础，在于它的哲理思想——简单说就是讲给观众一个不知道的故事。""在当今的美国社会里，电视已成为最主要的故事叙述者。"③大多数电视节目都是叙事文本，即使在非虚构的电视节目中也往往运用叙事作为吸引受众的一种手段。

20世纪80年代后期，电视在我国异军突起，"逐渐成为中国社会叙事的主导叙事方式"，并且"成为人类目前所掌握的最佳叙事媒介"，④以电视图像叙事为代表的视觉文化的强势阶段开始形成并且占据社会叙事格局的主流。电视带动叙事进入一个全新的天地，电视屏幕彻底改变了经典叙事学家们研究的叙事文本。

叙事学家西蒙·查特曼认为，每一个叙事都包括两个部分：即故事和话语。通俗地讲，故事就是"什么人碰到什么事"，话语就是"这个故事是怎样被人讲出来的"。近年来，叙事学被大量运用于媒介的研究，这其中当然包括电视及电视新闻。以往的电视新闻研究，偏重于对它的内容、主题、意义、社会影响、语言特色以及与其他新闻样式的比较等"外部"的研究上，而对于电视新闻文本"内在"的分析是很少的。叙事学正好填补了这一个空白。运

① 尼古拉斯·阿伯克龙比著. 电视与社会. 南京：南京大学出版社，2001年版，第10页

② 罗伯特·C·艾伦编·麦永雄等译. 重组话语频道. 北京：中国社会科学出版社，2000年版，第47页

③ 罗伯特·C·艾伦编·麦永雄等译. 重组话语频道. 北京：中国社会科学出版社，2000年版，第45页

④ 于德山. 大众传媒时代的电视文化与当代中国叙事格局. 北京：中国电视，2001年12月

用叙事学的有关原理对电视新闻进行研究，是从一个全新的视角对电视新闻的重新审视，有利于从一个更宽、更广、更深的层次来探讨电视新闻"怎样讲故事"、"为什么要这样讲故事"，以及"有没有更好更新的讲故事的方式"等等。

第一节 电视新闻叙事本质

这是一个充满叙事的年代，我们的一生都被叙事所包围着。过去，我们听长辈讲故事，"而现在我们同聚在起居室里那个有亮光的一闪一闪的盒子周围。我们对于故事的不断渴望便由此得到基本满足"。[①] 新闻在讲故事，广告在讲故事，音乐电视也在讲故事。即使在一场体育竞赛中，也可以看成是一个队胜利和另一队失败的故事。我们正是通过叙事去"理解"世界，也正是通过叙事来"讲述世界"。有学者提出，我们了解世界和了解自我最重要的途径之一就是通过叙事。那么，与其他叙事文本相比，电视新闻叙事文本如何界定？电视新闻叙事具有什么特点？研究电视新闻叙事的意义何在呢？

一、电视新闻叙事界定

法国叙事学家热奈特认为，叙事包含着三个不同概念或者说三层不同含义：一是"最通常意义上的叙事，即"叙述话语"；二是"话语详述的事件"；三是"产生话语的或真实或虚构的行为"。简言之，第一层指的是讲述事件的话语——叙述方式，热奈特称其为"狭义的叙事"，第二层指的是被讲述的内容——故事，第三层指的是产生话语和文本的讲述行为。再通俗一点讲，所谓叙事，就是讲故事。那么，故事是什么？利蒙·坎南把故事定义为"一系列按时间顺序排列的事件"。托多洛夫将"最低限度叙述"（minimal narrative）定义为从一种平衡开始通过不平衡达到新的平衡，即平衡（开始）→打破平衡（发展）→恢复新平衡（结局）。比如在中央电视台《新闻调查·大官村里选村官》中，村委会的民主选举打破了往日村级行政的平衡体系，即将卸任的村长、跃跃欲试的候选人、各有主张的村民，各种力量在事件中碰撞，谁会当选的悬念和利益的冲突推动着故事发展，一直到最后新村长诞生，悬念被解开，新的平衡才得以建立。

---

① 罗伯特·C·艾伦编. 麦永雄等译. 重组话语频道. 北京：中国社会科学出版社，2000 年版，第 45 页

利蒙·坎南和托多洛夫的定义都忽视了故事的一个要点：事件不可能在真空环境下发生——事件是既定的一组人物在某种环境里活动的结果。因此，人物、事件、环境是构成故事的基本要素。在此基础上，我们给"故事"下这样的定义：在一定环境下人物所经历的一系列事件。根据电视新闻的定义——电视新闻是以现代电子技术为传播手段，以多元素的图像、声音为传播符号，对新近或正在发生、发现的事实所做的报道，将电视新闻叙事界定为：以现代电子技术为传播手段，以多元素的图像、声音为传播符号，讲述新近或正在发生的故事。而这些故事的讲述，在很大程度上依赖新闻编辑对新闻素材的结构安排、剪辑。

电视新闻是不是都在叙事呢？或者通俗一点讲，是不是所有的电视新闻都在讲故事呢？这个问题取决于电视新闻所报道的"新近或正在发生、发现的事实"是否包括故事的构成要件（人物、事件和环境）。有人物、有情节、有环境的事件性新闻是"叙事的"，这一点没有异议，如"9·11"事件、伊拉克战争、西安宝马彩票案等等，讲述了一个个充满冲突的故事；而对一段时间或若干空间里发生的情况、经验或问题等作概貌性或阶段性反映的非事件性新闻，它们是不是叙事呢？虽然从整体上看，它们不是围绕一个新闻事件来报道，但是这类新闻在反映情况、经验或问题时，还是离不开具体的事件。举例说，如果我们报道当地房地产和银行市场不景气，很多相关报道专业性较强，吸引不了受众的注意力。但如果看了一个经销商的真实故事后，他们就会很快明白事件的全部内容：这个商人由于接受了银行的建议，购置了大量房地产，结果遭遇了不景气，背上了亿元的债务。这个故事的说服力，胜过了空洞的说教、枯燥的数字。

因此，非事件性新闻中"含有很浓重的叙事因素"。还有一些纯信息通报式的新闻，如天气预报、最新的人口统计数据、新近的经济发展指数披露等等，它们是否在"叙事"呢？对此恐怕不能作肯定的回答。它们构成故事的要件短缺，没有人物，基本上也没有什么事件，因此这种纯信息通报属于非叙事类新闻，它们不在本章讨论的范围之内。本章所讨论的电视新闻包括事件性新闻以及"含有很浓重的叙事因素"的非事件性新闻，具体类别包括消息、通讯、连续报道（系列报道）、深度报道、新闻访谈节目以及新闻专题片等。

二、电视新闻叙事特点

与其他叙事相比，电视新闻叙事有以下特点：

1. 电视新闻叙事是一种无假定性的真实叙事

所谓无假定性的真实，是指电视新闻中所涉及的时间、地点、人物、事件、环境等，都是生活中确确实实存在的，不能是拼凑的，也不能是移花接木的，更不能是莫须有的。这是电视新闻叙事与当代叙事学主要讨论的小说、电影、戏剧等艺术虚构叙事的最主要的区别。电视新闻的无假定性的真实叙事（以下简称真实叙事）与小说等的艺术虚构叙事（以下简称虚构叙事），无论在叙事目的、叙事手段，还是在叙事功能等方面均有诸多区别。这是显而易见的。

首先，从叙事目的上看，真实叙事的目的是给人们提供信息、提供知识和服务，让人们明白周围的环境及环境中发生的变化，以之作为他们为人处世的坐标和参照物，及时对自己的思想和行为作出调整，便于更好地工作、生活和学习，适应环境和社会。而虚构叙事虽然源于生活，却高于生活，它并不局限于记录式（像电视新闻那样）反映生活，它也不以具体的事件的讲述为自身叙事的目的，而是借助于一定的事件形式来刻画人物性格，揭示人物情感，透视人物心灵，进而从审美的意义上达到打动人、感染人的叙事目的。

其次，从叙事手段上看，真实叙事是因事运文，必须先有那个人、那件事，然后才有作者的创作。在创作的过程中，作者不能凭自己的想像和一己之好恶，任意改变事件的进程和人物的命运。因此作者的叙事手段是受到真实生活中的人物、事件和环境的限制的。而虚构叙事的叙事手段则要灵活、自由和宽广得多，虚构叙事是因文生事，小说家可以根据主题表达和审美的需要，大胆地想像，任意地创造。

最后，从叙事功能上看，真实叙事的功能在于告诉受众怎样才能找到关于事件的图标，使事件变得"熟悉"起来；虚构叙事的功能则是竭力使人们对习以为常的物象、事件、情感产生距离感，变得"陌生化"。虚构叙事从叙事功能上讲，并不提供实用性或科学性的可靠知识，而主要是给人们提供审美感知和精神追求上的审美性愉悦和艺术性娱乐。真实叙事的叙事功能却恰好相反，它是为了提供相对"可靠"的知识而存在的，并通过提供实用性的或科学性的知识实现教育的功能。

2. 电视新闻叙事文本是一种开放的文本

文本是一个十分宽泛的概念，一切传达意义的客体都可称为文本，乃至现实世界就是用语言构成的大文本。这里所说的文本特指电视新闻叙事文本，更准确地讲，是多元素的图像、声音、文字等叙述语言的集合，是一种由语言符号和多层结构构成的客体。电视新闻叙事文本的情节结构呈开放性，叙述不走向闭合，不提供明确的答案和结局。如在 2004 年影响较大的西安宝马彩票案中，央视《新闻调查》栏目及时跟进，但因为当时整个事件扑朔迷离，到底谁是造假者一时难下结论。《西安体彩风波》结尾是这样的：记者在4月17日得知，刘亮已经起诉体彩中心，法院传票上面显示将在5月19日上午9点30分开庭。叙事到此结束，没有明确的结论：到底谁在撒谎？谁才是真正的造假者？这一事件到底有没有幕后黑手？一切都只留待"继续追踪"。像这样开放的叙事文本在电视新闻实践中比比皆是。

与小说、电影等虚构性叙事文本相比，电视新闻文本呈开放式结尾的特点是十分明显的。《红楼梦》从一开始就预示着林黛玉孤独死去、贾宝玉伤心出家的结局，《真实的谎言》、《生死时速》、《黑客帝国》、《国家的敌人》等美国大片无不以好人战胜坏人、正义终将战胜邪恶收场。亚里士多德率先指出这样一个看似平常实则非常重要的事实：举凡是悲剧的情节均有开始、发展和结局。德国剧作家兼小说家古斯塔夫·弗雷塔格提出了"戏剧三角"这一概念：成功的剧作一开始总有一段说明性的片断，交代故事发生的背景，然后经过复杂情节的曲折变化进入高潮，最后在剧情最紧张之处落入尾声，尾声叙述危机得到解决，新的情况产生。也就是说，小说、电影、戏剧等虚构性叙事文本的情节结构是闭合的，与电视新闻叙述文本正好相反。为什么会这样？这是与电视新闻叙事的第一个特点紧密相关的：因为真实，所以作者无法设定事件发展去向；因为真实，现实生活中种种不可预见性即"杂乱状况"（这种曲折电视作者本身不太可能想到）营造出的险情与危急气氛比起虚构文本中的险情与危急气氛，效果要好得多。

3. 电视新闻叙事符号最为丰富和复杂

人类叙事所依赖的最小意义单位是符号。语言学家索绪尔将符号分成能指和所指两部分。能指指的是影像、物体或声音本身，也就是符号中具有物质形象的部分；所指指的是能指所代表的概念、含义、内涵等。而叙事学正是从符号这个最小的单位出发，开始建立符号结合的原则，并找出由这些符号结合后所产生的内涵意义，以进行故事的讲述行为。

研究符号学与电视的学者艾伦·塞特就举了这样一个戏剧性的实例用来说明电视符号所传达的复杂的内涵意义，那就是"挑战者"号航天飞机爆炸事件。"挑战者"号起飞时，能指层面上，位于发射台上的航天飞机的长镜头，背景是蓝天白云。在内涵层面上，航天飞机作为一个能指用来表达一组意识形态的所指，如"科学进步"、"显示人类在太空中的命运"及"冷战中美国比苏联占优势"等。但是在1986年月1月28日这天，这些内涵意义被彻底置换了。那一天，美国三大商业电视网络都一再播放航天飞机爆炸的录像带。

"航天飞机"这一内涵意义的稳定性由此事而遭到破坏。与其说是"科学进步"，不如说是"科学官僚机构动辄出错"；"显示人类在太空中的命运"也许可被置换为"浪费人的生命"；"美国比苏联占优势"也许可被置换为"人的生存权利成了技术政治的牺牲品"。而美国电视媒体在播放这条新闻时，充分运用电视编辑手法，将原本置换的消极意义重新解读、提升，在稳定这架航天飞机的积极意义方面发挥了强有力的作用。首先由白宫领头，各家电视网络紧随其后，几乎是片刻也没延误就确定了一个国家意识形态和谐一致的内涵意义。当播音员对"挑战者"号作进一步报道时，在"挑战者"号的画面左前景位置上叠化了下半旗的美国国旗。这一经过编辑处理的特技图像有助于将"为了崇高的爱国事业而作出悲剧性牺牲"这一内涵意义固定在失事的"挑战者"号航天飞机这一符号上。就这样，在事件发生后数小时，电视就使这一悲剧事件产生出了新的内涵意义。

在目前的三大新闻媒体中，报纸新闻主要运用的是文字符号（当然也有少量的图片等），广播新闻主要运用的是声音符号（包括音乐、音效等），而电视新闻的叙事符号，与前两者相比就大为丰富了。电影叙事学家麦茨在论述电影符号时说，电影有五种传播符号——影像、文字、声音、音乐、音效。我们在进行对比性研究时会发现，电影所拥有的五种叙事符号，电视新闻不仅全部拥有，而且它还拥有许多无法以既定的电影语言来一概收容的符号。比如台标、片头、栏目标志，以及一些被添加到电视新闻中的电脑动画效果、特技效果，用电脑制作的图表、图形，还有给画面加框、画面重叠等等，这些视觉效果虽然都可以归入到影像这个大的概念中，但是它们和通常所说的影像含义大不一样，这些都是电视特有的。

在电视符号学的研究中，意义的差别就是从这些符号的背景及其所指变化中产生的，这就是电视新闻叙事符号的复杂性之所在。电视依靠的是视听结合的形象符号体系，它是立体的、复合的、逼真的。电视符号已经全然异于单纯意义上的语言符号或视觉符号，它是一种综合、一种归纳，一种意义的集合，它具有众多形式的能指，也具有无限延伸的所指。

4. 电视新闻叙事侧重于文本形式的研究与应用

叙事研究主张从叙事文本内部发掘文本自身的形式规律，通过对文本的叙述手段和结构原则的分析说明叙事文本的内在机制。比如故事从什么角度观察和讲述，故事如何编制等等。

叙事学家查特曼曾经运用形式对实质、表达（能指）对内容（所指）的二分法对叙事文本进行了这样的区分（见表5－1）。

表 5-1　形式对实质、表达(能指)对内容(所指)的二分法

	表达	内容
形式	构成叙述话语的各种叙述方式	故事组成要素(情节、人物、环境及结构)
实质	用于交流的各种媒介(如文字、声音、画面)	再现作品里的(现实或想像世界中的)客体与行动

　　由此构成叙事文的四个层次：表达的形式、表达的实质、内容的形式和内容的实质。叙事学研究的就是其中的"表达的形式"和"内容的形式"两项。[①]　由此我们可以推断出电视新闻叙事要研究的就是：电视新闻的各种叙述方式和故事的组成要素。具体地讲，包括叙事结构、叙事话语、叙事接受3 个层面。①叙事结构(叙事文本内容的形式)：聚焦于被叙述的故事，着力构建故事语法，探讨叙事的功能、结构规律、发展逻辑。②叙事话语(叙事文本表达的形式)：聚焦于叙事者、叙述时间等叙述方式的分析。③叙事接受(叙事文本形式和意义的关系)：聚焦于受众对现有文本的再建构。

　　电视新闻叙事的"内容"很多也很杂，但其核心要义是其叙事性。[②]　所谓叙事性，是指电视新闻叙事文本建立了一种主体性话语机制，即存在着一个或多个叙事者和至少一个叙事接受者(无论是隐含的观众还是在场者，后者如《实话实说》等节目中的现场观众)以及由两者所构成的编码和解码、故事讲述和含义理解的双向交流关系。

　　美国著名的传播学者詹姆斯·凯里在其著作《文化即为传播》中反复强调"信息派从 20 年代以来一直垄断美国，如今已经'山穷水尽'了"。他呼吁学者们从民俗学、人类学、文学等其他学科汲取新鲜养料。来自文学批评领域的叙事学无疑就是其中养料的一种。

　　电视叙事学研究，"从新闻最基本的表现手法即叙述着手，直接切入新闻作品的内部结构，并由此研究它同新闻真实和新闻接受美学的关系，从而使新闻批评不再停留在作品文本之外——这是一个全新的视角。"[③]新闻学过去使用的是哲学的方法、政治学的方法和社会学、历史学的方法，而将叙事学的观念和方法引入新闻研究，必然形成一些新的、有意义的观点和学说。

---

①　胡亚敏著. 叙事学. 武汉：华中师范大学出版社，1998 年版，第 13 页
②　李显杰著. 电影叙事学理论与实例. 北京：中国电影出版社，2002 年版，第 131 页
③　陈晓明著. 新闻叙事论纲. 武汉金专学报，1996 年第 3 期

电视新闻编辑作为一种重要的新闻叙事结构方式，其研究也可借鉴叙事学对叙事作品建构规律、形式技巧的模式和方法。从叙事的角度研究电视新闻编辑，就像从另外一扇窗户看世界，很可能会看见许多从未见过的风景。

第二节　电视新闻叙事结构

电视新闻叙事结构就是电视新闻叙事文本内容的形式，即故事的构成因素和构成形态。将故事定义为结构，是叙事学独特的研究方法。它把注意力集中于故事这个相对独立的对象上来，研究故事的结构特征，尤其是它潜在的内在关系的形式构架。事件、人物、环境是故事结构的组成要素，语法是故事的结构规则。

法国当代杰出的思想家和符号学家罗兰·巴尔特坚信在难以数计的普遍存在的叙事作品内部，一定有规则的存在。如果不依据一整套潜在的单位和规则，谁也不能组织出一个叙事作品。电视新闻叙事结构研究的目的，就是找出公式化的叙事规则，发现和描述故事的"潜在结构"。

一、电视新闻故事要素构成

电视新闻要讲故事，目前已成为人们的共识。凤凰卫视名主持人吴小莉曾这样说过："每次我做完时事节目，朋友碰面就问我，今天有什么故事？今天有什么新闻？我就把这些故事娓娓道来。"一个好的新闻故事的特质应包括："①一位具有吸引力的主角，②主角面临着挑战或纠葛与冲突，③主角的情况有所改变，④有某事件发生于某相关的情境。"①我们可以看出，事件、人物、环境构成了故事的基本要素。查特曼把人物和环境划归"存在者"，"存在者"和"事件"合起来就成了故事的基本构件。

1. 事件

事件由故事中所叙述的人物行为及其后果构成，事件是一种变化，一个过程。根据事件在电视新闻中不同的地位和性质，查特曼将事件分为核心事件和附属事件。核心事件，就是构成故事的重要事件，在整个故事的发展中具有决定性的作用。附属事件，就是对整个新闻叙事起催化功能的事件，可分为背景事件和细节事件。在电视新闻叙事中，核心事件是故事的关键和转折点。但如果整个新闻文本仅仅叙述核心事件，无疑过于苍白和单薄。附属

---

① 蔡琰著. 新闻叙事结构：再现故事的理论分析. 台北：新闻学研究，1999 年第 58 期

事件则可提供某一人物的背景信息，通过丰富故事的深度和广度建立叙事体的机理。总之，核心事件是整个叙事文本的主心骨，去掉了核心事件，整个叙事文本就散架了。而附属事件，就像"卫星"事件所表达的含义一样，围绕着核心事件，为整个叙事文本更出色、更精彩服务。

中央电视台《面对面》非典时期特别节目，大多是故事性很强的叙事文本。在对北京人民医院院长吕厚山的访谈中，我们可以看到附属事件对核心事件的修饰作用。在吕厚山的叙述中，他的核心事件分别是：①院内初次发现病人，因措施不力造成疫情传播；②努力做防护隔离工作，但客观原因使这些工作没能做好；③交叉感染人数大幅上升，有93名医护人员被感染，有人殉职；④为避免更大范围的感染，医院申请主动隔离；⑤主人公承担沉重的心理压力；⑥隔离及解除隔离。而在节目播出中，我们看到编导不时穿插许多附属事件，使主人公的叙事显示出较为夺目的个性化色彩和人情味的一面，许多感人至深的场面，正是附属事件带来的：

"……晚上有的家人给我打电话骂我，说你的心叫狗给吃了。……他好像觉得我硬要逼着孩子们到SARS病房去。当时我真的是觉得自己……我放下电话就哭了。病要治，东西买不到，病人又要隔离，源源不断又来。我自己问我自己我还有活头没有。我真的觉得自己没有活头了，眼看着自己的战友一个一个地倒下去了，我可以说这几天我哭的眼泪比我这一辈子还多。"

这是节目嘉宾对自己当时心情的痛苦追忆。通过电视，我们看见一个斑白头发、慈眉善目的长者泪光闪闪地回忆那段不堪回首的日子，历数自己当时的绝望、沮丧、委屈、无助的复杂心情，屡屡因为哽咽中断叙述。这时，一种人性的光环笼罩在节目的上方，观众会觉得不管当事人应该对此后果负多大的责任，但他终于有了倾诉的场合和解释的机会——可以说，正是对附属事件的发掘提供了这种场合和机会，也正是这种提供使得节目开拓出了深度，具备了普通访谈节目难以达到的深广的内涵和戏剧性的张力。①

2.　人物

新闻故事中的人物是故事事件发生和发展的动因，也是使一个故事真正具有意义的根据。叙事研究出现了多种人物理论，形成了不同的人物概念和分类方式。俄国形式主义和法国结构主义主张把人物与行动联系起来，他们认为人物的本质是"参与"或"行动"，被称为"行动论"。巴尔特提出结构主

---

① 刘旻. 与"三座山"的非常对话——央视《面对面》非典节目叙事学分析. 紫金网，2005年6月15日

义分析人物的法则"是用人物参加一个行动范围来说明人物的特征"。① 这里只介绍普洛普的角色分类和格雷马斯的"行动元"模式。

普洛普的角色分类：

普洛普在研究俄国童话时，曾根据人物执行动作的情况将童话中的人物分成七种角色：坏人、施惠者、帮助者、被寻找者、派遣者、英雄、假英雄。普洛普指出，在故事中一个人物可以充当不止一种角色，一种角色也可以由几个人物充当，但故事中所有人物都可以概括为七种角色。这一人物角色分类用于电视新闻节目也是适用的。电视节目事件中的绝大多数人物，罪犯、造假者、病人、受害者、揭露者、献身者……不管是主角还是配角，都在事件中扮演着一种角色。

我们来分析这样一组报道，就是美国大兵在伊拉克战争期间拯救女兵杰西卡·林琪的故事。家住在美国西维吉尼亚州巴勒斯坦镇，效力于陆军第三机械化步兵师五〇七维修连的二等兵杰西卡·林琪，因车队转错弯迷途而落入伊军手中，后在美军特种部队缜密的策划下，成功获救。美国的主流电子媒体，包括 CNN、NBC、ABC 等进行了追踪报道。我们运用普洛普的角色分类来进行角色分析。看表 5 - 2：

表 5 - 2

角色	人格特质	文本分析
英雄	事件的主角	美国政府
坏人	和英雄战斗的人	所有对美国发动恐怖攻击的组织
施惠者	提供魔法给英雄的人	美国主流媒体
帮助者	帮助主角达成目标的人	奉派到伊拉克的美国军队
被寻找者	要寻找的人	杰西卡·林琪
派遣者	派遣英雄的人	美国国防部
假英雄	冒充英雄的人	美国主流媒体所塑造的杰西卡·林琪

（1）英雄：人类自古以来就崇拜英雄，认同英雄。这种心理需求，正好从媒体报道中得到满足。但林琪不是真英雄，真正英雄乃是媒体所塑造的以正义之师出兵伊拉克并矢志为反恐战争不惜代价的美国政府。

---

① 巴尔特. 叙事作品结构分析导论. 叙事美学. 重庆：重庆出版社，1987 年版，第 82 页

（2）坏人：以普洛普的定义，是和英雄战斗的人。这里的坏人，就是以萨达姆为首的前伊拉克政权，以及包括所有对美国发动恐怖攻击的组织。

（3）施惠者：林琪的获救，美国媒体连续几天大作文章，这个连续报道符合创造有利国防部氛围的构想，也为布什政府攻打伊拉克的政策解套。媒体成功再现美军官兵的勇敢、坚决与技能，女兵杰西卡·林琪不仅是作为振奋民心士气的宣传，成为美军精神动力与士气提升的指标性事件，吸引了世人的目光，同时，在美伊战事之中，出现这样一位具亲和力（来自美国乡下的纯朴少女）的女英雄，美国民众对美国小布什政府出兵伊拉克的支持度，几天内就上升 10% 左右。

（4）帮助者：所有和杰西卡·林琪一样，奉命前往伊拉克战场效力的军队士兵，都是故事中帮助主角达成目标的协助者。

（5）被寻找者：所有的电视画面中，一直呈现身穿军装，年仅十九岁，面貌姣好，展现笑容的林琪站在一面美国国旗前面的照片，叙说着美伊开战以来惟一令人振奋且最具戏剧效果的好消息。

（6）派遣者：派遣英雄的人。美国女兵被联军从敌营救出事件，被视为一个温馨的人道故事，成为增强前方将士及后方军眷信心的模范。美国五角大楼官员扮演着派遣者的角色。

（7）假英雄：媒体所描述的美国女大兵林琪是一位花样年华、纯洁貌美、奋不顾身且抗敌意志超强（她抵死顽抗，宁死也不愿被活捉）的女英雄。如今退伍返乡，林琪通过媒体自我剖白："我不是英雄，我只是个战争的残存者。"战争英雄或是战后残存者，不论哪一个角色都让林琪成为家喻户晓的知名人物，也强迫她要面对曾经被强暴的事实。

格雷马斯的"行动元"模式：

格雷马斯在《结构语义学》（1970 年）一书中，提出了"行动元"这个概念，用于标明人物之间、人物与客体之间的行动关系。他提出了三组对立的"行动元"模式：主体/客体、发送者/接受者、帮助者/敌对者。格雷马斯声称：这三组关系适合于故事中所有的人物，任何人都具有这三组"行动元"模式的一种或几种关系。

我们以《面对面》非典特别节目《王岐山：军中无戏言》为例来具体分析在电视新闻叙事节目中这三组对立关系的表现：

主体：王岐山及其所代表的政府；

客体：攻克非典型肺炎；

发送者：作为政府官员的责任；

承受者：当事人及其所在部门（承受者和主体是统一的）；

帮助者：社会各界；

敌对者：非典型肺炎的流行。

正是由于这三组二元对立关系的存在，才使得这期节目具备了很强的叙事性：敌人（非典）的出现，使得主体（当事人）在发送者（责任等）的支持下，开展了对敌对者（疫情）的艰苦斗争。

3. 环境

环境是由人物的行为与环境组合起来的实际场面和景况。在电视新闻节目中，环境和现场有着丰富的信息内涵和直接的表现力。"环境能说话"，新闻叙事节目中要有足够的画面介绍环境，介绍事件发生的现场，让观众在视觉上有整体的把握。央视《新闻调查》栏目对环境的拍摄非常到位，增强了节目的感染力。如在《繁峙矿难调查》中，记者进入了危险的矿井，交待了地下恶劣的工作环境：低矮潮湿，没有通风设备，头顶上的大石块随时都能砸下，使观众感同身受，体会到矿主对矿工生命的漠视和事件发生时的惨状。

当我们在新闻故事中纳入环境这一基本构件后，新闻真实性的价值就凸显出来。《新闻调查·大官村里选村官》正是在中国农村基层政治民主改革的现实背景下才有意义；《新闻调查·眼球丢失的背后》反映的是中国器官捐赠急需立法的现状。"电视新闻调查依靠环境的指向把观众的兴趣从事件流本身引导到对现实存在的提示和发展上。"①

二、电视新闻故事情节设置

从一般意义上说，"故事"是指所叙之事，"情节"是指安排事件的方式。福斯特说："故事是按时间安排的事件，情节也是叙述事件，不过重点放在因果关系上。国王死了，后来王后死了，这是一个故事；国王死了，后来王后由于悲伤而死，这是一段情节。"②伯格对情节下了这样一个定义："作者讲述故事和安排事件发生的方式。情节包括一系列相互联系的动作，从理想的角度说，这些动作最终以符合逻辑的令人满意的形式解决。情节一般包括在读者中引发兴趣、悬念和其他情感的某种冲突。"③这个定义也恰好道出了电视

① 刘宏宇. 电视新闻调查性报道的叙事分析——《新闻调查》个案分析. 电视研究. 2003 年第 9 期

② 转引自胡亚敏著. 叙事学. 武汉：华中师范大学出版社，1998 年版，第 119 页

③ 伯格著. 姚媛译. 通俗文化、媒介和日常生活中的叙事. 南京：南京大学出版社，2000 年版，第 33 页

新闻编辑的本质——安排新闻事件素材的方式和结构新闻故事情节。

1. 电视新闻叙事通过设置悬念来增强故事性

叙事的故事性有强有弱。所谓故事性强，主要是指故事发生的环境比较多变，人物与人物之间的关系比较复杂，事件的发展过程比较曲折，各种矛盾冲突尖锐。

一般来说，故事强的叙事比故事性弱的叙事要吸引人。电视作为一种大众传媒，它要吸引大多数人的眼球，更何况还有一个收视率成为套在所有电视节目"头上"的一道"紧箍咒"，因此，增强电视新闻的故事性就成为每一个电视新闻工作者必然的选择。电视新闻叙事如何增强故事性？靠的是悬念。悬念是作家或导演在处理情节、设置冲突展示人物命运时，利用观众对未来剧情的关切和期待心情，而在剧作中所作的悬而未决的处理方式。悬念作为电视叙事的重要表现手段，是"推动叙事向前发展的主要机制之一"。尽管学者们认为悬念作为一种叙事机制已经运用得过滥，却不得不承认悬念在作为大众化媒体的电视那里取得了成功，这种成功表现在风格各异的节目形态中。可以这么说，只要有叙事的成分，只要期望通过故事化手段获得收视率，就要优先考虑采用悬念手法。

罗兰·巴尔特在他的著作《S/Z》中这样论证悬念的作用，"每一个重要的事件都展示许多可能性：读者或观众经常处于悬念和期待的状态之中，想知道'接下来的情况如何，再接下来的情况如何'"。从中可以看出，"不可预见性"是悬念实现的必要条件，有人称之为"终极界限"。只要存在事实本身不可预见，或者节目结局对于受众来说是不可预见的，就存在制造悬念的可能。而要造成悬念效果，还要借重受众的收视期待心理。总之，"不可预见"和"收视期待心理"构成了悬念的充分必要条件。

在缺乏悬念的节目中，我们可以通过不断追加情节，或者通过前一个情节为后一个情节设置悬念，使故事发展出乎人们的意料；或者保持同时出现多个情节之间的结合、并行、对照、相互评论，形成错综复杂的故事流，增强故事的趣味性和复杂性。如中央电视台《法制在线》节目报道的法治案例通常具有相当大的冲突性和悬念，这种天生的资质是最好的编制新闻故事的条件，可以产生现实的而非虚构的更大的心理刺激。采编者充分利用了这个条件，悉心采访各种材料，精心编排，使得每个新闻故事一波三折，扑朔迷离，最后则是真相大白。2004年7月25日播出的节目《解救人质的惊心八小时》报道了一歹徒对女房客实施抢劫，警察与挟持人质的歹徒周旋，最后制伏歹徒的新闻事件。新闻事件本身呈阶段性发展特征，而电视新闻的叙述加剧了悬念的作用。首先，交代歹徒持刀抢劫被房客发现，警察到达现场的事由，这时出主持人图像，点出接下来惊心八小时的悬念；接着，主述开始：女友劝说无效，警方证实没有炸药，歹徒露出求生欲望，歹徒同意医生接近人质，警方加大劝说力度，第一段落结束，给人以营救的希望；第二段落开始，出现逆转，歹徒突然反悔，警察伪装成医生接近现场遭歹徒拒绝，歹徒又提出新的要求，但同意医生接近给人质输血，歹徒的哥哥劝说无效，歹徒突然焦躁疯狂起来准备与人质同归于尽，留下悬念；第三段落开始，歹徒更加疯狂，拒绝医生给人质的帮助，人质奄奄一息，警方果断强行入室出击，把歹徒制伏，成功解救人质。

我们看到这期节目中，环环相扣的因果关系贯穿了事件的始终，而悬念，成为推动故事向前发展的主要动力。在跨时较长的电视新闻中，主要悬念被分为若干个次要悬念，层层铺垫，前面一个悬念解决了，新的悬念又产生了，这样极大地激发和调动了观众的收视欲。

2. 引人入胜的悬念来自于二元对立

叙事的悬念来自哪里？如果我们看多了好莱坞电影，就会有这样的发现，他们的电影只有几个类型，每一个类型的电影其叙事方式都差不多，有时候连情节构成都大同小异。比如《国家的敌人》、《网络惊魂》、《生死时速》、《末路狂奔》、《不死神汉》等等，都是一个叙述模式，设置的悬念也基本相同。为什么会出现这种雷同？这里面又有什么样的规则可寻？如何才能把这种规则应用于现代电视新闻叙事？让我们首先从简单的故事分析开始。

故事情节可以分为三个层次，最底层为功能，中间层为序列，最高层为情节。功能，是叙事文结构分析中的一个基本概念，是叙事文中最小的叙事单位。普洛普用一个民间小故事说明什么是功能：

a. 皇帝送给主人公一只鹰，鹰载着主人公到另一王国

b. 一位老人送给苏成一匹马，马驮着苏成到另一王国

c. 公主送给伊恩一个戒指，戒指里走出一个年轻人，他带伊恩到另一王国

这里角色不断变换，但基本动作却是相同的。这些动作就叫做功能。功能被视为人物的行动，由其在情节发展过程中的意义来确定。罗兰··巴尔特认为，在坚持功能是最小的叙事单位的前提下，主张将功能运用于整个叙事文的结构分析。

那么，作品中的功能（单位）是根据什么"语法"沿着叙述的组合段彼此连接起来的呢？或功能组合的规则是什么？叙事学理论告诉我们，叙事作品

的功能覆盖层要求有一个中继组织，其基本单位只能是一小群功能，我们在这里称之为一个序列。序列即是由功能组成的完整的叙事句子，或者说由一连串命题组成的完整独立的小故事。它通常具有时间和逻辑关系。其基本序列是：起因——过程——结果。一个序列是一连串合乎逻辑的、由连带关系结合起来的核心功能。

为了建构一套有限的结构模式，并借助这套结构模式生产出无限的叙事作品，普洛普从童话入手探讨了故事的基本形态。普洛普从100个童话故事中提取了31种功能，分别用希腊字母和英文字母标号（普洛普《民间故事形态学》1928）。

普洛普宣布这31种功能就是童话的基本要素，有了这31种功能就可以分析和记录所有俄罗斯童话故事的结构。普洛普在列出31项功能后，认为各种功能通常是成对（斗争/胜利）或成组（恶行、派遣/决定对抗、离家）出现。伯格在1992年出版的《通俗文化导论》一书中，对普洛普的理论进一步修改，重要的是用一系列二元对立来概括普洛普列举的主要功能。

实际上，所有叙事作品都在这二元对立的故事价值中展开：生/死、自由/奴役、勇敢/懦弱、忠诚/背叛、力量/软弱、成功/失败、灾难/胜利、危险/幸存。一组组的对立，构成一个个悬念，推动故事向高潮和结局发展。因此，可以肯定地说，对立是构成叙事的最基本的逻辑，是隐藏在一切叙事结构背后的最根本的"结构"。

这种对立已经成功地运用于我们的电视新闻叙事中。在美国追杀拉登的连续报道中，拉登被杀或逃脱，构成整个新闻叙事的大对立，所有的报道都围绕这个对立来设置悬念。在电视新闻实践中，我们发现：对立越是具体、形象、尖锐，故事就越是精彩。故事性强的新闻，报道时尽量选取那一个对立最尖锐的矛盾来展开叙述。故事性弱的新闻，总是要从看似没有矛盾的表面现象下挖掘出矛盾，并尽量使矛盾尖锐化。

让我们以《面对面》非典特别节目《王岐山：军中无戏言》为例来看对立因素的运用给节目带来的效果。

王岐山临危受命从海南千里迢迢赶到北京赴任代理市长，对北京的疫情是否真正做到心中有数、胸有成竹？对危难的局面是否有备而来？有没有能力带领一千多万北京市民走出非典笼罩下的阴沉的天空？这都是电视机前的观众最为关心的。在这期节目中，虽然故事性不强，但一样引人入胜，原因就在于对矛盾对立因素的自我突显。矛盾的有意突出造成了节目内在平衡的打破和修复，造成节目本身起伏跌宕、高潮迭起的收视效果。

在这次访谈中，我们至少可以看到以下几对矛盾突兀而立：

——突如其来的凶猛疾病 vs 缺少经验的医护人员和政府反应机制；

——极强的传染性 vs 控制传染源；

——患病人数不受控制地迅速上升 vs 北京医疗设施面临危机；

——公众恐惧心理上升 vs 政府公开疫情宣传防护；

——大批外来人员出逃 vs 控制疫情蔓延；

——北京周边地区自行封锁通向北京的道路 vs 中央要求联防联控，共渡难关；

——市民抢购物资 vs 保证首都供应；

——经济受到影响 vs 政府对经济恢复的信心

再看记者提问中对立因素的体现：

——我非常同意你的说法，一定要控制传染源，但是按照你这个说法，在我的想像中几乎是不可能的；

——我们眼里看到一个很镇定的市长，一个很坚定的市长，但是另一方面我们看到北京感染的人数在不断地上升；

——你上任的时候，我看了这个数字当时是 300 多不到 400 人，昨天的数字是 2750 人……那跟你的严厉措施正好成反比，说明什么问题？

——这个（市政府的措施）我们大家都看到了。但是我感到非常奇怪的是：市民们恐惧没有减低，反而在增加。

这些令人关注的矛盾的提出和分析无疑是本期访谈节目的最大卖点。在主持人和王岐山共同完成的叙述中，非常尖锐、敏感的矛盾次第提出，一再地打破二者之间作为访谈者和被访谈者本身作为"公开的人际传播"所暗含的和谐与平衡，使访谈本身带有一种交锋的特质。而矛盾在提出之后，又逐一被王岐山毫不回避地通过分析、举例、叙述等有说服力的言语予以化解，使和谐与平衡又重新回到面对面而坐的二者之间。然后再打破，再恢复，如此反复，使观众欲罢不能。①

三、电视新闻故事逻辑剪接

电视叙事就是在电视上讲故事。故事的情节组织分为时间顺序和逻辑顺序。按照托多罗夫的说法："逻辑顺序在读者的眼里比时间顺序强大得多。

---

① 刘旻. 与"三座山"的非常对话——央视《面对面》非典节目叙事学分析. 紫金网，2005 年 6 月 15 日

如果两者并存的话，读者只看到逻辑顺序。"因此，"逻辑顺序"成为电视叙事的中心。正是逻辑顺序使"时间顺序"不断地延长，使叙事链条不断延续，也使上下文之间不断插入新的情节，在因和果之间不断插入"遭遇"、"危险"、"获救"，并且最大限度地加以强化，于是线性的、习以为常的时间链条被打破了，观众始终处于一种兴奋、紧张、期待的状态。因此，从"后来……后来"到"因为……所以"，由于在叙事过程中总是有新的元素插入进来，直线的、均速的过程转换为曲线的、变速的过程，情节大起大伏，失去、得到、期待、实现、追求、失败、起点、终点、低潮、高潮……层出不穷，结果期待强度不断增加，期待满足的强度也因之而不断增加，无疑就使得叙事本文产生惊险、紧张的语义功能，从而满足了观众"为什么"与"后来呢"的双重期待。而这，正是观众沉浸在电视叙事中的根本原因。[①]

故事情节逻辑剪接指的是构成情节的序列的连接方式。它主要有两大原则，一是承续原则，即对序列形式排列；二是理念原则，是对叙事文本意义单位的某种有规律的组织。承续原则包括序列的时间连接、因果连接和空间连接。理念原则包括否定连接、实现连接和中心句连接等。一条电视新闻或一个新闻专题节目可能同时存在几种连接方式。

我们以中央电视台新闻调查《村官的价格》为例来看这几种连接方式的运用。

　　演播室：如果有人告诉你在中国的某个地方，有人愿意花近两百万元去竞选一个村委会主任的职务，你会相信吗？这件事前不久就发生在山西省河津县下化乡老窑头村。位于吕梁山南麓的老窑头村是一个有着300多户、1300多人的小山村。今年三月开始的第六届村民委员会换届选举让这个村子远近闻名，这是一场什么样的选举呢？2003年9月下旬，《新闻调查》记者来到这里。

　　《村官的价格》的新闻由头是在山西省河津市老窑头村第六届村民委员会换届选举中有人以200万元竞选村主任。为什么会出现这样一种现象，到底背后隐藏着是什么，从整个节目来看，这是一个因果连接。节目一开始就设置了这样一个大的悬念，引发了观众的收视欲。我们再看：

　　3月21日，王玉峰找来一些年轻人，骑着摩托车挨家挨户发放

---

①　潘知常. 讲"好故事"与"讲好"故事——从电视叙事看电视栏目的策划，在全国"电视栏目的策划与制作研讨会"上做的议题报告

竞选承诺书，许诺如能当上村委会主任，他将办好学校和村企业，解决村民用水等基础建设问题并为村民增加福利。在承诺书的最后，王玉峰承诺：如果能当选，他将用自己的钱，凭户口本为每个村民现场发放200元。

　　记者：王玉峰提出了这个200元的承诺之后你的反应是什么？

　　史明泽：我的反应，当时我也很冷静，也很沉默。

　　在王玉峰的承诺书发出后仅两天，3月23日，史明泽也发出了第一份承诺书，承诺内容与王玉峰的大部分相同，惟一不同的是，他将最后一项的承诺发钱金额从200元一下子提高到360元。而在同一天，王玉峰将承诺金额改为400元。

　　记者：当时你说他这个承诺书发到400元的时候，你开始觉得他有威胁了？

　　史明泽：对。

　　2003年3月24日，老窑头村进行第六届换届选举。由于史明泽、王玉峰和史回中三人的得票数均未超过半数，选举无效。选委会决定将第二次选举的时间定为4月17日，此后原候选人史回中退出了村委会主任的竞选。

　　记者：后来这场竞选的大战第二场是怎么开始的？

　　史明泽：王玉峰又发了一个600元的承诺。出来之后我当时就看到，看到以后我就没有考虑其他的，也跟上同样的数字，也跟上王玉峰发了一个600元的承诺。

　　记者：为什么要这么去设计呢？

　　史明泽：我想跟他平等地竞争。

　　就在史明泽刚刚跟着发出600元的承诺书后，王玉峰又先后将承诺金额抬高到800、1000和1200元。史明泽不敢放松，一直步步紧跟。

　　选举前最后一夜，竞争仍在激烈进行当中，村民们一边谈论着一边等待着下一份承诺书的到来。

　　史志平：晚上一夜反正也没人睡觉，没人睡觉啊。两头都是骑摩托，都是给你发，说我给你多少钱，他给你多少钱，两头一直发，两头都比着。

　　一夜未停的摩托车声让全村老少无法入睡，第二天清晨大家惊喜地发现王玉峰和史明泽的承诺都已经变成1500元。

　　17 日上午 9 点，距大会开始只有一个小时，王玉峰最后一次出价 1800 元。此时，史明泽一改跟从的姿态，越过王玉峰，最终将承诺金额定位在 2000 元。

　　2003 年 4 月 17 日上午 10 点，第二次选举正式开始，这就是当时的选举现场。

这是一个时间连接，也就是序列按时间轴方向组合，按故事时间的先后顺序编辑。以时间为顺序，我们可以清楚地看到事件的发展进程：两名候选人"发钱"之争已到了白热化程度。如果将上面节目的任一段落重新编辑，调换位置，那么，节目中的承诺金额就会忽上忽下，显然不合逻辑，容易造成观众的疑惑和混乱。

　　记者：王玉峰的这个钱是怎么拿到主席台上来的？

　　史吉堂：不知道。

　　记者：您当时看到那个钱了吗？

　　史吉堂：没有。

　　记者：那您说这个钱是怎么上来的呢？

　　史吉堂：那钱不会是自己跑上来的，也不是你拿上来的，更不是我拿上来的。

　　记者：那是谁拿上来的呢？

　　史吉堂：我不知道。

　　对于现场展示的现金，选委会主任说是没看见，但是史明泽却向我们描述了他当时经历的另外一幕。

　　史明泽：王玉峰那个钱亮相了，你这个钱亮相吗？

　　记者：说这话的人是谁？

　　史明泽：书记，史吉堂，选委会主任。

　　史明泽和史吉堂对选举现场的描述完全不同，那么到底哪种说法是真实的呢？我们来到一户村民家里，这户村民告诉记者，当时向村民展示现金的时候，选委会主任史吉堂就在跟前。

　　史江飞：书记说，叫他把钱拿上来。把钱拿上来，让大家看。

　　这是一个否定连接，也就是序列逐步向对立面过渡。选委会主任说是没看见现场展示的现金，一口否定。而候选人史明泽和村民都证实他看到了，谁真谁假，观众应有判断。

在《村官的价格》中，中心句连接也是很明显的。中心句连接指的是序列根据文本中心句的语义排列和扩展。这里的中心句犹如一栋建筑物的支撑点，序列则是这一支撑点的砖石，它围绕这一构架堆砌。在节目中，"200 万竞选村官"显然是一中心句，节目的所有序列、情节正是围绕这一中心句编辑、展开的。

<h2 style="text-align:center">第三节　电视新闻叙事话语</h2>

电视新闻叙事话语指的是电视新闻故事内容表达的方式，即构成叙事话语的各种叙事方式和技巧。我们将从叙事视角、叙事者、叙事时间、叙事接受者等方面来了解电视新闻编辑叙事文本的表达方式。

一、叙事视角

所谓叙事视角，即叙事者或人物从什么角度观察故事，叙述故事。它是一部作品或一个文本看世界的特殊眼光和角度。新闻文本的叙事者通过视角这一原点，由此形成叙事的扇面，并在视角周转中形成叙事世界的圆。

叙事视角一般按照热奈特的划分方法，从对叙事文视野的限制程度将视角分为非聚焦型视角、内聚焦型视角和外聚焦型视角。

1. 非聚焦型视角

非聚焦型视角又称为零度视角、全知视角。这是一种无所不在的视角类型，电视新闻编辑或叙事者可以从所有的角度观察被叙述的故事，并且可以任意从一个位置移向另一个位置。这个叙事者类似无所不知的神或上帝，他的眼睛无所不在，对作品中的每个人物的命运他都了如指掌，对作品中发生的每一件事都一清二楚。从广度上看，非聚焦型视角具有拓宽时空跨度的功能。以深度上看，非聚焦型视角具有深入人物内心世界，直接加入主观看法和主观情绪的功能。

我们来看《焦点访谈》的一篇报道《洪水突袭黑龙江沙兰小学》。

主持人方静：观众朋友，我身后大屏幕上的画面是黑龙江省宁安市沙兰镇的沙兰中心小学，一场突如其来的洪水使这里已经成为人们关注的地方。(2005 年)6 月 10 号，也就是两天前的下午 2：15 分左右，凶猛的洪水袭击了沙兰镇，冲入沙兰中心小学酿成惨祸。到 6 月 12 号下午，已经发现洪水造成 88 名学生、4 名村民遇难。在事发几个小时后，《焦点访谈》派出记者连夜赶往受灾现场。

解说：6 月 11 日下午 1 点钟经过十几个小时的长途跋涉，记者来到了宁安市的沙兰镇，其中一路记者直奔沙兰中心小学，此时离事发还不到 24 小时。

　　记者刘庆生：这里是沙兰中心小学，这所小学共有 12 个班级、2 个学前班，在校学生 360 多名，这些学生都是来自于沙兰镇和周边的几个村庄。我们可以看见这所校园并不大，教室是两排垂直排列的平房，就在昨天 6 月 10 号的下午，一场突如其来的洪水袭击了这所学校。

　　吕莉（黑龙江省宁安市沙兰镇沙兰中心小学老师）：正上着课呢，外面下着雨，听见有人喊涨水了，我就往窗外一瞅，一看整个河堤就都没了，赶紧就让学生背好书包，准备要离开学校，可是这个水涨得特别快，已经出不去了，水很深了。

　　宋红伟（黑龙江省宁安市沙兰镇沙兰中心小学副校长）：水越涨越大，当我回头往外一看的时候，我们这个屋，室内的水，当时是室内的水这么深的时候，外面的水就有这么深。

　　解说：沙兰镇地势低洼，当地人称之为"沙兰坑"，而学校又建在沙兰镇偏低的位置，位于沙兰河道的拐弯处，沙兰河上游强降雨，短时间形成高水头冲入校园，洪峰最高时水位达 2 米左右，而此时 352 名学生和 31 名老师正在上课。

　　周亚东（黑龙江省宁安市副市长）：下来的时候是两股水，一个是顺着河床，从这儿漫过河床之后进入校园，另一股水是从那个河床漫过去之后，从学校的后身过来的，所以说四面的水把整个学校正好包围了。

　　解说：这是中心小学一年级一班的教室，这间教室在走廊的尽头，现在我们看见经过武警官兵的清理，教室里的淤泥基本上已经被清除干净了，但是从墙上的水印我们依然能够看到当时洪水淹没的高度，应该有 2 米 2 左右，而一般一个一年级的小孩，身高也就是 1.2～1.3 米，这是孩子们用的书桌，书桌的高度只有 70 公分，即使孩子们站上书桌，洪水依然会淹没他们的头顶，在窗台上我们看见，现在还残留着大量的淤泥，说明这次洪水裹挟着大量的泥沙，几十名孩子被困在这样一间充满了泥浆的教室里头，后果可想而知。

报道中编辑运用了全知全能的非聚焦型视角，通过不同人物采访素材的选择剪辑，让我们从不同的角度、不同的观察点上看到了这类悲剧的全景。有记者的现场报道，学校老师和校长的视角，还有无所不知的画外音叙述，视角在不断地变化，电视节目编辑给我们传达了全方位的立体的信息。

2. 内聚焦型视角

在内聚焦型的视角中，每件事都严格地按照一个或几个人物的感受和意识来呈现，即从人物的角度展示其所见、所闻、所思。它的特点是能充分敞开人物的内心世界，淋漓尽致地展现人物激烈的内心冲突和漫无边际的思绪。目前新闻文本中经常运用的内聚焦型视角有记者视角、当事人视角等方式。

看 2004 年 4 月 23 日中央电视台 CCTV - 6 播出的纪录片《拉着老母走天涯》：

王一民家住中国最北部的大兴安岭塔河县，吴奶奶一辈子没出过远门，人老了更想看看大山外面的世界。家境不怎么宽裕的王一民就决定拉着老母亲到那遥远的地方去看看祖国的山山水水。

王一民：（我）一看我妈在六楼上呆着吧，一天下不来楼，只能在这楼里的房间来回转。另外呢，（她）有时候闷了吧，扒窗户瞅一瞅，就像小鸟在笼子里呆着似的，所以后来我就决定带老母亲出去走一走。

那时候一走哪儿（路人）就问，因为有时候走在路上我不挂这旗。（这旗）总挡风啊，（路人）就说你卖什么的？我说卖人参的。（那人说）啊，卖人参的？我说都九十多年的老人参啦，非常贵重。我妈就跟着听，在里面乐了。完了，那人就扒着窗户往里面瞅，一瞅是个老太太。我妈说，人参到老了也能成精啊，也会说话。

王一民母子每到一处，都会引来路人的围观，人们不光好奇，更是对王一民的孝心之举充满了敬佩。

……

［画外音］王一民：我们这一路是越走越亮堂，越走越高兴，越走越有信心。下一步我们要到海南了，到海南三亚，到天涯海角去看一看。这也不是头，我们回来还到云南西双版纳，还要到中国的西部，看看西部大开发的前景，我们一定要把中国的大好河山看个够……

《拉着老母走天涯》编导采用的是当事人视角，第一人称叙述较好地展现了当事人的情感世界。非常朴实的话语，表达的是浓浓的母子情，具有很强的感染力。

3. 外聚焦型视角

叙事者严格从外部呈现每一件事，只提供人物的行动、外表及客观环境，而不告诉人物的动机、目的、思维和情感。叙事者像一个不肯露面的局外人，或者像摄像机一样客观记录表象，仅仅向读者叙述人物的言语和行为，但不进入人物的意识，也根本不想对他的所见所闻作出合情合理的解释。叙事者也不抛头露面，评头论足，抒发胸臆，甚至杜绝使用"记者看到""记者听到"之类的说法。

例：中央电视台《经济半小时》2005 年 8 月 4 日播出节目《惠福超市坍塌》：

> 8 月 1 号英德市市中心一家即将开业的超市突然坍塌，这家超市叫惠福超市，大楼的西侧完全垮塌，垮塌面积将近 400 平方米，破碎的砖头瓦砾在地上至少堆积了 4 米高，超市里的货物散落一地，在瓦砾中还有当时正在现场工作的超市员工。
>
> 8 月 1 日下午 3 点 14 分，英德市消防中队接到群众报警，市区和平中路有房屋倒塌。2 分钟后，15 名消防队员赶到了现场。
>
> 广东省英德市消防中队战士："一到现场，看到他们的房子全部塌到地面上，比较紧张，怕下面压到人。"
>
> 根据附近群众的说法，坍塌的房子里有人，但多少人在什么位置都不清楚。
>
> 广东省英德市消防中队中队长王三敏："有没有死伤我们都不清楚。"
>
> 于是消防队员马上对现场进行搜寻。十几分钟后找到了两个生还者。
>
> 王三敏："可能是轻伤，或没有什么伤，我们就把他们拉出来了。"
>
> 这两个生还者由于处于坍塌楼房的边缘，只被瓦砾砸伤，受伤并不严重，从这两个人口中得到了非常重要的信息。
>
> 王三敏："他说里面还有 10 来个人。"
>
> ……

我们看，编辑像一个冷静的旁观者，没有任何感情色彩，不加任何评论，只是报道事实，记录现场发生的一切。

有研究者把电视新闻叙述视角分为主体视角、全能视角、合成视角及对方视角。主体视角是由记者在摄像机前用第一人称讲述新闻事件。如记者在事发现场的报道："各位观众，我现在是在某地为你作现场报道……"全能视角是记者或主持人在现场镜头外用第三人称对新闻人物或新闻事件的画面加以解说。合成视角是现场独白和画外音有机组合的叙述视角，是目前电视新闻采用的主要的叙述视角。对方视角即叙事者一方以新闻中的另一方为视点，讲述和评说以对方为中心的故事。

新闻叙事用何种视角，如何调整视角，以及多视角如何组合，是十分复杂的。很多情况下，新闻叙事视角是变化多样的，故事陈述的视角可能在编辑及记者所采访的人物之间跳来跳去，有助于体现事物本身的复杂性。

二、叙事者

叙事者是叙事学中最核心的概念之一。所谓叙事者，指的是叙事文中的"陈述行为主体"，叙事文内的故事讲述者。任何叙事都离不开叙事者，只要有语言，就有发出语言的人，只要这些语言构成一个叙事文本，那就意味着必然存在一个叙述主体，有一个叙事者"我"的存在。叙事者在整个叙事活动中起着幕后操纵者和幕前引路人的主导作用。这个主导作用体现在新闻编辑对整个新闻叙述流程的设计控制上。

1. 叙事者类型

叙事者的划分类型很多，经典叙事学从三个方面对叙事者类型加以界定和阐发。

（1）异叙事者与同叙事者。这是根据叙事者与叙事对象关系划分的。异叙事者不是故事中的人物，他叙述的是别人的故事；同叙事者是故事中的人物，编辑采用同期声的方法让新闻人物叙述自己或与自己有关的故事。异叙事者可以凌驾于故事之上，掌握故事的全部线索和各类人物的隐秘，对故事进行深层的解说，也可以充当纯粹的记录者，有节制地发出信息。同叙事者既可以是故事中的主人公，也可以作为故事的次要人物或旁观者。

（2）外叙事者和内叙事者。这是根据文本中的叙述层次来划分的。所谓叙述层次，指所叙故事与故事里面的叙事之间的界限。外部层次指包容整个作品的故事，内部层次是故事中的故事，它包括故事中的人物讲述的故事、回忆、梦等。我们将外部层次叙事者称为外叙事者，内部层次的叙事者称内叙事者。外叙事者是第一层次故事的讲述者，他在作品中可以居支配地位，也可以仅起框架作用。内叙事者指故事内讲故事的人。这类叙事者往往具有交待和解说的功能。

2. 主持人叙事：电视新闻叙事者的特有模式

在电视新闻中，谁是叙事者？记者、编辑、主持人、摄像师抑或新闻栏目制片人？关于是否存在一名电视叙事者的问题已在叙事理论中引发了许多争论。电视新闻（特别是新闻栏目）是一个集体创作的叙事作品，因此，我们很难说究竟哪一个是大声把话说出来的人。但是，既然事情本身是叙述性的，那么就一定有叙事者存在。萨拉·科兹洛夫在《叙事理论与电视》中提出了"力量"（agency）的概念：这种无形的叙述存在不必看成某个人，确切地说，它是某种力量，即为作出叙述选择、发出叙述命令，显示叙述存在并因此得以在我们面前进行叙述的力量。① 其实我们更愿意把这个不太好把握的力量称为"集体叙事者"（因为电视新闻尤其是电视新闻栏目本身就是集体劳动的结果），包括记者、编辑、主持人、摄像人员、后期制作人员、制片人以及编审、监制等等。打开电视机，首先向观众叙事的是新闻主持人，虽然我们已经司空见惯，但是如果我们带着陌生的眼光去看待他们，就会发现其实他们是电视新闻叙事者的一种特有模式。目前的电视新闻基本上已经栏目化，而每一档新闻栏目，都有一个或多个主持人，虽然报纸有主笔或撰稿人，广播电台也有主持人，但任何媒体都没有像电视媒体这样依赖主持人。在新闻栏目片头之后，首先出现在我们面前的是主持人，新闻信息总是先由主持人"面对面"地对我们叙说（或仅仅起一个引导的作用），让观众先有一个大致的印象（或仅仅是为了吸引观众的注意），然后才交给画面、文字、音乐、音效等进行具体的叙述。

每天晚上 7 点 38 分，我们观看中央电视台的《焦点访谈》，总是先由主持人给我们"面对面"地来一段人际传播，然后才进入由画面、文字、画外音、现场音响等构成的完整的故事。主持人叙述使电视新闻叙事形成一种特有的"嵌入"模式。我们观察《新闻联播》、《新闻调查》、《新闻 30 分》等等，无一例外，都是这样的嵌入模式。我们给被嵌入的电视新闻起一个名字，叫"嵌入体"。在今天的电视新闻叙事形态中，离开了主持人叙述的"嵌入体"，在绝大多数情况下并不能叙述一个完整的故事，新闻故事往往被嵌入以主持人为"背景"的更大的叙事中——这就是我们所阐述的电视新闻特有的嵌入模式。因为主持人与嵌入体处于同一个叙事文本中，所以它们之间往往存在着一定的联系。

---

① 罗伯特·C·艾伦编. 麦永雄等译. 重组话语频道. 北京：中国社会科学出版社，2000 年版，第 60 页

（1）因果关系。嵌入体充当解释的角色，它通过所叙述的故事或明或暗地回答主持人的问题。因果关系是电视新闻叙事中比较常见的，一般主持人以提问方式引入下文的，主持人和嵌入体之间就是因果关系。

比如央视《焦点访谈》2005 年 8 月 3 日播出节目《我们为什么开大处方》：

> 在医院里医生给病人开大处方的这种现象并不罕见，不按病情给患者多开药，添加不必要的检查项目，一直为国家卫生部所禁止。但是最近，福建省云霄县中医院的几位医生却主动向《焦点访谈》记者承认自己开过大处方，同时声称这样的行为是被迫的。那么究竟是什么原因迫使这些医生开大处方？医生们为什么不再保持沉默了呢？
>
> 解说：在福建省云霄县，我们找到了其中的五位医生。曾云鹏是县中医院门诊部骨伤科医生，他承认自己有过给患者开大处方的经历……

（2）映衬关系。主持人为嵌入体提供背景缘由，衬托出嵌入体叙事的意义。我们来看《我们为什么要开大处方》结尾：

> 主持人：卫生部三令五申严禁医院开单提成，可是作为公立医院的云霄县中医院却置若罔闻。这种公然违规的结果就是医院获利了，而患者却可能陷入看不起病、吃不起药的境地。如果公立医院出现了追求经济利益的倾向，就违背了公立医院的公益性和非盈利性。
>
> 目前，全国正在开展以"病人"为中心，以"提高医疗服务质量"为主题的"医院管理年"活动。我们希望通过严格的管理深化改革，切切实实地解决群众强烈反映的看病难、看病贵的问题，把群众不合理的就医经济负担降下来。

3. 电视新闻叙事者的叙事模式

电视新闻叙事者，主要是记者、编辑、主持人，在叙述故事的过程中，他们的角色是经常变化的，有时候用第一人称叙事，有时候用第三人称叙事。角色的变化带来叙事模式的变化，从而使电视新闻叙事花样繁多，讲故事时或隐或显，张弛有度。

（1）第一人称叙事模式。热奈特说，人称转换其实就是叙事者与其故事之间关系的变化。叙事者以第一人称出现时，他不是事件的旁观者，而是整个事件的目击者或亲历者，他本身就是事件的角色。第一人称叙事者以其亲历性报道，不仅能调动读者的兴趣，还能以其强烈的真实感和亲切感而获得读者的信任。

许多叙事者被用来讲述受众应该知道的事情，而同时看上去又在扮演角色，电视新闻就经常如此，这种幕后操纵者（编辑）和幕前引路人（角色）的双重身份，更有利于叙事，这体现在他或她对整个叙述流程的控制上。这个叙事者往往通过出镜记者的采访调查、追踪，推动着冲突的演进，情节的展开。

CBS 的著名新闻杂志节目《60 分钟》正是以此种模式培养出了一代又一代的美国名记者。在《镜头里的第四势力》一书中，作者将《60 分钟》的叙事模式归结为 3 种：侦探模式、分析者模式和游客模式。三种模式分别赋予出镜记者们侦探、分析者和游客三种角色。凭着这些角色，记者们充当叙事者，通过叙述自然与文明、善良与邪恶、英雄与恶棍、个人与集体、到位与缺席等冲突，传达主流价值观。

在侦探模式中，编辑通过记者这个代理人像侦探一样介入调查对象，从搜寻线索、搜集证据、质问坏人到揭开罪行，记者积极地介入事件，挖掘事情真相。

2005 年 7 月 5 日，中央电视台《新闻调查》在报道《追踪姚若松的投资神话》。这期节目中，记者柴静通过调查揭开了姚若松的投资神话。记者好比机智的侦探，通过采访受骗者、举报者，到最后与姚若松的面对面较量，使观众在记者的叙述当中明白了这个子虚乌有的"神话"。

（2）第三人称叙事模式。叙事者不参与情节，也就是说不在故事中充当任何一种角色。他只是故事的局外人、旁观者，他只是客观地叙述故事的发生、发展和结局。叙事者可以在叙述中插进自己对人物情节的解释和褒贬，也可以把褒贬隐含在情节结构和各种隐喻象征之中，让读者去作判断。

在采用第三人称叙事的优秀新闻作品中，编辑（叙事者）往往未露面，几乎看不出编辑有什么倾向性，他只是在客观、冷静地向受众讲述一个原汁原味的故事。但客观叙述并非意味着作者对他描述的人物和情节抱着一种超然于是非之外的客观态度。任何一种叙述都是有倾向性的，作者对于自己笔下的人物和事件都有自己的观点，并且在叙述中渗透着自己的美学评价。客观叙述只不过将自己的评价隐藏在情节结构和隐喻象征之中，让读者通过情节自己去领悟而已。

如在央视《东方时空》2005 年 8 月 22 日的报道《消防队员为救 3 岁儿童被大火从 9 米高楼上掀落》，且过编辑记者不动声色地记录下周围发生的一切，以隐去身份的方式来讲故事，以"局外人"的叙事视角来讲故事。这种叙事应尽量避免掺杂记者的声音或加入过多的个人感慨，尽量忠实地记录新闻、叙述故事，以增加新闻的可信性和可视性。

三、叙事时间

叙事属于时间的艺术，时间在叙事中具有二元性质——被叙述的故事的原始时间与文本中的叙述时间。故事时间，是故事发生的自然时间状态。但讲述故事的人在叙述故事时，不一定按照时间的先后顺序讲下去，他可按故事讲述者以为最有效的任何顺序进行讲述。故事时间是固定不变的，而叙事时间可以变化不定。热奈特在《叙事话语》中说："研究叙事的时间顺序，就是对照事件或时间段在叙事话语中的排列顺序和这些事件或时间在故事中的持续顺序。"在叙事学中，故事时间与叙述时间的关系一般分为时序、时限和频率三种。

1. 时序

时序指的是叙述故事时间的先后顺序。大体上可分为顺叙、倒叙和预叙。在许多事件性的电视新闻中，顺序是一种较为常见的叙述方法，新闻的叙述顺序往往和事件的顺序相一致，在解说词文本中往往使用"首先"、"随后"、"接着"等一些时间上的过渡语；预叙又称"闪前"，指叙事时间明显早于故事时间，人物对未来的畅想运用的是预叙；倒叙又叫"闪回"，指在现行情节发展中插叙往事，尔后再把观众带回当今。不少研究者认为倒叙在电视叙事中运用得最普遍，也最具研讨价值。

以2003年新闻调查《村官的价格》为例：片子一开头，便是主持人演播室介绍，展现"卖点"即有人愿意花200万元去竞选一个村委会主任。接着镜头转换到了故事发生的自然环境和社会环境，然后迅速切换到了选举的核心问题"发钱"上，以此作为切入点，运用倒叙即"闪回"的手法，事件主人公及相关人员纷纷登场：两个候选人王玉峰和史明泽不断提高承诺金额，村支书史吉堂否认现场看到现金……整个选举过程在采访对象的表述中一一显现出来。这期节目首先存在一个事件发生过程：竞选→选举过程→结果；而节目呈现出来的叙事过程恰恰相反：结果→现场调查→回忆→选举过程→贿选原因及深层次利益之争。

2. 时限

时限研究的是故事发生的时间长度和叙述长度的关系。热奈特在其著作《叙事话语》中，详细阐述了叙述时间与故事时间的五种长短关系，这五种关系我们在电视新闻叙事中都可以见到。

（1）省略：叙述时间为零。每当我们在电视剧的字幕上看到"几年后"的字样，这就表明这几年的事情被编辑省略了。为了在半小时或一小时的文本长度内把一个恐怕会历时几小时、几天、几个星期或几个月的故事讲完，编辑会将一些司空见惯的事件或无关主旨的持续时间省略掉。

（2）概述：叙述时间短于故事时间。这种叙述方式通常是用于交代一些很不重要的事件过程。比如在一些趣味性比赛中，电视编导会将一些重复性的动作以快动作快放。电视上最接近概括的方法就是使用蒙太奇连接镜头，尤其是那些与画外音叙述组合在一起使用的蒙太奇连接镜头。

（3）场景（等述）：故事时间与话语时间相等，是一种等述。每当电视节目允许摄像机完整地陈述所有事件，在不作临时性切换镜头的情况下，故事时间与叙述时间便取得了一致。现场直播就是这种典型场景。

（4）扩述：叙述时间长于故事时间。足球比赛中进球的慢镜头就是扩述，在慢动作里，叙事者讲故事所用的时间要长于事件在故事中原来的持续的时间。

⑤静述：故事时间为零。叙事者在分析某个情节之时，画面完全定格，故事叙述也暂停，但声音和字幕还在延续叙述。

近年来的电视研究表明，"概要和场景应用最为广泛"，但"概要"在电视新闻中所占的比重逐渐减少，"场景"的比重则相对增大。这是电视新闻逐步发挥电视媒体优势，凸显自身"特质"的一个侧影，因为"场景"从电视画面的角度来分析其实就是长镜头的运用，它能最大限度地体现原生态，再现所营造的现场感和真实性。

叙事不仅可以重新排列事件的先后顺序，还可以改变事件的持续时间的长短。在频率上一次或多次的叙述，在时间长度上的放大、缩减或停顿，这些时间变形都可以强调和体现不同的意义。

时间变形有助于我们刻画电视叙事者的特征。叙事时间如果与故事时间前后顺序一致，叙事者就会少一份对故事的干预。如果叙事时间与故事时间不一致，比如时间顺序紊乱，节奏异常等，就暴露了叙事者插手故事内容。

考察时间变形为我们理解电视独具的特性之一——现场直播能力提供了一个框架。现场直播可以界定为叙事时间与接受时间明显一致，是一种场景，也就是说，叙事产品与消费之间不存在时间差距。现场直播所显示的是对传统的口头叙述故事形式的一种模拟，在传统的说故事的过程中，故事叙述者讲故事的时候也就是观众听故事的时间。

四、叙事接受者

叙事接受者是与叙事者相对应的概念，是叙事者与之对话的人。叙事接受者可能是文本中明确出现的人物，也可能没有任何体现符号。他默默接受叙事者陈述的所有故事，我们只能从叙事者语气中感受他的存在。这类叙事接受者被称为"潜在的叙事接受者"。那么谁是电视新闻的叙事接受者，他是明确出现的人物还是潜在的符号？

1. "观众朋友"成为电视新闻特有的叙事接受者模式

细细研究一下电视新闻叙事文本，就会发现叙事接受者出现在每一个电视新闻叙事文本中，而且以非常明确、非常独特的形式出现。打开电视机，我们经常看到电视新闻主持人对着电视机外面侃侃而谈，虽然从客观上讲，主持人实际上是对着摄像机讲话，但是在观看电视的过程中，我们往往忽略了冷冰冰的摄像机的存在，"以为"主持人正对着我们讲话。我们看到一些直播报道，当画面切到前方记者时，第一句话总是这么说的："观众朋友们，大家好！我现在是在某某地为您发回报道。"这句话已经明明白白地给出了叙事接受者——观众朋友，也就是坐在电视机前的你、我、他。只要稍微观察一下电视新闻，就会发现在电视新闻叙事文本中，"观众朋友"作为叙事接受者而存在的"信号"几乎无处不在：每一档新闻栏目开始时，主持人第一句话就是："观众朋友，早上（或中午或晚上）好！"在现场报道或直播节目中，出镜记者或主持人第一句话都是："观众朋友，我现在……"由此可见，电视新闻是将电视机前的观众作为它的叙事接受者的。

我们知道，在叙事学上，正如叙事者不能等同于作者一样，叙事接受者也不能等同于读者，甚至不能等同于暗指读者，而且读者根本就不是叙事学的研究对象。但是情况到了电视新闻叙事中却发生了非常有意思的变化：电视新闻明确地将读者（即观众）作为自己的叙事接受者，而且在具体的叙事文本中，以非常彰显的信号表现出来。电视新闻形成了自己特有的主持人叙事者模式，电视新闻也造就了自己特有的叙事接受者模式。报纸新闻基本上还是沿用小说和电影的叙事方式，即叙事接受者是潜在的、隐藏的，而电视新闻中的"观众"即叙事接受者的信号处处存在着。比如在2005年8月8日播出的《焦点访谈：万亩玉米在哭泣》中，主持人方静对着荧屏外说："您好，观众朋友，欢迎收看《焦点访谈》，刚才我们在大屏幕上看到的是今年7月下旬在河北省怀来县境内，由当地电视台拍摄的一架飞机正在向玉米地里喷洒农药的镜头。按说洒农药是为了除草杀虫，可是我们想不到的是，这一次飞机洒药竟然是为了毁掉万亩丰收在望的玉米。"我们看，观众这个叙事接受者，在电视新闻叙事中，时时被提醒，一刻也没有被忽视。

2. 电视新闻叙事接受者模式的特殊性

电视新闻经过这么多年的实践，逐渐形成今天这样一种特有的叙事接受者模式，这种模式特殊在哪里？电视新闻为什么要采用这种模式？电视作为一种最接近人际传播的大众传播方式，让电视机前的观众充当叙事的接受者，从目前来讲，这种模式能最大限度地强化传播的效果。

电视新闻设置主持人，作为叙事者之一或如萨拉·科兹洛夫所说的"力量"的代言人，目的就是表现自己，与观众进行交流，试图让观众直接参与。主持人总是或明或暗地招募人们充当观众，即说服在家观看电视的真实的人，说他（或她）就是叙事者正在与之说话的那个"你"。换句话说，电视叙事者试图吸引观众签订一份假想的合同：在这份合同中，叙事者愿意主动告诉他一些他感兴趣的事情，他则同意扮演观众的角色。这种合同关系与人们在面对面情境中所体验的情况相仿，只要叙事者有魅力、故事吸引人，"合同"的签订是比较容易的。比如观众在收看中央电视台《焦点访谈》的时候，看到水均益出来了，会不知不觉地自言自语："又发生什么国际大事了？"当看到什么精彩的情节或者听到什么精辟的评论时，也会不自觉地随声附和："这个镜头太经典了！""说得太对了！"观众就是在这种不知不觉中签订了那份假想的合同，被招募成了叙事接受者。在电视新闻中，叙事者也经常会用"我们"这个词。这就是罗伯特·斯塔姆所说的"假想的我们体系"，它有意打破叙事者和观众的界限，模糊两者之间的角色区别。"假想的我们"模式改变了过去那种你说我听、你传我受、你在上我在下的陈旧模式，体现了电视的贴近性和受众意识，它突出了观众这个叙事接受者，"真正"地体现了人与人之间的面对面的交流，增强了电视新闻的传播效果。

3. 演播室观众是叙事接受者的理想模式

近年来，观众与电视新闻叙事者之间的那份假想的合同有渐渐"变真"的趋势——一些电视台已经不满足于人们愿意扮演观众的角色，他们要看到观众实实在在的反应，如同我们在面对面讲故事时，叙事者可以从叙事接受者的表情、语言、行动中直接到得到信息，他或她喜欢还是不喜欢这个故事。也就是说，电视台想把想像中的"观众朋友"变成身份明确的叙事接受者。近年来的电视新闻访谈节目做了一些新尝试，不少的新闻访谈节目中，除了主持人和嘉宾外，还有一些被请进演播室的观众。演播室观众是电视新闻的理想观众。

首先，我们要区别一对概念，这里的理想观众与叙事学上的理想读者是不同的。叙事学上的理想读者是一种理论建构，他是作为文本的对立面出现的，代表接受的一方，运用所具备的阅读程式去充分理解文本所提供的信息；而且在阅读过程中，理想读者并不仅仅满足于听到一个虚构的故事，他还具有巴尔特所期待的生产性读者的某些因素，在阅读过程中制作新的话语，他将努力寻找文本中的空白、沉默、矛盾、神秘之处，建构文本的深层结构模式，发现文本意义的多重性。而理想观众仍然是叙事文本的一个构成要素，他是作为电视新闻叙事接受者的一种理想模式而被提供的，类似罗伯特·C·艾伦在《重组话语频道》中提出的"性格化观众"（characterized viewer）——他们做现实观众所不能做的事，与主持人、嘉宾相互作用，通常以一种理想的方式对发话人的请求、要求和怂恿作出反应。①

其次，我们来看一看演播室观众在电视新闻叙事文本中是如何扮演理想观众角色的。当主持人或嘉宾讲故事的时候，他们安静地、聚精会神地听着。当听到有趣的地方，他们会发笑；当听到感人的地方，他们会面现凄色或眼泛泪光；当听到精彩的地方，他们会鼓掌。此时，他们担负的是理想听众的使命。当主持人希望大家提问的时候，他们会大胆提问，此时他们承担的是理想发问者的任务。当主持人希望大家发表自己的见解，也就是希望听到一些不同的观点，希望听到一些争执以示客观、公正、全面的时候，他们会踊跃发言，观点可能完全相左、针锋相对，此时他们起着"受话人也可变成发话人"的演示作用。通过这一系列的"扮演"，电视新闻叙事者向电视机前的观众传达着这样一个信息：这些观众是从"你们"之中选出来的，因此他们能够代表你们，他们听故事的反应就是你们的反应，他们的问题就是你们的问题，他们的意见就是你们的意见。这些演播室观众就是想像中的观众接受的现实化。通过这些实实在在的叙事接受者，一方面，叙事者可以适时观察他们的反馈，及时得知叙事效果；另一方面，通过这种方式，叙事者可以将演播室观众与电视机前的真实观众联在一起，并且向真实观众提供一个电视新闻叙事所想要招募的理想的接受者形象。

最后，演播室观众看似普通平常，实则都是经过认真处理的。提问者和发言者都是经过筛选的，以确保现场能顺利进行下去。即使个别提问或发言者是临时任意抽取的，他或她也会从以前看过的节目中知道自己应该扮演什

---

① 罗伯特·C·艾伦编著. 麦永雄译. 重组话语频道. 北京：中国社会科学出版社，2000 年版，第 110 页

么样的角色。更何况还有主持人这个拥有话语主权的人物在场，他可以决定让某一位现场观众说还是不说，或者说多长时间。而且目前的绝大多数新闻谈话节目都是录播，最后在确定播出的过程中，叙事者会删去他们认为不合适的提问或发言，根本不让这些不合适的东西与电视机前的真实观众见面。因此，真实观众最终看到的就如罗伯特·C·艾伦所说的"观众以一种理想的方式对发话人的请求、要求和怂恿作出反应。"真实观众在这种语境熏陶下，就会潜移默化地向理想观众看齐，靠拢。

思考练习题

1. 电视新闻叙事编辑研究的意义。
2. 举例说明如何增强电视新闻的故事性。
3. 电视新闻叙事者模式独特性表现在哪里？
4. 考察电视新闻叙事时间变形的意义。
5. 为什么说演播室观众是叙事接受者的理想模式？

第六章　电视新闻栏目编辑

本章要点

● 掌握电视新闻栏目定位的主要内容：受众定位、内容定位、形式定位、风格定位。

● 熟练掌握各类电视新闻栏目的编辑方法，包括集纳型、杂志型和专题型新闻栏目的编辑制作。

● 理解栏目包装要素的含义，了解不同的包装形式，掌握电视栏目包装的原则。

● 栏目宣传导视片的作用及制作模式。

　　电视新闻节目自诞生以来，经过数十年的发展，已经成为数量最多、对受众生活影响最大的节目类型之一。不论是在中国还是在西方，电视媒体都把新闻节目制作的好坏作为衡量一个电视台整体水平高低的重要标准。

　　但是，在电视发展的早期，由于技术条件以及人力、物力等客观因素的限制，电视新闻的播报基本上是"汇编"型的，根本谈不上栏目特色和准确"定位"。随着电视事业的进一步发展，电视新闻栏目开始出现并且逐步发展壮大，产生了像美国CBS《60分钟》这样历经30余年而常播不衰的经典性新闻栏目。

　　在我国，1978年元旦中央电视台《新闻联播》的开办，标志着电视新闻栏目的问世。在此后20余年时间里，一批又一批较有影响的电视新闻栏目如雨后春笋般地涌现在中国荧屏上。尤其是在1993年以后，中央电视台《东方时空》、《焦点访谈》、《新闻调查》等一大批优秀新闻栏目的出现，加快推进了我国电视新闻栏目化的进程。

　　电视新闻的栏目化，使得电视新闻得以告别初期的无序时代，变得更具规范化、类型化与个性化。电视新闻栏目种类繁多，可以适应不同层次观众的多种需求，有利于形成多种多样的节目风格。电视媒体还可以通过不同类型新闻栏目的协调、合作、同步与互补，达到新闻传播整体最优化的效果。

第一节　电视新闻栏目定位

在一个新闻栏目问世之前，首先要对该栏目进行准确的定位，也就是对一个栏目有别于其他栏目的内容、形式、功能、传播对象、传播方式等方面的规定性。这是在当今频道资源和节目资源非常丰富的情况下，为应对媒体的竞争而对电视新闻栏目进行的一种策划与研究，是保证栏目得以生存并能朝着正确的方向发展的前提，也是一个栏目能否产生广泛社会影响的首要环节。相反，如果栏目的定位不准确，不仅容易造成栏目的边缘化，而且还会造成栏目的雷同化、同质化，引起栏目管理上的混乱，不利于栏目的竞争。

电视新闻栏目的定位涉及受众对象的细分、栏目内容与形式的选择、表现风格的确定等方面，其最终目标应当是社会效益与经济效益的双赢。

一、受众定位

栏目的定位，首先是对该栏目的受众对象明确定位，这是一个栏目成败的关键之一。所谓受众定位，就是确定栏目的目标受众，这是立足于媒介市场的分析而对媒介产品的市场占位所作出的决策。我们知道，一个重要的商业策划，需要明确的消费对象，一个好的广告策划，也要有明确的诉求对象。一个媒体要获取最大受众量，也要做到有的放矢，才能取得明显的效果。

现代社会随着大众传媒的发展和信息量的急剧增加，受众对象接受、选择媒介信息的空间随之增大，主动性增加，随意性加快。选择的结果，是受众大量地分化，由一部分在观念态度、志趣及需求方面趋同的受众，形成了一些相对稳固的受众群体。这时，栏目的定位就是要根据媒介巨大的潜在市场确定自己的受众对象。一方面，要注意寻找受众群体的空白点，另辟新的发展空间；另一方面，要注意对受众群体进行新的分类重组，获得新的发展天地。

大众媒体的受众是一个复杂、多变的因素，受众的年龄、职业、文化程度、收入水平以及受众的接受心理和行为等都会对媒介的发展产生影响，从而成为制约媒介定位的要素。在现代社会，由于媒体的增加和频道的增加，受众的主权得到了强化，受众的需求也日趋多样化。因此，受众的细分化已成为必然。日本的 AM 广播就是因为沿用了"听众的选择与分类"方式，即从收听对象的性别、年龄、职业以及接受形态上进行分类，并择其相应的时间和内容进行节目播送。结果，这一针对性极强的编播思想的运作，产生了预期的效果，不但大幅度地提高了收听率，而且使资金来源的广告也倍增。

受众细分的主要依据有：

受众环境，包括地理区域、城市规模、通信条件等。这一指标对区域性媒介很有参考价值。

受众状况，包括人口数量、人口密度、年龄结构、性别比例、收入状况、职业结构、文化程度、社会阶层等。这一指标对媒介覆盖区域中可能达到的"触及率"（指媒介受众在覆盖区域总人口中所占的比率）具有预测价值。

受众兴趣，包括受众的生活方式、价值观念、利益追求等。这一指标对媒介的内容定位具有指导价值。

受众习惯，包括特定观众收看电视的时间与频道等。这一指标对媒介的内容与形式定位以及电视栏目的时段安排都有一定的参考价值。

二、内容定位

新闻栏目的内容定位，主要是指新闻栏目的宗旨、性质、文化品位、地方特色等，是立足于受众需要和传播目的而对媒介产品的决策。

栏目的宗旨，是一个栏目的"主心骨"，是栏目的"魂"，它大致规范了栏目的表现范畴，同时也是形成一个栏目特色的重要标志。比如有的新闻栏目，旨在提供大量的新闻信息，侧重强调新闻信息的总汇，如《新闻联播》类新闻栏目。有的新闻栏目旨在提供对某一新闻事件的点评与分析，表达媒体（或代表政府）的观点、建议，如《焦点访谈》，原来定位于"时事追踪报道，新闻背景分析，社会热点透视，大众话题评说"。定位语中的"时事"与"热点"，点明了栏目内容报道的范畴，"报道"与"评说"标明了栏目为"述评"结合的评论方式，"分析"与"透视"体现了栏目的报道深度。从1999年起，《焦点访谈》的定位语改为"用事实说话"。根据该栏目总制片人梁建增的解释，"用事实说话"，一方面是从新闻的角度来讲，新闻要讲事实，另一方面是从电视新闻评论的特点来看，"我们的评论是用事实来说话，用事实来评论"，而不像报纸社论那样，是包含论点、论据、论证的纯议论文的文体。

新闻栏目的性质定位，是设置一个栏目的出发点，也是一个媒介内容取向的规定所在。如果说，受众定位是解决为谁服务的问题，那么内容定位就是解决为受众提供什么服务的问题，有人称之为媒介的功能定位。新闻栏目的基本功能就是提供新闻信息，在众多新闻栏目中，我们面临的问题就是要为受众提供哪种新闻信息。比如提供时政新闻的《新闻联播》，提供经济信息的《经济半小时》，提供社会新闻的《新闻社区》等等。以《南京零距离》为例，该栏目的定位就是"平民视角、民生内容、民生取向"。该栏目的宣传语"《南京零距离》，就在你身边"，非常明确地道出了该节目与观众零距离诉求的内容定位。

新闻栏目的内容定位还包括栏目的文化品位定位，这是栏目根据宗旨、受众群体等因素对栏目内容文化含量、文化风格的定位。电视作为大众传媒之一，其节目有高雅和通俗之分，文化内涵有深浅之别，但总的说来，电视栏目应以大众文化为主体，各个栏目可根据特定的对象及栏目的性质而定。比如央视新闻频道的《新闻社区》、《本周》等就是选材贴近大众百姓的新闻栏目。再比如中央电视台经济频道的新闻栏目《全球资讯榜》，其节目导视片中的宣传语是"为成功人士打造一份精美的资讯午餐"，可见其栏目所包含的文化信息的层次较高，相对适合于知识层次较高的受众。

改版后的《经济半小时》，在开栏之初曾标榜收视对象为中国的中产阶级和5000万中小投资者，但现在也开始降低门槛，选题仍是大众化的，报道视角是平民化的。他们的口号是："有经济大事的时候，就一定有《经济半小时》的声音，一定有与老百姓有关的声音。"他们提出用经济的眼光看社会热点，选题必须与老百姓相关，与经济相关，如果找不到与老百姓或与经济相关的内容就不做，这就是2000年改版后的《经济半小时》的重新定位，是其在内容上对栏目表现的文化含量与文化风格的一次改良。

三、形式定位

当媒介的内容范畴确定之后，必须进一步考虑的是栏目的表现形式问题。新闻媒介，无论是报纸版面，还是广播电视栏目，都力求内容与形式的完美统一。媒介的吸引力，根本在于内容，但形式因素也不可忽视。内容决定形式，形式又强化和美化内容。电视新闻栏目应该根据内容的需要来采用最具表现力的形式。

电视媒介的形式，主要表现在栏目的结构形态、表达方式以及时段选择等方面。

1. 结构形态

电视新闻栏目的结构形态主要有以下几种：

（1）集纳型。这是最早出现，也是我们在电视屏幕上最常见的一种新闻栏目。这种栏目一般是动态消息的组合，能够最简明、最快捷地告诉观众最新的新闻事件。像中央电视台的《新闻联播》、《新闻30分》、《国际时讯》，凤凰卫视的《凤凰早班车》，以及各地方台的早晚新闻等，都属于此种类型。

（2）杂志型。此种节目形态与简报型栏目相比，信息含量更大，节目形式也更为灵活多样。最明显的节目特征就是其板块化的节目形态。一个杂志型新闻专栏往往由若干板块组成。我国最早的杂志型新闻栏目是上海电视台的《新闻透视》（1987 年 7 月），而真正产生巨大影响的则是中央电视台 1993 年 5 月 1 日开播的《东方时空》。

（3）专题型。电视新闻深度报道的兴起，促进了专题类电视新闻栏目的产生。简报型新闻栏目往往只报道动态消息，杂志型新闻栏目又涉猎范围过广。为了满足观众对新近发生的某一重大事件前因后果、发生发展的深入了解，单一专题型新闻栏目应运而生。中央电视台的《焦点访谈》、《新闻调查》，上海东方台的《东视广角》以及其他各地方电视台的"焦点"类栏目，都属于此种类型。

当新闻栏目内容确定后，就要选择相应的结构形态来表现内容，使得二者相得益彰。本章第二节将专门针对这三种类型的电视新闻栏目进行详细的阐述。

2. 表达方式

新闻栏目的表达方式主要指主持人播报新闻时采用的语态、方式。通常根据不同的新闻栏目类型，主持人往往会采用不同的表达方式。

（1）播报新闻。这是一种比较传统的新闻节目播报方式。播音员正襟危坐于演播室背景前，仪态端庄大方，语音字正腔圆，措辞书面化，人们习惯把这种播报新闻的方式叫做"播"。它因其正统性和权威感较强而一般出现在播发时政要闻、表达政府权威观点的新闻节目中。比如《新闻联播》、《经济信息联播》中通常就是采用播报新闻的方式。

（2）说新闻。目前国内电视新闻节目很多都在进行"说"新闻的尝试，由凤凰卫视《凤凰早班车》发端，现在比较有影响力的是江苏电视台城市频道的《南京零距离》、湖南卫视的《晚间新闻》等栏目。说新闻因主持人运用富有个性化的口语等特点，使主持人与观众之间产生人际交流的互动感，从而赢得观众心理上的共鸣。

（3）读、评新闻。这种读、评新闻的播报方式主要指现在十分盛行的电视读报节目。凤凰卫视在 2003 年开播了一档新闻节目《有报天天读》，该栏目一经播出，就以其独特的节目形式和全新的视角被《新周刊》评选为 2003 中国新锐"年度电视节目"。一时间，国内众多电视台纷纷开办电视新闻读报节目。这种读评新闻的表达方式因其具有将电视媒体的可视性与报纸媒体的深度评论分析相结合的优势而为广大观众所喜爱。

3. 播出时段

电视新闻栏目播出时段的确定也是其形式定位的一项重要内容。一般来说，黄金时段的节目收视率要高些，所以黄金时段也就成了制片人竞争的热点。但这并不意味着所有的栏目都适合在晚上7点至8点黄金时段播出，新闻栏目的时段选择要依栏目的具体对象而定。

在栏目时段的确定上，既要考虑所谓黄金时段的首选，又要考虑同时段其他节目可能造成观众的分流，还要了解栏目特定对象的最佳收视时间，如果这几方面都考虑到了，对一个栏目来说，最恰当的时段就是黄金时段。

中央电视台的《经济半小时》，原定位在第二套节目的每晚8：30播出，这可以说是真正的黄金时段，但经调查发现，栏目的受众对象很少有人能在这段时间坐下来收看《经济半小时》，绝大部分目标受众的最佳收视时间都是在晚上9：00以后，因此该栏目现在的首播时间已经调至每晚9：30。

四、风格定位

所谓栏目的风格，就是指经过特定内容、形式等的组合所表现出的该栏目与众不同的思想特点。对栏目风格的定位一般没有一个统一的标准，因为一个栏目可能兼具几种风格于一身，这样，对风格的划分就要从多个方面进行确定。从栏目本身力图营造的氛围来看：

1. 轻松随意式

这种风格主要体现在主持人的主持方式上，一般采用"说新闻"的播报方式。如凤凰卫视开创的"说新闻"播报方式，主持人陈鲁豫运用富有亲和力的口语将新闻娓娓道来，营造了一种人际传播的氛围，使节目风格轻松随意。中央电视台的《本周》也被誉为说新闻的典范。

这种轻松随意的氛围还可以通过用方言播报新闻的方式来营造。富含浓郁的地方特色的新闻节目，主要在省级上星台和城市台居多，它的主要目标受众是当地的普通百姓以及旅居外地的当地人。运用方言的播报语言仿佛是拉家常聊天一般地道出当天的新闻事件，从而可以拉近主持人（还有节目本身）与受众之间的距离，典型的栏目有北京电视台《第7日》，主持人元元就用京味十足的京腔评述新闻，极具北京本土特色。

2. 严肃凝重式

这类节目一般指报道国内外重要新闻事实，采用严肃播报的方式，给人以权威感和信赖感。它多见于单纯传递新闻信息的联播类的新闻栏目，如《新闻联播》、《新闻30分》等，或是电视媒体表达立场、观点的新闻评述栏目，如《焦点访谈》等。

在主持人的用语上，主要选用普通话进行字正腔圆地播报或主持，主持人大都仪态端庄、含蓄内敛，给人以权威可靠的印象。中央电视台作为国家大台，多数新闻节目都具有这种威严可信的节目风格。

3. 娱乐调侃式

在生活节奏日益加快的今天，人们在繁忙的工作之余，想通过各种各样的方式让身心都得到放松，于是娱乐元素开始越来越深入地融入到电视节目之中，新闻节目也不例外。这方面最典型的例子就是湖南卫视的《晚间新闻》，其新闻报道导语的幽默，新闻主体的通俗，标题的字幕意趣，均打破了新闻报道中的"八股"形式。还有凤凰卫视的《新闻下午茶》也是"娱乐＋资讯"的新尝试，主持人陈玉佳一向以另类八卦的风格著称，节目将当天各类民生社会新闻和趣事怪谈一一道来，始终保持娱乐轻松的姿态。

第二节　电视新闻栏目编辑

电视新闻从初期的要闻简报，到如今多样化的体裁呈现；从新近发生的事实的报道，到正在发生的事实的同步传播；从大杂烩式的汇编播出，到明确的栏目定位的形成，如今，电视新闻已经以成熟的节目形态，受到广大观众的青睐，并在世界范围内发挥着空前巨大的传播威力。

一、集纳型新闻栏目编辑

集纳型新闻栏目，是指消息类电视新闻节目的汇编单位和划分形式。根据栏目内容的不同，集纳型新闻栏目可以分为时事类、经济类、体育类、娱乐类和综合类等；根据报道地域的差别，可以分为国际新闻栏目、国内新闻栏目以及地方新闻栏目。目前，通行的是以播出时段为依据，划分为早间新闻、午间新闻、傍晚新闻和晚间新闻。

1. 早间新闻

电视在固定的新闻栏目出现以后，很长一段时期里，人们的收视习惯仍然锁定在晚间——黄昏以后、睡觉之前，早间时段则被广播所垄断。直到1952年，时任美国全国广播公司（NBC）副总裁的西尔维斯特·韦沃（Sylwester Weaver）创立了《今天》（Today），才打破了这种局面。该栏目每天早晨7点播出，时长两小时。《今天》一问世，就以其轻松活泼、令人耳目一新的风格吸引了大批观众，收视率节节攀升，持续保持全美早间节目收视率第一，风行至今已足足 50 个年头了。同时，它也为美国早间电视新闻栏目奠定了一种格调和模式，并且引发了美国另外两大广播公司（CBS、ABC）的效仿，相继推出了《早晨》（Morning）和《早安，美国》（Good Morning, America），从而促进了美国早间电视新闻栏目的发展。

我国早间电视新闻栏目的真正发展，是在 20 世纪 90 年代以后，以中央电视台《东方时空》（1993 年）的开播为标志，早间新闻栏目的竞争大战正式打响。各地方电视台也纷纷创办或改版自己的新闻栏目，如北京电视台的《北京，您早》、湖南电视台的《潇湘晨光》、上海电视台的《上海早晨》、广东电视台的《岭南早晨》、凤凰卫视的《凤凰早班车》等闪亮登场，又为这场大战增添了许多精彩和亮点。

由于所处时段的特殊性，早间新闻栏目与其他时段的新闻栏目相比，无论在内容上，还是在形式上，都有自己较为鲜明的风格与特征。

（1）内容的选择。随着现代社会开放程度的拓展、生活节奏的加快和向老龄化时代的转变，固定的早间时段的收视群体正在形成。当新的一天开始的时候，人们希望了解在刚刚过去的这个夜晚，世界上发生了什么重要新闻，对国家、对个人有什么影响：如"9·11"恐怖事件的最新进展？本·拉登命运如何？纳斯达克有何起伏，对股票是利好还是利空？有毒大米到底有没有流到本市？CIH 病毒是否会如期发作？天气预报、交通状况、市场价格……这些老百姓关心的热点话题，也正是早间新闻所要报道的内容。一般来说，早间新闻节目在内容的选择上应该遵循两个原则：

强化时效性。早间新闻应当对前一天发生的事件作变动地连续报道，这样才使得人们对早间新闻有着特殊的关注，"昨夜今晨"正是早间新闻栏目的用武之地。

增强服务性。电视作为大众传播媒介，对受众而言，本来就具有不可替代的服务功能。而对于早间新闻栏目来说，观众对这种服务功能的需求，显得更为强烈、直接、具体和迫切。电视观众除了关注昨晚发生的天下大事外，更想知道新的一天的天气状况、交通状况、市场物价等与自己一天生活质量密切相关的信息。所以，早间新闻栏目不能把目光仅仅囿于时事新闻报道，还应拓展自己的视野，多一点人文关怀，照顾观众的多种服务信息的需求。

（2）形式的选择。"一日之计在于晨"，人们都愿意以轻松愉悦的心情、饱满的精神状态迎接全新的一天，所以早间新闻栏目应该定位在轻松活泼、清新明快上。

NBC的《今天》从创立之初，就因在栏目风格上的成功定位而牢牢地树立了自己在早间新闻中的地位。ABC于20世纪70年代末创办的《早安，美国》因混合了新闻和娱乐也获得了成功。而CBS开播的《早晨》却因风格过于严肃沉重，收视率一直处于低迷状态。直到1982年，该栏目在形式上大动手术、改头换面，使节目的节奏加快，风格更为活泼，状况才略有好转。国内电视界目前已普遍接受了这种"轻松传播"的理念。比如，《上海早晨》的栏目广告语便是："充满活力的一天，从《上海早晨》开始。"

2. 午间新闻

午间新闻栏目在当今中国电视界的地位似乎有些尴尬。不论是在理论界，还是实务界，人们都把更多的目光投向了晚间的节目时段。晚间新闻是电视新闻中最早开发的黄金时段，因此，受到电视台更多的关注。早间新闻则作为继晚间新闻之后的又一个开发热点吸引了众多专家学者、平民百姓的目光。而对于现有的午间新闻栏目，则有进一步开发之必要。

虽然目前国内30多家省级以上的电视台，都已开办了午间新闻栏目，但由于认识上的偏差和目前对晚间新闻的过多关注，而导致大多数午间新闻栏目存在着信息量小、深度不够、时效性差等缺陷。

午间新闻对于电视台而言，是一个非常重要的新闻时段。此时，大多数的观众群体，不论是忙碌的上班族，还是购物的主妇以及上学的学生都已经结束了上午的工作。这是一个具有相当规模的收视群体的时间段。同时，从观众的需求来看，人们对于上午发生的事件有着较强的探知欲望，并且能够较为从容地欣赏电视节目。因此，在内容选择上，应更加注意新闻的接近性。

3. 傍晚新闻

不论在国内还是在国外，晚间新闻栏目都可分为两个时段：18：00—19：30和21：00以后。其中，对于18：00—19：30傍晚时段的新闻，国内已经形成了从内容到形式都非常鲜明统一的"联播新闻"模式。

在美国，傍晚6点（东部时间7点）被认为是一天中最重要的新闻时段。因为此时观众的收视状态较为从容专注，不像早间那样忙碌不停。同时，从电视台节目整体的收视率考虑，"晚间新闻是当晚电视节目的封面"，它的精彩与否直接决定着后面节目的收视率。因此，此时段被各大电视媒体极为看重。

美国三大广播公司在此时段安排的节目分别为CBS的《CBS晚间新闻》、NBC的《NBC晚间新闻》和ABC的《ABC今晚世界新闻》，时长都是30分钟。

三大广播公司晚间新闻的节目构成，多是当天发生的突发性事件和重要的时政新闻的报道。节目一般由中间插播的商业广告分割成五个"新闻段"组合而成。

第一个新闻段：A. 画面精彩、重要的硬新闻

　　　　　　　B. 与头条新闻相关的背景新闻（或重要新闻的后续报道）

　　　　　　　C. 预告以下的新闻

（广告时间 – 1）

第二个新闻段：A. 重要性稍次于头条的报道——国际或国内新闻

　　　　　　　B. 软新闻或新闻事件特写

　　　　　　　C. 新闻人物或事件特写

　　　　　　　D. 预告以下新闻

（广告时间 – 2）

第三个新闻段：A. 重要性稍次的国际或国内新闻

　　　　　　　B. 新闻特写、特别报道

　　　　　　　C. 预告以下节目

（广告时间 – 3）

第四个新闻段：A. 重要性再次的社会新闻

　　　　　　　B. 较轻松的社会新闻

　　　　　　　C. 预告以下节目

（广告时间 – 4）

第五个新闻段：多是一条调查性事件特写或人情味新闻或人物特写

从三大广播公司晚间新闻节目的编排中，能够再次看到"峰谷技巧"的纯熟应用。

第一个新闻时段总是最重要的一环。因为它不仅确定当天新闻报道的重点和风格，而且担当着吸引观众看下去的重任。其中头条新闻应当把当天最重要的新闻事件公布出来以满足观众求新求快的心理要求。第二条新闻一般是头条新闻的背景新闻或相关的新闻。

第二个新闻段中的新闻价值略低。从内容上讲，该时段往往安排有关健康、科学或社会新闻。一般把与普通观众生活相关度最密切的新闻安排在该段中的头条。

第三个新闻段刚好处于整个节目的中间，正是观众的注意力开始分散的时候。所以，此时安排的新闻往往是重要性仅次于头条的新闻，而且，一般是画面丰满、动感强烈的硬新闻。

第四个新闻段一般安排体育新闻。

第五个新闻段往往安排一则充满情趣或人情味浓厚的"软"新闻，多是人物特写和事件特写，给当天的新闻留下一个动人的结尾。

在我国，近年来以江苏广播电视总台城市频道的《南京零距离》栏目为发端，开启了傍晚电视新闻的一场变革，即打破了几十年一贯制的"联播"体，开创了一种新的"民生新闻"栏目形态。随着《南京零距离》等民生新闻栏目的声名日盛，仿佛在一夜之间，民生新闻节目遍地开花，几乎在每一个省会城市，都可以看到省台与市台乃至同台不同频道之间围绕民生新闻栏目展开的同城大战。以南京为例，从2002年1月至2003年2月，在一年的时间内就先后开播了四档类似的节目：江苏广播电视总台的《南京零距离》、《绝对现场》、《1860新闻眼》和南京电视台的《直播南京》。这些栏目中由于《南京零距离》开办最早，因此在全国同类栏目中影响最大。

《南京零距离》的节目形态为板块构成。在一档60分钟的节目中，由时政要闻、社会新闻、生活资讯、（主持人）孟非读报、现场访谈、现场调查、现场电话连线、曝光台、现场电话投诉和滚动字幕新闻等板块有机构成。整档新闻分成五节，由广告和下段内容提示隔断。

"南京零距离，就在你身边"，这一栏目宣传语道出了栏目与观众在空间上的零距离诉求。报道内容尽可能多地贴近百姓的生活，走进百姓的日常空间。栏目从以往电视新闻的强调教化转向注意交流，由"我让你知道什么"的主观灌输宣传转向"你想知道什么，我尽量让你满足"的客观服务（传播）。如倡导新的市民精神、扶助弱势群体、曝光城市的阴暗角落、满腔热忱地为普通百姓奔走，使观众感受到电视与他们是如此的亲近。

《南京零距离》以市民的视角，关心市民身边的事，以极具亲和力的语言表达，讲述与老百姓生活息息相关、对群众有影响的事件，从而使栏目与观众实现了心理上的零距离。这种心理上的零距离首先表现在内容上的贴近性、服务性，即使是"主旋律"的新闻报道，也要以平民化的视角切入，从中找到与百姓生活息息相关的结合点。如南京市"两会"报道期间，记者从代表提案中选取药物价格降低，增强物价透明度等直接影响老百姓生活的事件进行报道。其次，栏目设计了热点问题现场调查、投诉热线现场开通等内容，从而富有独创性地构建了观众边看新闻边参与新闻传播的电视新闻模式，大大调动了市民的参与热忱，这种对栏目参与的心理认同也自然会直接带动收视率的提高。这个板块的设计，是在节目开始不久就由主持人提出调查题目，如南京长江大桥收费站该不该拆，公共场所是否应禁止带宠物入内，中学生是否可以带手机进课堂等等，观众在节目进行中用手机发短信进行预设的选择，节目在中间和结束前公布结果，引起了广大观众参与的兴趣。

《南京零距离》的心理"零距离"还表现在主持人的风格设计与家常化、生活化的语言表达上。如在《孟非读报》板块中当主持人读过《盲目生存体验酿成险情》的新闻后，直言不讳地点评说：现在有些家长急于让子女锻炼，搞些不切实际的"盲目生存"，毫无实际意义，当务之急是让孩子把自己已穿脏了的衣服洗干净，把家中用过的碗筷洗干净，不要再让父母操心。寥寥数语，就像邻居语重心长的好言相劝，容易被观众理解、接受。

总之，《南京零距离》在内容上努力追求与南京市民的"零距离"，着力打造生活资讯、社会新闻、投诉热线三大特色板块，在形式上采用新闻与小专题、叙述与评论、报道与读报相结合的手法，突破了中国新闻栏目的习惯长度，以60分钟开放式直播形式构建，精心选择傍晚与"联播"错峰的时段，开创了一个民生新闻的新风气，给电视业界以很多启示。

4. 晚间新闻

晚间新闻栏目即21：00以后的新闻栏目。我国早期的晚间新闻基本上是对当晚首播新闻的摘要重播，从内容到形式并无鲜明的特色。如今，晚间新闻在众多电视人的努力下，正在形成自己的独特内涵和鲜明风格。如：湖南台的《晚间新闻》、北京台的《晚间新闻报道》、江苏台的《晚间播报》、辽宁台的《今晚直播》等，都在大胆地探索着适合自己的发展之路，在社会上赢得了广泛的观众缘，甚至形成了自己的品牌效应。

（1）贴近百姓生活。一个栏目能否成功，最根本的在于观众是否认同。本来，面向大众是电视的本质特征之一。但这个特征在很长一段时间里却被严重地忽视了。近来的新闻改革终于明确提出了"平民化"的口号，开始把绝大部分的精力投入到对每一个个体生命的生存状态和个性状态的关注上来。强调以观众的普遍关注程度为标准的社会性，以观众感兴趣为标准的趣味性，以符合观众审美要求为标准的可视性，力求最大限度地贴近百姓生活。

在材料的选择上，晚间新闻大多选择观众感兴趣或与观众生活具有贴近性的社会新闻为主要报道内容，挤掉了大量一般性会议或工农业四季歌之类的报道，强化了观众本位思想，使栏目的传播意识更多地思考"观众要不要看，想不想看这样的新闻"。

湖南台的《晚间新闻》，大胆地抛弃了时政要闻，而完全以社会新闻尤其是百姓生活新闻为报道对象。其内容通常是由这样几个部分组成：一个人物特写，一个新闻事件，一个社会问题的曝光，一个治安案例，再配上一些要闻轶事等软性新闻。不论是国内新闻，还是国际新闻，全部把镜头对准了广阔的社会。其实，这种完全世俗化的报道在为一个个平凡的生命勾勒出生活的剪影、吸引他们关注的同时，也折射出整个时代的广阔背景。

在叙事风格上，晚间新闻大都采用了或娓娓道来、或设置悬念的讲故事的方式。美国 CBS《60 分钟》的制片人唐·休伊特曾经十分强调他们的节目"一定要有故事性"，要为观众提供一个 story。在国内，也有人甚至给电视新闻下了一个这样的定义：电视新闻就是利用现代电子技术传播一个鲜为人知的故事。

在这种叙事意识的主导下，一般除了在题材上选择故事性较强的内容外，更注重利用各种手段彰显新闻的故事性。比如，对新闻导语和节目串词进行精心设计，设置悬念，以求引人入胜等。

(2)加强深度报道。在一般人的印象中，简报型新闻栏目很难兼顾深度，深度报道似乎只属于杂志型、专题型节目。其实不然，晚间新闻通过调动资料、重新编排等手段使深度报道成为可能。

新闻的组合报道，是深度报道的一种重要方式。它采用多种体裁，通过一组多角度、全方位、立体式的报道来满足观众对某一新闻事件求知、求新、求深的欲望，这已成为现代晚间新闻的一种主要编辑方式。

组合报道大都由这样几条新闻构成：头条一般是对事件的概述报道，第二条一般是背景资料，最后一条通常是一则评论。这样，基本上完成了对某一事件的透视报道。以中央电视台的《中国新闻》关于美国总统大选的一组报道为例：《口播：江泽民致电视贺布什当选美国总统》、《口播：胡锦涛致电祝贺切尼当选美国副总统》、《消息：戈尔承认竞选失败，布什发表当选演说》、《新闻人物：乔治·布什》、《专家认为：美国对华政策不会有大的变化》。这一组报道编排有消息、有背景、有评论，将美国大选中受众所关心的方方面面都展示了出来。

二、杂志型新闻栏目编辑

杂志型节目(the magazine format)的概念最早由美国全国广播公司(NBC)前任副总裁西尔维斯特·韦沃(Sylvester Weaver)在 20 世纪 50 年代初提出，而且还身体力行地创立了世界上第一个杂志型新闻栏目《今天》(Today，1952—)。从此以后，杂志型节目成为电视新闻栏目里不可缺少的一个组成部分。许多栏目都在以自己的方式演绎新闻杂志节目。

1. 事件组合式

事件组合式杂志型新闻栏目，就是在每期节目中播出几则深度报道，通过记者或主持人的点评串联，而形成一个有机统一体的杂志形态的新闻栏目。美国 CBS 的《60 分钟》便是这种形态的典型代表。

《60 分钟》栏目一般每期播出三则报道，关注的内容也非常广泛，"从社会热点到历史事件，从名人轶事到凡人琐事，几乎无所不包"。吸毒、健康、时政、黑社会、新闻人物、社会体制、教育弊端、传统与现代的冲突、个人与制度的矛盾、文明之间的对立等，都可以成为《60 分钟》关注的内容。更为重要的是，《60 分钟》对这些问题的关注不仅仅是停留在报道的层面上，而是想方设法使事件或社会问题向纵深拓展。在具体报道的安排上，通常作如下编辑：

第一则是重要性最强的报道，往往是牵涉到政治和社会问题的严肃报道。它是节目的重头戏，也是用以吸引观众的卖点所在。其占时最长，约 20 分钟。如《黑豹党》，通过对 20 世纪六七十年代曾在美国影响极大的黑人暴力集团黑豹党领袖克利弗的采访，对比了克利弗本人以及整个黑豹党的今昔巨变。

第二则的重要性、时效性都要稍次一点，占据的时间也要短一些。但还保持着相当的严肃性。如《丢失的核弹头》，讲述了俄罗斯丢失核弹头的事件。

第三则是一则充满人情味的报道。如《审判纳粹》。

三则报道都是深度报道，涉及国际政治、社会问题和价值观念几个方面。在表现手法的运用上，既有背景报道，又有现场目击，还有演播室访谈和主持人的点评以及适时的背景音乐等，表现出手法多样、编排灵活的特点。

2. 栏目组合式

栏目组合式新闻杂志栏目是指在一个统一的栏目名称下，把形态不一、内容各异的多个小栏目经过精心编排，组合而成的播出节目形态。该形态最忠实地代表了杂志型栏目的倡导者、NBC 前副总裁韦沃的意图。在世界范围内，NBC 的《今天》是栏目组合形态的典型代表，迥异于以《60 分钟》为代表的事件组合形态的杂志型新闻栏目风格。

在国内，人们对杂志型新闻栏目的理解更多地倾向于这种形态。所以中央电视台的《东方时空》被公认为典型的新闻杂志节目。从 1993 年至今，《东方时空》在经历了数次的改版与调整后，已经成为当今中国电视新闻杂志领域里的一面旗帜。

近几年来，杂志型节目风头渐减，呈现出走下坡路之势。其中一个不可忽视的因素是娱乐节目的冲击。《60分钟》的制片人唐·休伊特在几年前新闻杂志节目如日中天时曾经说过："在每一个伟大的新闻杂志节目背后，就有一部失败的情景喜剧。"他预言，西海岸节目再次出现轰动时，新闻杂志节目的播出时数就会减少。

残酷的现实不幸被休伊特言中。一个叫《谁想成为百万富翁》的游戏节目，以及最近火爆全美的《生存者》节目，使得新闻杂志节目的处境十分窘迫。据尼尔森收视率统计公司的数据显示，在这两个游戏节目的播出期间，新闻杂志节目在11个晚上中有9个晚上观众数目大幅削减。

但这并不意味着新闻杂志节目已经日薄西山、穷途末路。因为，与娱乐节目相比，新闻杂志节目还有一个相当明显的优势，那就是低廉的制作成本。而且，从长远来看，目前的状况反而有利于促使新闻杂志节目创造出更多更新的模式。

三、专题型新闻栏目编辑

专题型新闻栏目是相对于杂志型新闻栏目而言的，是指每期内容只有单一专题报道的新闻栏目。由于这种类型栏目着重于事实深度的挖掘与分析，因此深度报道就成为其主要特征。

对于深度报道的定义，美国哈钦斯委员会在其报告《自由而负责的新闻界》中这样阐述："所谓深度报道，就是围绕社会发展的现实问题，把新闻事件呈现在一种可以表现真正意义的脉络中。"这种脉络的展现，相对消息来说，实际上就是在空间上对事件作出背景网络的呈现和拓展；在时间上是对事件过去、现在和未来的交待与预测。

专题型新闻栏目由于其深度报道的典型特征，使其无论在题材的选择，还是形式的设置上，都有自己较为鲜明的特色。

1. 题材的选择

题材的选择，对于节目的重要性不言而喻。题材的选择是否规范化、条理化、有序化，也是一个栏目成熟与否的标志。专题型新闻栏目在选题上一般要注意以下几点：

（1）重大性。重大新闻事件因为其深切的社会影响、广泛的社会关注，而成为大多专题型新闻栏目所不愿放弃的关注点。《新闻调查》就把重大新闻事件称为其"主战场"。如《大国的握手》、《跨世纪的政府》、《腐败团伙覆灭记》、《保卫荆江》、《跨国追索走私文物》、《中国第一税案》等关注了克林顿访华、政府机构改革、陕西 11·8 大案、新中国成立以来第一大税案等年内发生的重量级新闻事件。

（2）社会性。社会性就是表明新闻事件要具有普遍性或广泛的社会关注度。如《新闻调查》报道的《沈阳如何过冬》，关注的虽是沈阳冬季供暖问题，但却反映了我国北方城市中面临的一个普遍的问题。《面对分流的公务员》是在当年国务院机构改革方案出台的大背景下，面对"机关干部编制总数要减少一半"的明确规定，对化工部人员如何分流的状况进行的采访。虽然也只是个案的调查，却具有全国范围的普遍意义。

（3）故事性。"大时代背景下的故事一波三折"，一波三折的故事对观众有着永恒的吸引力。所以，《新闻调查》的理想就是"内容上突出故事性……形式上创造一种电视调查文体"。新闻事件本身可能并不重大，但其背后隐藏的价值或文明的冲突，却能给节目足够的内容张力。这种小故事、大主题的题材选择，在《新闻调查》中为数不少：《走进大山的年轻人》、《从市长到囚犯》、《48 个孩子的特殊家庭》、《"黑脸"姜瑞锋》、《贩毒死囚的忏悔》、《精神损害如何赔偿》等，都是通过对个体生命故事的演绎，完成了对重要主题的彰显。CBS《60 分钟》的栏目执行主编菲利浦·席勒也认为，《60 分钟》基本的选题思想就是寻找一个小故事，但这个故事要能表现出一个大的主题。比如，对于帮助病人实施"安乐死"的医生的报道，就涉及医生的职业道德、人的生命权利等。无独有偶，《新闻调查》也曾做过一期《眼球丢失以后》的节目，涉及同样的问题。这恐怕不仅仅是一种巧合。《60 分钟》的制片人唐·休伊特宣称，有 300 多部好莱坞影片取材于《60 分钟》。这从另一方面反映出《60 分钟》在选材上对故事性的重视程度。

（4）人性化。这里说的人性化，即指对题材及其思想的挖掘多从人性的角度着眼，尤其是以情感因素来打动观众。《新闻调查》的《宏志班》、《煤井塌方大营救》、《国家的孩子》，以及《第二次生命》、《贩毒死囚的忏悔》、《藏羚羊之死》都有鲜明的表现。《逃亡日记》的编导甚至明白地宣称，自己是"从人性的角度关注一个逃亡者"。而《藏羚羊之死》在故事结尾那一句凄婉的追问："藏羚羊都死光了，人类的路还有多长？"更是从灵魂的深处给人以振聋发聩的冲击与警醒。

2. 叙事的技巧

由于专题型栏目的报道多属深度报道，栏目形式好像不如杂志型轻松活泼，而对于抽象分析的把握又逊色于报刊媒体。因此，专题型新闻栏目必须更加注重对事件叙述和理念表达的技巧性把握。

CBS《60 分钟》的缔造者唐·休伊特认为,《60 分钟》受到广泛欢迎的原因就在于其成功的"叙述传统":"过去纪录片的收视率差别不大,不论它们是在 ABC、CBS 还是 NBC 上……都是相同的 15% ~ 20% 的观众占有率。我告诉自己,'我敢打赌,如果我们能使节目主题多样化,并采用个人新闻——不是处理事件,而是讲述故事;如果我们能像好莱坞包装小说那样来包装事实,我担保我们能把收视率翻一番。'"

事情果真如此,这种讲故事的叙事传统,不仅使《60 分钟》长盛不衰,也给后来的深度报道提供了一种参考的模式。一般来说,对于故事的讲述,主要是通过记者的调查过程而实现。记者的调查过程是我们展示的重点,做好了会比事件本身的发展过程更精彩。因为事实是比较固定的,而我们的调查则可以成为一个很有魅力的过程。国外一般把这种着重展示记者调查过程的报道模式,称为侦探模式。

这种模式一般用于犯罪新闻和事故新闻(国外叫做揭丑新闻)的调查取证与归纳推理之中。节目往往以记者或主持人对新闻事件的概述为开端。然后,带领观众深入内幕。由于案情往往是一波三折、扑朔迷离,再加上编排技巧的使用,整个节目常常就在结构上表现为跌宕多姿、悬念迭生、有起有伏、环环相扣,不断给观众制造兴奋点,吸引观众看下去。美国三大电视网的许多记者常常冒着生命危险,以隐性采访的方式深入事件内幕,成功地揭露事件的真相。他们对案件的调查、推理与突破能力,有时甚至超过了政府专门机构。

故事归根到底是人的故事,而人物的命运往往最能打动观众的情感。《新闻调查》播出的《面对分流的公务员》中,就选择了三位面临分流的公务员作为报道的对象。其中,化工部干部刘晓滨在设计自己的未来和表示对国家政策的理解时,感叹道:"做一介书生,此生足矣!""作为我们这一代国家的公务员,没有任何理由不和我们的总理一起来蹚地雷阵,过万丈深渊。"对命运无常的感叹和对国脉民瘼的关注,使这位面临分流的局级干部的话听来不由得悚然动容,有几分悲凉之感。

结构主义叙事学认为,任何叙事都是按一定的模式进行的。叙事学的使命就在于探寻并解读这些模式。电视深度报道同样具有自己的叙事模式,叙事的故事化即是其中一种。而更多的叙事方法与技巧还有待于我们的探索和发现。

第三节　电视新闻栏目包装

在当今社会，人们已经越来越普遍地将电视栏目看成一种文化产品，在完成了栏目的策划、制作等程序之后，一个文化产品只能算作是完成了其初加工的过程，只有将这样的栏目进行包装，一个完整的电视文化产品才算真正完成了。

与一般商品的包装的含义类似，电视新闻栏目的包装是指对电视新闻栏目的整体形象进行的一种外在形式要素的规范和强化。这些外在的形式要素包括声音、图像、颜色等。由这些形式要素又可以构成栏目包装的具体形式，即栏目名称、片头、宣传片、主题曲、演播室布景等。

电视栏目的包装实际上是在为电视节目这种文化产品制作一件精美的外衣，使包装后的电视产品能够更大范围、更加牢固地吸引目标受众的关注，形成与其他栏目不同的个性特点。良好的栏目包装能够更好地提升栏目自身形象乃至所在频道的影响力以形成品牌，并迅速被社会和观众认同。在华人媒体中有着广泛影响力的凤凰卫视，虽然在国内落地范围有限，却享有国内电视业独一无二的口碑，显然与其良好的包装与对外宣传有着直接的关系。

正因如此，越来越多的电视节目制作机构加大了对电视栏目包装的人力、物力和财力的投入，学术界对电视节目包装的相关研究也日渐增多。

一、包装的作用

对于一个电视新闻栏目而言，要想提高节目的收视率，一般有两条途径：一是提高节目质量，二是改善电视栏目的整体形象，也就是我们所说的栏目包装，二者相辅相成。那么，电视栏目包装究竟具有怎样的作用呢？

1. 增强观众对栏目的识别能力

一般说来，在栏目诞生之际，相关的创作人员都已为栏目制作了专门的栏目标识。这些标识一般会出现在栏目播出的过程之中，以增强观众对栏目的识别。这样也有利于为栏目培养较为稳定的收视群。

如央视一套《新闻30分》的栏目标识（一个标有"新闻30分"的小钟）就始终出现在屏幕的右下方。尽管其播出的新闻资讯也是类似于《新闻联播》、《经济信息联播》这样的集纳型新闻栏目，但是通过其各自不同的栏目标识，观众就可以很快地区分出所收看的栏目。

2. 联结栏目成为有机的整体

栏目包装在很多时候就像一个链条，把栏目的各个部分，尤其是杂志型栏目的各个子栏目串联起来，使其成为一个有机整体。比如中央电视台著名的新闻杂志栏目《东方时空》，经过 2004 年 9 月的一次改版后，目前就由《时空连线》、《时空看点》、《东方之子》、《百姓故事》等子栏目构成。各个子栏目之间是通过栏目的导视片，或者片花与广告进行连接的。

3. 导视宣传提高观众的收视预期

每期节目播出前的预告片或栏目导视片，能增强观众的预期收视心理，有利于栏目整体形象以及收视率的提升。对于一个频道来说，一般存在三种观众，即忠实观众、游离观众、潜在观众。节目宣传导视的目的就在于：留住忠实观众，邀请潜在观众，截留漫游者。从一定意义上说，宣传导视片就是栏目的广告片。比如中央电视台《今日说法》栏目的预告片，将节目中涉案的矛盾双方的冲突集中展现出来，再用提示解说简要地介绍案件，在预告片的末尾留下几个悬念，以充分地调动观众的收视欲望。一般说来，每周末要有下周节目的预告片，当天节目要有下期节目的预告，节目当中还要有下一个环节的小片花预告。虽然占据了电视台一定的节目时间，但往往会收到事半功倍的效果。

西方电视媒体的宣传导视片在两个节目之间播放的位置，常常处于广告的前列，这样，可以将观众顺利地引导到下一个时段，防止观众频繁换台。同时，也可将游动的观众吸引到下一节电视节目之中，提高电视媒体的收视率。另外，由于宣传导视片充当了节目与广告之间的联系纽带，其中的过渡不至于显得突兀。这样，电视包装作为频道品牌的直接载体，让观众看电视变得更加轻松和简单。

4. 精美的栏目的包装使人赏心悦目

随着社会与媒介的发展，栏目包装本身应该成为一门艺术，具有相对独立的审美元素和艺术特点，只有这样才能留住日益挑剔的观众。栏目的形象宣传片、片头、片花等都经过了精心的设计和制作，因而这些包装本身便具有了很高的审美价值，成为一种文化艺术品。比如浙江电视台的许多新闻栏目的形象宣传片就如同其频道宣传片一样，具有江南水乡特有的风情与韵味，将含蓄的江南特色在节目的宣传过程中充分展现出来。栏目和频道的包装，就如同商品的广告片一样，直接对观众说话，直接表达立场，直接预告节目的内容。它不仅仅用来提高收视率，更重要的是用于品牌的维护。

在我国电视包装发展的初期，因电视媒体过于追求功利的目标，致使电视包装普遍存在着简单、直白、粗糙、散乱、广告色彩浓厚等缺陷,包装形式单调,缺少应有的想像空间和灵性意境。

而现在,当电视人认识到了栏目包装的作用时,却又陷入栏目制作的另一个误区:过分推崇形式和深层内涵,一味地追求包装的艺术色彩,使包装在某种程度上成了游离于频道和栏目之外的东西,有些甚至失之于玄虚,将栏目的内容置于次要地位,这种本末倒置的做法在电视新闻栏目"以内容为王"的时代显然是不合时宜的。

二、包装的形式

栏目包装的基本形式元素,包括声音(语言、音响、音乐)、图像(固定画面、活动画面、动画、字幕)、颜色等。

声音元素诉诸于受众的听觉,它在电视包装中起着非常突出的作用。如能做到音乐与画面的有机融合,观众即使不看电视画面,也能判断出是什么栏目。好的电视栏目音乐,还应注意突出地域、民族、人文特色,注意汲取多年流传的音乐精华,尤其要注意使声音的节奏与栏目的风格相统一。

图像诉诸于受众的视觉,它包括栏目标识、主持人形象、演播室布景以及栏目的片头、片花、栏目宣传片等。电视是声画结合的传播媒介,图像在其传递信息的过程中发挥了不可替代的重要作用。

颜色主要是指栏目包装的主色调,此色调还要和频道的定位相一致。主色调可能是单色,也可能是复合色。如著名新闻栏目《新闻联播》,其主色调以蓝色为主,凸显一种冷静、客观的形象。而其所在的中央台一套是新闻为主的综合频道,也是发布权威消息的国家级媒体,频道也是采用这种蓝色的庄重色调以显示大台的威严与风范,栏目和频道的色调就相吻合了。而凤凰卫视是以艳丽的黄色为主色调,突出自身的活力朝气与锐意进取的频道形象。因此,颜色设计是电视包装的基本要素之一。它的基本要求应该是鲜明、协调、能充分吸引受众的注意,又与整个栏目的基调相吻合。

这些包装要素经过不同类型的组合加工就形成了具体的包装形式,包括栏目名称、标志、定位语、栏目片头、片花、主持人、演播室布景等。

1. 栏目名称

栏目应使用简洁的名称以方便观众的记忆。比如开播于1968年的美国CBS著名的新闻性杂志栏目《60分钟》,它的栏目名称透露了栏目的时间长度信息且简练易记。"这样的栏目符合一定的收视群体的需要,对于那些具备一定知识水平和观察分析能力并有着有意收视习惯的观众来说,这样的节目名称是容易引起他(她)们收视欲望的,从而形成相对稳定、相对层次较齐的收视群。"①类似的栏目名称还有中央电视台的集纳型新闻栏目《新闻30分》、深度报道栏目《新闻调查》、经济新闻栏目《经济半小时》,江苏电视台的民生新闻栏目《南京零距离》等。

一般地说,栏目名称与栏目定位是相呼应的,栏目名称体现了定位,如《焦点访谈》、《新闻调查》、《国际观察》、《提案追踪》、《民生热线》等,定位讲求概念明确,忌讳含糊不清,因此栏目的名称也应如此。

对于具有多个子栏目的杂志型栏目而言,其各个板块名称的设置,既要考虑与前后其他子栏目板块名称相呼应和协调,又要体现板块自身的定位,同时还应富有一定的冲击力和感染力,考虑被市场接受的程度。比如,我国最成功的新闻杂志型栏目《东方时空》,先后设置了几个子栏目《时空连线》、《时空看点》、《东方之子》、《百姓故事》、《时空调查》、《媒体观点》。单从子栏目名称上,我们就可以发现它们大都是围绕"东"、"方"、"时"、"空"这几个字作文章,这样就在名称设置上确保了各个板块风格的统一。

2. 栏目标志。

栏目标志又称栏目标识,是一个栏目区别于其他栏目的重要形象标识。一般采用简单易记且富有特定内涵的图形作为栏目的标志。比如《焦点访谈》的"眼睛"标记,既能表示记者们用眼睛发现并调查社会上的焦点热点事件,又表示各类焦点事件均用事实说话,观众用自己的眼睛判断其中的是非。形象虽简单,但含义却丰富,给人印象深刻。再比如《60分钟》的栏目标志是一本杂志,其整期节目也确实像一本杂志。

另外,栏目标识多出现于电视屏幕右下角,且贯穿于节目播出的整个过程之中,这样长时间的视觉刺激能够起到推广和强化栏目的作用,同时可以增强观众对栏目的识别能力,还可以使各个子栏目在统一的栏目标识下贯通起来,增强了栏目的整体性。因此,应把栏目形象标志的设计和制作作为电视栏目包装的重点。它的基本要求是简洁、醒目、特点突出、有时代感,并与频道形象标志的风格相统一。

3. 栏目定位语

栏目的定位语既是对栏目的准确定位,同时也是宣传本栏目的最好的广告语。成功的电视栏目往往有一句明确简洁、琅琅上口的品牌定位语。比如,"最开阔的国际瞭望平台,最快捷的国际时事通道"(《国际时讯》),"用

---

① 　汪文斌、胡正荣著. 世界电视前沿 I. 北京:华艺出版社,2001 年版,第 187 页

事实说话"(《焦点访谈》),"讲述老百姓自己的故事"(《东方时空》之《生活空间》)等。这些口号式的栏目定位语,简单易记,很容易传遍千家万户,将栏目形象深深铭刻在广大观众的脑海里。

4. 栏目片头

栏目片头是指一个电视栏目开头处用于营造气氛、烘托气势,呈现作品名称、开发单位、作品信息的一段影音材料。它包括栏目名称的图文设计、片头配乐的选择、栏目标记符号的设计以及电视画面的选播等。它从总体上展现了栏目的风格和气势,展现了作品制作的水平和质量。尤其是非线性编辑、三维动画等新制作技术的出现,使片头制作的个性化追求、艺术化表现成为可能,大大提高了栏目片头的质量。如今,随着各种类型电视栏目的激增,观众的选择范围越来越广。要想在短时间内让观众手中的遥控器固定在自己的栏目中,除了必须确保栏目内容的质量以外,栏目片头作为观众短时间内了解栏目风格的一个窗口,其地位也变得越来越重要。

比如一些著名的新闻栏目的片头,由虚拟浩瀚的宇宙、旋转运动的地球、拔地而起的大厦、漫舒回转的空间构成,使片头呈现出庄重的气氛。它们的片头音乐不仅优美动听,而且极富个性,在给观众以音乐享受的同时,使其有很强的认同力和识别度。

5. 栏目片花

栏目的片花与栏目的片头、标识一样,也是一个栏目特有的形式,是观众将此栏目与彼栏目区别开来的重要标志。它一般出现在节目播出的过程中(节目的开端,片头播出之后;每个板块结束时;节目结尾等位置),通常起连接子栏目或连接插播广告的作用,使得整个栏目形成一个统一的整体。比如《60分钟》中经常出现一只滴答行走的跑表。这不仅与栏目名称"60分钟"的时间含义相呼应,而且在节目过程中还起到了向观众提供时间服务的作用。而且,滴答滴答的声音会让人感觉到时间的快速流逝,加快了节目的整体节奏。

6. 演播室

演播室是电视新闻栏目制作的室内现场环境。演播室的环境设计可以体现栏目风格和特色,对栏目的制作具有关键的烘托作用。演播室的包装设计包括灯光角度、道具放置、背景颜色及图案等方面的选择,以及虚拟演播室的制作等。

不同类型的新闻栏目可以选用不同的演播室背景。比如电视新闻栏目中收视率最高的《新闻联播》,目前就采用了开放式的玻璃结构演播室背景,主持人身后以中央电视台的导播室取代了以前的固定画面。新的演播室背景不但可以看清演播室内工作人员的行动以及节目的进展情况,其中工作人员往来穿梭的情景还可以使观众感受到新闻直播现场的忙碌以及高效快速的节目节奏,因而这种全新的演播室设计受到了广大观众的好评。央视其他新闻栏目以及大多数省市台的新闻栏目也采取了相似的演播室设计。

而对于以深度报道等为重点的新闻杂志栏目而言,演播室的设计又呈现出另一番景象。比如《60分钟》的演播室背景与其栏目标志相呼应,是一本打开了的杂志。占据整个背景画面的五分之四空间。杂志的内页上是某期节目新闻报道中的典型人物、某则报道的标题名称、制片人的姓名等。节目中多次出现的黑色背景以及每个板块的演播室内深色调的背景都给观众造成这样的整体印象:这是一个以严肃题材为重头戏的电视新闻深度报道节目。

另外,还有美国三大电视网新闻节目在演播室的设计上也具有许多共同特点:清晨街道上的人流和车流。在节目中保持这样开放的背景,可以让观众感觉到新闻的报道与收看在时间上的同步,因而具有十分真切的贴近感。

三、包装的原则

不同的新闻栏目采用不同的包装风格,同时还必须遵循一定的包装原则。

1. 统一化原则

对于一个栏目的包装,不论是对其内部的各个包装要素、形式,还是针对栏目外部更大的包装单位——频道和电视台而言,都必须遵循统一的原则。

在栏目的内部,各种包装形式应该在共性与个性、整体与部分、感性与理性的结合上找出最佳的契合点,实现栏目宣传片与栏目宗旨的统一、形式与内容的统一、风格与定位的统一、整体格调的统一(文化品位、亲和力、栏目之间的主色调等)。

在栏目的外部,栏目作为频道、电视台整体中的一个单元,也要遵循统一的原则,包括以下的几个方面:

第一,与全台整体形象 CI 设计的统一;第二,频道中各个栏目包装的要素应相对统一;第三,全台各频道的形象标志应统一。在这个基础上各频道再根据自己的特点和定位来突出自己的频道特色。如果有些频道、栏目包装与全台的形象设计发生矛盾,那就应该无条件地服从统一的原则。

只有让栏目包装达到这样的统一,使各种包装形成一种合力,才能既强化频道的整体形象，又起到宣传推介栏目的目的。

2. 简约化原则

电视包装的简约化，就是要求通过简单的包装符号将栏目的理念和宗旨外化出来。它要求画面、音乐、解说词等诸多表现手段都要简洁。同时整个宣传包装过程要有统一的元素一以贯之，否则就达不到理想效果。简约并不代表简单。栏目的包装应该在新颖、独特而又深刻的内涵上下工夫，既要"先声夺人"，又要"耐人寻味"，使其包装的效果超越单纯的视觉元素自身的威力。相反，过于复杂的形式和过于艰深的内涵都不利于形成鲜明的栏目识别，而且很容易因形废神、以辞害意。

3. 多元化原则

为了达到推广栏目的目的，除了对栏目本身具体包装之外，还应该充分利用其他媒体为栏目服务，即整合平面媒体以及网络的优势对栏目进行"屏幕之外的宣传包装"。

目前，国内电视频道和境外电视频道相比，在电视内容制作数量和广告播放量两项指标上日趋接近，但国内电视相对缺乏"自我宣传"的意识。在对包括中央电视台、凤凰卫视、星空卫视在内的 6 家海内外中文电视台的调查中显示，国内电视媒体播放形象宣传片的时段比例只有 2%，而境外电视媒体一般达到 8%。特别是在栏目的整合包装上还做得相当不够。从我国栏目包装大赛参评作品来看，电视包装从业人员还处在起步摸索的阶段，对有助于提高栏目收视率的宣传片不够重视，而且媒介投放单一，利用平面媒介的宣传包装几乎是空白。

整合营销传播要求每一个传播主体必须在任何时间、任何地点都要传达协调的、一致的品牌的最强音。因此，电视台除了做栏目在线包装外，还要利用平面广告、海报、广播宣传、网络宣传以及路演推广等宣传方式，充分动员媒介整体的力量做好节目的包装。

4. 模式化原则

宣传导视是栏目包装的一项重要内容。为健全宣传导视系统，媒体对将要播出的节目，一般采用水平宣传与垂直宣传相结合的立体节目预告模式。垂直宣传是对某节目进行邻近的预告，不断提醒观众：节目就要开始播放。水平宣传，是节目播出前一段时期选择合适的时段对该节目进行预告，不断培养观众对节目的收视期待。一般说来，应在一周前就开展水平宣传预告，到节目播出的前一天，宣传导视的水平宣传应达到日投放量的最高值。至于水平预告宣传播出的时段，主要取决于该节目的目标受众群，应该在恰当的时间播放导视宣传以便吸引目标观众群。

宣传导视预告模式，应包括以下三种宣传片：

一是节目播出菜单：即为下一个节目或当天某一个时期播出的节目以菜单形式所作的预告。一般情况下，一个节目播出菜单所预告的节目应在 4 个以内，每屏停留时间不少于 10 秒钟。

二是节目收视宣传片：节目花絮＋播出时间预告。

三是栏目形象宣传片：栏目特色宣传或主持人形象＋播出时间预告。

5. 规范化原则

为增强栏目宣传导视的效果，还应遵循宣传导视片制作的若干规范：

一是该栏目所在的频道呼号规范。凡拥有多频道的电视媒体均有两种呼号方式：一种是采用统一的格式呼号——"这里是某某电视台"；一种是多频道使用自己的呼号方式——"你现在收看的是某某频道"。

二是宣传导视片的定版格式规范。一个栏目的收视宣传片反映了一个栏目的品牌个性，因此应制定规范的导视片格式，它包括三个方面的基本信息：栏目名称、播出时间和播出频道，并配以相应的听觉信息，如"名人面对面（节目名称），星期天晚上 10 点半（播出时间），凤凰卫视中文台（播出频道）"。

三是宣传导视片中节目播出时间预告的规范。按惯例，大都采用"星期几"的方式预告节目播出时间，并且从播出前一天开始，以"明天—今天—接下来"的动态递进方式预告，既符合观众以一周为周期的日常生活习惯，又强化了播出节目时间逐渐临近的紧迫感，不断引导观众更加接近这个节目。这样通过积累观众对该节目的兴趣和期待，最终达到促进观众主动选择收看该节目的目的。

思考练习题

1. 电视栏目的定位包括那些内容？连续观看几期同一档新闻栏目，试概括出该栏目的定位。

2. 观看几期地方电视台的新闻栏目，看看他们分别属于哪种类型的新闻栏目？如果你是这些栏目的编导，你会怎样编排这些节目？

3. 为某一媒体策划一档新闻栏目，并写出策划方案书。

4. 栏目包装的要素有哪些？试分析一档新闻栏目的包装形式及特点。

5. 以凤凰卫视为例，分析其节目宣传片与广告的编排关系。

第七章　电视新闻频道编辑

本章要点

- ● 电视频道的运作理念。
- ● 新闻频道的个性显示。
- ● 新闻资源的媒体共享。
- ● 新闻频道栏目设置的四种类型。
- ● 新闻品牌栏目的要求及建设步骤。
- ● 新闻频道节目编排原则和制作方法。

数字技术的突破给世界电视业带来了一场深刻的革命，也给广大观众提供了更多的选择机会和观赏空间。为此，有人惊叹，我们已进入电视频道时代。处于这样一个时代的电视媒体，不仅要面对新、旧媒体之间的竞争与挑战，而且还要承受电视同业内部的巨大压力。在这样一种媒介环境下，电视编辑的角色定位也发生了较大的变化。在电视诞生的初期，电视媒体主要处于节目化制作阶段，电视编辑作为与记者相对应的一种职业，主要负责节目后期制作的剪辑与编辑；到20世纪80年代后期至90年代，电视业务的运行已由节目制作转向栏目化管理阶段，电视编辑的角色也相应地赋予了电视编导的功能；90年代以来，电视媒体的生存与发展已进入频道化经营阶段，电视编辑的角色，又在微观新闻节目制作、中观新闻栏目编导的基础上，赋予了宏观频道编排的新职能。在新闻专业频道中，电视编辑的工作将要产生质的变化。

第一节　新闻频道的编辑理念

电视频道的急增，使电视编辑策划进入"寻常"电视媒体，作为指导电视节目定位与制作的传播"理念"也频繁出现在电视人的口头语中。什么是理念？德国伟大的哲学家黑格尔在他的《小逻辑》一书中，对"理念"是这样阐释的："理念是自在自为的真理，是概念和客观性的绝对统一。理念可以理解为理性，也可以理解为主体与客体，观念与实在，有限与无限，灵魂与肉体的统一。"

"理念所处理的对象并不是个人，也不是主观观念，也不是外界事物。"它"是一切现实的事物，只要它们是真的，也就是理念。而且一切现实事物之所以具有真理性，都只是通过理念并依据理念的力量"。①

理念不是一成不变的，理念是变化的，这种变化是社会体制改变的一个缩影，它必然会折射出社会变革的方方面面。同理，崭新的电视理念也不可能形成于真空之中，它是电视变革的一种社会反映，同时导引着电视传播的创新。每一个电视理念的变化，都必然影响着新闻专业频道的独特定位。

一、明确新闻频道定位

综观中国电视的发展历程，从宣传电视到文化电视、纪实电视、娱乐电视和谈话电视等，其理念的变化无一不浸透着社会转型的印记；从以传者为中心到以受众为中心、从喉舌电视到产业电视、从综合频道到专业频道，无不体现着时代的多样性。在这样一个急剧变化的社会，一个崭新理念的产生，往往意味着一个电视媒体的新生；而一个理念的实现往往需要决策者的过人魄力和编辑工作者的具体实施与完美体现。在新闻频道运作中，新闻编辑作为把关者的角色，其地位与作用是显而易见的。

二十多年前的 1980 年 6 月 1 日，当美国有线电视新闻网（Cable News Network，简称 CNN）开播的时候，很多人以为特纳广播公司的总裁老板特德·特纳（Ted Turner）一定是疯了，没有人相信观众会一整天不间断地看新闻。因为人们想像不出在美国三大电视网（ABC、CBS、NBC）瓜分电视收视市场的行业里，一家 24 小时专播新闻的电视频道能够拥有生存的空间。

事实上，在 20 世纪 80 年代以前，24 小时的新闻频道在全世界电视最发达的美国也是不可想象的。当时的美国电视三大网，尽管每天播出时数有限的新闻节目，由于电视新闻制作费用相当高，每天因此都要产生巨额亏损。但 CNN 硬是凭借先进的传播理念，独特的频道定位，"本土化"的策略实施，成就了 CNN 的辉煌。其辉煌的重要因素之一，便是其独特的定位。

通常，定位的独特性表现为定位的领先性，CNN 的成功便充分证明了这一点。CNN 秉承"面向全球、关注世界"的新闻直播与编辑理念，突出全球化

---

① 乔治·威廉·弗里德里希·黑格尔. 小逻辑（节选本）. 北京：商务印书馆，2002 年版，第 145、149 页

的战略定位，追求现场报道和新闻直播经常化的新闻时效，争取影响"有影响力"的人物，发展了最广大的观众群体。CNN 的这些理念，通过精干高效的编辑、记者等从业人员的有效传达、实施，使其从开播的次年，就因对 1981 年 8 月 30 日美国总统里根遇刺事件的持续 29 小时的报道而一举成名。此后，随着对 1991 年 1 月 16 日打响的海湾战争的连续 17 小时的现场报道，奠定了其在美国、甚至世界电视新闻领域不可替代的权威地位。

一般来说，专业频道的定位包括两个方面，一是频道传播内容的定位，二是频道受众的定位。在众多的频道竞争中，专业频道要想成功，都必须追求独特的定位，即在充分研究竞争对手、充分考虑自身条件的基础上，确立自己独特的个性。这样，才可确保自己在竞争中以不可替代的角色立于不败之地。深入分析 CNN 的运作理念及其定位，或许对各类新闻频道的编辑与制作更具操作性的启示。

CNN 的全球化战略主要通过对地区性事件公正、平衡、准确以及敏感的报道，在全球范围内建立起 CNN 的声誉。要达到这种目的，就必须通过编辑的把关，化为"本土化"和"本地化"的策略，即我们常说的"贴近性"报道。只有从节目的语言、内容、形式、风格等方面进行"本土化"和"特色化"的编辑包装，新闻报道才会为本地观众所接受。CNN 在这种战略与策略的指导下，把以前的英语优先频道、原创频道、泛地区报道由不经改动就在各地区播出的方式向当地语言、当地观众、当地内容、当地特色转化，争取到更多的观众。如在面对亚洲观众的新闻频道中，CNN 开设有《亚洲今日新闻》、《亚洲世界新闻》、《亚洲新闻摘要》、《亚洲商业新闻》、《亚洲透视》等栏目。"本土化"的策略为 CNN 赢得了广泛的国际观众，到目前为止，CNN 的电视网络已覆盖了 212 个国家和地区，在全世界有超过 10 亿的电视观众。

CNN 节目最大的特色在于它大量采用时效性、现场感极强的现场报道。它以"抢到独家新闻，我们就能击溃任何一家广播公司"为出奇制胜的编辑理念，大量采用现场直播报道新闻的方式，使新闻不再是既成的事实，而是正在发生的事。

虽然现场报道和现场直播不是 CNN 的发明，但定位追求"新闻时效性"的 CNN 将这一方式推向极致和经常化，引起了全球业界的瞩目。自里根遇刺直播报道以来，在美军入侵巴拿马、拆除柏林墙、苏联解体、波黑战争等重大新闻事件上，CNN 的现场报道都抢尽了风头。特别是举世瞩目的 1991 年的海湾战争的现场报道使 CNN 出尽了风头。当巴格达遭空袭 3 小时后，对外通讯中断，而 CNN 凭借卫星蝶式天线发出的现场报道成了全世界仅有的消息源。

为了体现 CNN 的现场报道特色，频道的新闻编辑甚至将编辑程序大大简化，常常将记者的现场报道不加剪辑地直接播出，大大提高了新闻的时效性，充分体现了 CNN 时效性观念极强的定位思想。

西方电视新闻界有一个共识，即凡适合于现场报道的新闻决不采用其他形式报道。因此，一旦有重大新闻事件发生，CNN 记者就以最快时速到达现场，以现场参与者、目击者的身份，全面、详尽地报道新闻事件的全过程。为了在第一时间将观众带入现场，新闻编辑往往采用无截稿时间运作方式，力争 24 小时每时每刻都在发布"最新"的消息。并且打破传统的编辑方式，一改过去那种先拍画面，然后编写解说词，最后由播音员配音完成的新闻制作过程，采用无剪辑拍摄制作方法，原封不动地再现新闻事件及现场气氛，达到了新闻事件发生过程与新闻媒介传播时空的高度同一。

理念本质上是一个过程。作为过程，其发展是中介性或差别性的形式，这就是作为认识的理念。"这种认识又表现为理论的理念和实践的理念这双重形态。认识的过程以恢复那经过区别而丰富了的统一为其结果。"①这种理念的具体运行涉及到千差万别的频道定位。频道定位是频道理念的具体阐释与实践指南，同时又必须化为频道员工的统一思想认识和文化内涵，使之形成频道统一风格的基础。福建电视台新闻频道正是靠着独特的新闻理念与明确的频道定位，奠定了其作为我国大陆第一家真正意义上的新闻频道。

福建电视台新闻频道于 1999 年 5 月 23 日开播，其基本的方针是提供"更多更快的资讯和服务"。"更多"，按照他们的解释就是：锁定福建电视台新闻频道，就能知道当天所有您想知道的新闻，包括国内外新闻，新闻背后的新闻，新闻衍生的新闻等，将当天的新闻一网打尽。所谓"更快"就是：如果观众哪天准时打开电视收看新闻频道，看到的却不是观众所熟悉的那个栏目，那一定是有更重要的事情发生了，那就是"我们正打破日常编排，直播突发事件。这样的时候会越来越多"。正是在这一理念的指导下，当 2001 年美国"9·11"事件发生时，福建电视台新闻频道成为当时中国大陆惟一进行连续现场直播的电视媒体，因而其当天的收视率也创下了 12% 的惊人纪录。

2002 年 8 月，福建新闻频道又将自己的口号定为"最快的频道"。如果说这仅仅是概括了新闻频道最一般的基本特征，那么其"贴近生活、平民化视点、重视过程纪实以及亲切的交流和服务"等现代新闻理念，则是该频道

---

① 黑格尔. 小逻辑(节选本). 北京: 商务印书馆, 2002 年版, 第 153 页

受到广大观众喜爱的重要原因。

福建新闻频道以平民化视角为定位，反映市民的喜怒哀乐，力求办出富有当地特色，为当地市民所喜闻乐见的电视频道。他们"以受众为中心，服务受众，满足受众需要，成为市民的贴心人，密切与受众关系，培养更多的忠实观众"。在节目内容题材的选择上，注意贴近市民的生活，以社会新闻为报道重点，表现新闻的人情味、趣味性。该频道的重点栏目《现场》就充分体现了频道编辑与报道的理念，把触角伸向福建各地，节目质量不断攀升，"只要您拨打 128 直呼'现场'，新闻频道的采访车就会立即出现在您的身边。"因此，这个栏目自福建新闻频道开播以来就一直深受福建全省观众的欢迎，并且长期处于福建本土新闻节目收视率排名前列。

事实证明，只要明确新闻频道的定位，并且把它化为频道理念深深植根于频道策划、报道组织和节目把关者的头脑中，就能充分发挥频道编辑的职能作用。

二、维护新闻频道个性

新闻频道作为一种专业频道，其传播也应当是一种个性化的传播，带有自己鲜明的与众不同的传播风格。从某种意义上说，新闻频道传播的内容可能会有相当一部分雷同，凡是世界上发生的热点、焦点问题，都可能成为新闻媒体报道的重点，但在传播形式和方式上必须是频道所独有的，从而形成频道的一种独特的风格。这种风格通过编辑日常工作范式掌控，即频道特有的业务范本和报道视角，以可视的形式诉诸观众的感官和定势心理需求，并与新闻传播内容有机地融为一体，这样大大增强了新闻频道的传播效果。

业务范本(stylebook)，即一个媒体的工作模式与节目制作流程，它将节目内容制作的各个环节进行分解，使不同的人都可按照规范的操作环节行事。这样，一方面保证内容制作更符合定位受众的需求，另一方面也强化了拍摄制作者的职业性，保证了节目的统一风格。美国探索频道(Discovery)在这方面堪称电视节目制作的典范。探索频道虽然不是新闻频道，但其操作规范却仍可为大多数的新闻频道借鉴。

探索频道在美国各知名媒体和电视中的品牌地位连续 7 年排名第一，其覆盖范围触及全球 155 个国家和地区 9.5 亿订户。然而，Discovery 却没有自己专门的制作团队，通常由各地方制作人员在当地拍摄最好的故事，然后由探索频道统一包装发行。那么，探索频道靠什么来规范、统一遍布世界各地、来自不同人种的电视编导？2002 年和 2003 年，美国探索频道两次在中国实行"新锐导演计划",从中可以得到的启示即是:业务规范。

有记者在采访探索频道国际电视网总裁慕珂女士(Dawn L. Mc Call)时曾问道:如何协调这些地区(155 个国家和地区)收视观众的不同收视习惯?探索频道在全球市场运营的经验是什么?

慕珂答道:本土化是探索频道发展中非常重要的策略。具体措施是寻觅本土化人才;请专业调查公司在世界各地做收视调查,收集观众反馈信息,摸清观众欲望;本土化的节目制作。探索频道在中国开展新锐导演计划即是此策略的一个案例。

曾经参加此项计划的中国中央电视台编导朱春光在谈到与探索频道合作制作纪实片《街头卓别林》时说:这个计划给我国导演带来的最大转变是观念上的转变,即用不同的视角来观察同样的问题,而这个视角就是国际视角。在具体拍摄中,通常在拍摄之前应有详细的脚本,首先按照观众的兴趣点确定拍摄思路,然后搭建框架,写好基本故事后再拍摄内容素材。这样,在拍摄时编导会清楚地知道片子最终的样子,包括影片的高潮在哪里、故事如何进行铺展、在哪里需要设置悬念等细节问题。通过这种方式对拍摄题材进行事先"规划",就可以预估出故事发生的时间。作为导演,在一切都了然于胸之后就可以等待这些故事在镜头前自然而然地发生。这种方式实际上是在规定时间内规模化生产优秀纪录片的一种非常好的操作思路,同时也节约了拍摄成本。按照这种模式操作,中国大陆第一批入围导演周俊执导的纪实片《造纸村风波》荣获 2003 年亚洲电视大奖"最佳纪实片(短片类)"大奖,刘畅执导的纪实片《老北京新故事》获"最佳纪实片(短片类)"优胜奖。

面对如此广大的受众,面对如此背景复杂的导演,Discovery 靠业务操作规范制作出大量符合频道定位,深受世界各国欢迎的电视节目,这对同样面向"全球化定位,本土化操作"的 CNN 等具有全球性战略的新闻频道来说,具有相通的道理。

CNN 是一个面向 10 亿人提供新闻的国际化媒体,"CNN 在全球的标志是它的可信度,一切利益都要服从于这一点"。实际上,早在 CNN 创办初期,特纳就提出希望开创 CNN 电视新闻"公正、精确、负责任"的全新面貌,"这不是一个选择,这是一种信念"。而且这种信念就体现在 CNN 的具体节目编辑制作的业务范本中。以 CNN 下午时段的深度报道栏目《新闻透视》(Insight)为例,这档节目着重揭示头条新闻的背景,其节目构成为三大块:一段 10 分钟左右的深度报道,一段对专家的访谈,一段对新闻人物的访谈。具体操作规范是各地记者仅提供深度报道,而由主持人通过卫星对专家和新闻人物进行采访。这样，就构成了 CNN 许多 30 分钟长度栏目制作的一般性业务范本，即新闻报道＋背景介绍＋专家点评＋公众看法，以此形成了一个基本操作模式。这些节目的完成往往都是通过新闻编辑协调各地记者来帮助完成的，这就构成了 CNN 的一种编辑制作工作流程。[①]

CNN 总部编辑面对分布在国外的 24 个新闻记者站和美国国内 9 个报道分部的 800 名记者（其中出镜记者 170 人），如何让他们高效有序地工作，让每个记者的稿件都符合 CNN 的频道理念和定位，这主要是靠 CNN 国内协调部的工作人员，即协调编辑（assignment edtor）的汇集与协调。

CNN 编辑的日常工作主要是与第一线记者沟通，下达传送指令，同时通知各频道按需接收处理，以保证资源共享。通常，新闻编辑不写稿，不剪辑画面，实际上起协调作用，在各栏目制片人与各地记者间建起一座桥梁。"编辑的协调工作在 CNN 是十分重要的，它是合理分配资源的中心。以它为中心形成一个派送系统，使 CNN 的各栏目就像同一家公司的连锁店一样，集中订货、集中供货，降低了成本，有效地利用了资源。"[②]

业务范本作为一种工作流程，使记者、编辑在一定的框架和程序中完成节目制作，每一个环节都有固定的操作要领，不得随意改变，这有点像现代工业生产流水线，它是质量的保证，符合"整装"目标的要求。同时，业务范本作为一种报道方式，其叙事结构的模式化也从技术层面为频道的风格与特色体现提供了一定的保证。

英国 BBC 一贯强调新闻报道要兼顾各方不同声音，这实际上也体现了BBC 标榜的公正、平衡的新闻报道原则及业务范本。以 BBC 整点新闻报道为例，可以看出他们在新闻报道中遵循平衡原则的一般做法。

2001 年 12 月的一天，BBC 世界频道报道了美国在关塔那摩基地关押阿富汗塔利班俘虏的非人道做法引起国际人权组织和机构抨击的新闻。新闻编排中，首先是英国首相在英国国会就阿富汗战俘答问的讲话片断，布莱尔辩称在美国关塔那摩基地关押的阿富汗战俘境遇良好，得到适当的待遇。接着是，联合国难民事务署总干事在另一场合的讲话指出，那些被俘者身份符合日内瓦战俘公约的规定，应该被视为战俘，并应得到人道的待遇。言下之意，阿富汗塔利班俘虏未得到战俘待遇，与布莱尔意见相反，是间接地予以反驳。在报道中，新闻主播又通过大屏幕分别采访了国际人权组织与美国传

---

①　孙冬梅. Discovery 再次启动"新锐导演计划". 北京：中国广播影视报，2005. 7. 12 第 12 版

②　中央电视台课题研究报告. 四家电视台新闻节目编排策略研究. 2003. 1

统基金会的代表。前者批评了美国违反日内瓦公约，在处理和关押战俘问题上的做法不人道，而后者则反驳了对美国的批评，为美国的立场与做法进行辩护，提出反恐是新形式的战争，被俘获的塔利班士兵是极端危险的人物。这条长约 2 分 20 秒的新闻，将相互对立的观点和盘托出，让观众自己作出判断，这大概就是英国世界新闻频道公正、平衡原则的通行做法。

公正，是新闻报道客观性原则的体现，同时也要提供多种声音，反映多种意见，使媒体成为一个公共平台。BBC 周末午间时段有一个视角独特的栏目 *Dateline London*，就是由主持人和 4 名外国通讯社的记者，在伦敦以外国人的眼光评述英国发生的事件，即通过外国记者看伦敦，展现了"讲述一个事件，提供多种声音"的国际大台的公正形象。

三、整合新闻频道资源

目前，新闻频道的运作模式已从过去以栏目为单位的运作方式转向以频道为单位运作。但从我国大陆新闻频道运行实际状态看，由于频道运作体制与运行机制没有发生相应改变，因而运作模式仍然是"小农经济"生产方式。新闻资源的开发与运用不合理，造成了新闻资源的极大浪费。首先是频道内各栏目、各部门分而治之，缺乏有效的沟通和统筹，形不成统一的、有力的采编力量，以致节目相互重叠。其次，频道节目资源不能得到充分利用，各自为政，以致许多有价值的信息不能在第一时间播出，或不能对典型性的新闻事件进行深入挖掘。如何整合频道新闻资源、合理利用共享新闻资源，树立稳定的频道形象和内在品质，实现频道的传播理念与定位思想，这些都是作为以频道为运营单位的"大编辑部"应当充分考虑与重视的问题。

1. 新闻资源整合

CNN 面对庞大的采编队伍高度分散的状况，为统一体现 CNN 的全球战略定位和快速报道反映新闻事件的品质，特别注重发挥编辑的协调功能与作用，这实际上体现了新闻频道资源整合的大编辑部思想。有人曾将此作过形象的比喻："如果将 CNN 比作一个车轮，新闻采编就是它的轴心，而它遍布全球的 40 多个站点构成的网络便是车轮的辐条。每一个辐条都使用来自轴心的材料，同时它们也会向轴心源源不断地提供材料。良好的沟通保障了这个车轮快速、健康地运转而不会脱离轨道。"[①]在这种运作关系链上，记者按

---

① 中央电视台课题研究报告. 境外电视台新闻采集流程与新闻资源共享分析. 2004，11 号，第 7 页。

照编辑的要求负责纯粹的新闻采集，而后续的加工则由专业的文字编辑、图像编辑来完成。每个环节丝丝入扣，紧密相联，保证了新闻资源整合的质量。

新闻资源的整合，就是按照一定的需求和标准，对新闻素材及半成品予以汇集、整理、加工、分配、协调和利用。与之相应的是进行频道运作体制的改革，即成立以大编辑为中心的相对完善的业务组织机构。

"大编辑部"作为一种概念，其核心是在频道协调机构的统一调度下，将各种渠道的新闻资源进行整合。大编辑部就是一个频道资源整合平台，同时又是一个新闻供应平台。各记者将采访得来的新闻素材，集中在新闻平台，透过内部网络，各取所需，再由各栏目和节目组改写制成符合该栏目需求的新闻。

新闻资源整合的推动关键在于一种与之相配合的运作机制，使"大编辑部"概念成为一种频道运作的现实，成为频道的神经中枢。在大编辑部统一管理下，以频道为管理单元，统一策划选题、统一调度记者，进行新闻采集、编发工作。有媒体根据自己的实际，借鉴国际新闻媒体运作经验，设计出一套大编辑部的工作流程和管理机制，尝试频道内部三大体系工作方法，实现频道新闻资源的整合。

首先是新闻选题策划体系。这套体系的工作职能是负责新闻选题的征集、新闻选题的梳理和深加工、新闻选题的配发。即先从频道各部门和其他渠道将新闻选题征集上来；然后，将新闻选题初步筛选、梳理、送审；再次，把审批后的新闻选题进行简单的策划和深加工，按照适合的节目时段和栏目将新闻选题分类细化；最后，将细分的新闻选题递交给新闻采访体系。

第二，新闻采访体系。根据新闻选题策划中心传送的新闻选题，选派不同的记者实地采访，然后将记者采访制成的半成品等新闻素材分门别类地收集在一起送到下一个新闻资料体系储存。

第三，新闻资料体系。这个工作系统主要负责汇集新闻素材、新闻半成品和成品，负责新闻成品在各部门的配发和使用。具体工作流程是：首先，将记者摄制的新闻汇集在一起，分类存入资料共享系统；然后根据各档整点新闻和不同栏目组的需要将这些新闻资源进行配发和使用。

这种由大编辑部推动的新闻资源整合，实际上是一种"水平整合"和"垂直整合"并行的运作机制。水平整合，是要频道每个不同的部门通过这种方式和流程能了解到其他部门和记者所掌握的信息资源，在于彼此运作有无相互支援和利用的可能，从而发挥整体作战的功能。垂直整合，主要是通过由上而下的协调与管理机制，在对资源的共享上，充分发挥新闻资源的效用。

2. 新闻资源共享

在媒体竞争日益激烈的今天，独家新闻已很难实现。人们凭借先进的通讯技术与网络媒介，使传统的以第一落点为特征的独家新闻已难以存在，新闻信息资源的源头空前地为各类媒介共享。作为一个单独运作的新闻频道，在由栏目理念向频道理念转变的今天，更必须有一个频道意识，站在一个频道的角度来看新闻资源的共享。

新闻资源的共享，首先要有丰富的共享资源，建立共享的信息资料库，保证充裕的信息源。美国NBC为了提高总部与遍及全美国200家附属电视台的节目共享，建立了庞大的节目档案库。该库编辑收录了过去60年的历史事件和历史人物的所有录像素材和成品节目数据库，并随时加以更新。各种从事新闻、纪录片和数字电视节目的制片人，无论是否为NBC工作，只要拥有档案库的使用账号，均可对NBC出品的节目资源进行查询和调用。

在英国，BBC为实现节目资源共享，也同样建有一个庞大的信息档案库。在这个档案库里，各类节目按照科技、教育、音乐艺术等10个领域存放，其中新闻节目又被划分为两类：历史和广播、编辑方针分别存放。在"历史"领域里，主要是存放已播过的新闻素材带，这些新闻涵盖了社会的各个方面，如政治、国际大事等。在"广播、编辑方针"领域里，存放能反映新闻编辑原则、政策变化的各类新闻节目，如新闻消息、新闻专题、新闻纪录片等。BBC各网络每天播出的系列节目、天气预报、新闻都要转化成可以快速搜寻的制式入库保存。

美国数学家克农德·香农（Claude Shannon）和沃伦·韦费（Warren Weaver）在研究如何提高信息传递的效率和可靠性时，提出了一个著名的"传播的数学模式"。在这一模式中，传播被描述为一个直线的单向过程，包括信源、信道和信宿。信源，是准备传播和交流的信息，相当于新闻资源共享系统的片库。信道，具有将信号传递到接受器（者）的能力，相当于新闻资源共享系统的传输网络。信宿，是指信息要传到的人或物，相当于新闻资源共享系统的使用者。

作为以时效性为生命的电视新闻频道，要确保内部信息交流的畅通、及时，在更大程度上依赖电脑内联网系统。CNN采用AVSTAR系统，实现了"传播的数学模式"过程，不仅包含了纵向的记者提交新闻、制作人编排版面的功能，而且还可横向供所有工作人员互通信息、互相提供资料，以及大量的信息资源共享功能，强调了一种全通道式的传输共享模式。

在 CNN 每一个工作人员办公桌上的电脑都是联网的，只要打开电脑便知 CNN 事和天下事。老板的指令，各记者站的采访工作计划，各编辑编制的新闻菜单，各栏目的工作构想，各大通讯社的信息，都可在办公桌前尽收眼底。

通过 CNN 的内部网站，可以查到任何记者、任何时段的已录用的新闻作品，甚至可上网观看成品新闻。从这里可看出，CNN 的记者真正成为"公用"的职员，每个部门没有自己专门的记者，而是信息资源共享。

内联网的贯通，给新闻资源共享提供了顺畅的信息通道，甚至连素材资料都可通过内联网共用。CNN 的磁带库面向全台使用，编辑、记者无须到磁带库查找某一资料，只要打电话或发单子通知资料员，就可在资料周转库中取到自己所用的新闻资料。

新闻资源的共享体现了一种开放的心态，CNN 认为获得重要的信息资源不仅在于强大的自采力量，还在于国内外数百家采集力量。只要能将有价值的新闻采集、传送出去，实现新闻频道的传播理念，就应当努力为之。

第二节　新闻频道的栏目设置

1991 年举世瞩目的海湾战争期间，CNN 在巴格达对外通讯中断的情况下，凭借先进的卫星蝶式天线设备，将多国部队在伊拉克的"沙漠风暴"行动及时呈现在世界观众面前，甚至萨达姆本人也在兵营中每天收看 CNN 的报道，以了解战争的最新进展。由此，世界电视业不仅看到了新闻频道的价值，同时也感受到新闻对政治、经济、社会的影响日益凸显。

随之，世界多家电视新闻频道相继诞生，一批 24 小时新闻频道在整个欧洲蔓延，从英国、法国、德国、西班牙、意大利到土耳其，扩张势头正猛，这种风潮被称为"CNN 羡慕"症。1993 年 1 月 1 日，总部设在法国里昂的欧洲新闻频道(Euro News)开播，这是第一家泛欧多语种电视新闻频道，共用英、法、德、意、俄、葡、西 7 种语言同时播出节目；1995 年 1 月 1 日，英国广播公司推出了对外的新闻与信息"世界频道"(BBC World)；1996 年 7 月 15 日，美国全国广播公司与微软公司合资成立的频道"微软全国广播公司频道"(MSNBC)开播；同年，新闻集团旗下的美国福克斯公司开播了福克斯新闻频道(Fox News)；1997 年 11 月，英国广播公司又开播了对内的新闻 24 频道(BBC News 24)；2003 年 5 月 1 日我国中央电视台新闻频道开播。这些频道都是全天 24 小时播出的专业新闻频道。如何填充全天候、大容量的新闻频道,合理策划设置差别化的电视栏目,并适时改版创新,是电视新闻频道编辑的一项重要任务。

一、新闻栏目类型设置

目前,新闻频道的基本模式主要都是 CNN 奠定的,只不过在频道的竞争中采取了不同的报道策略,设置了部分个性化的栏目。从总体上看,新闻频道的节目和栏目一般具有以下类型。

1. 内容类别

按内容分类设置新闻节目(栏目),这是最常见的一种划分方案。一个 24 小时运转的新闻频道内容,一般由时事新闻、财经新闻、专题新闻、体育新闻、气象新闻和生活资讯类节目构成,见表 7-1~7-2 CNN、BBC 新闻频道节目编排。

表7-1　CNN、BBC 新闻频道工作日节目编排表

时　间	CNN	BBC
	节目名称	节目名称
6:00		
6:30		Breakfast
7:00	News Biz Today	新闻早餐
8:00	今日财经新闻	
8:30		
9:00		BBC News BBC 新闻
9:30	World Sport 世界体育	BBC World News 世界新闻
10:00	Larry King Weekend	
10:05	拉瑞·金周末	BBC News
10:30		
11:00	World News 世界新闻	BBC News
11:30	Talk Asia 亚洲访谈	
12:00	World News 世界新闻	BBC News
12:30	Your Health 健康	
13:00		BBC News
14:00	Biz News * 财经新闻	BBC News
15:00		BBC News
16:00	Business Central 商业连线	BBC News
17:00	Larry King Weekend (replay)	BBC News

续表

时间	CNN	BBC
18:00	World News	BBC News
18:30	World Sport	
18:45		Sport Today 今日体育
19:00	Asia Tonight 今夜亚洲	BBC News
19:30	Biz Asia(live)亚洲商业	
20:00	World News	BBC News
20:30	World Sport	
21:00		BBC News
21:30	Biz Asia（replay）	
22:00	Talk Asia	BBC News
22:30	Asia Tonight	HARD talk 谈话
23:00	Business International 国际财经	BBC News
23:30	World News	
0:00	World Sport	BBC News
0:30		World Business Report 世界财经报道
1:00		BBC News
1:30		World News Tonight
2:00	Your World Today	BBC News
2:30	今日世界	World Business Report
3:00		BBC News
3:30		Asia Today
3:45		World Business Report
4:00	World News Europe 欧洲新闻	BBC News
4:30	World Business Today	HARD talk
5:00	World News Europe	The World Today
5:30	World Business Today	World Business Report

表 7-2 CNN、BBC 新闻频道周六节目编排

时间	CNN	BBC
	节目名称	节目名称
6:00	Talk Asia * 亚洲论坛/访谈	Weekend 24 周末 24
6:30	World Sport 世界体育	
7:00	Lou Dobbs Money line 金融	Weekend 24
7:30		

续表

时间	CNN	BBC
	节目名称	节目名称
8：00	World News	Weekend 24
8：30	International Correspondents 国际记者	
9：00	World News	World News
9：30	World Sport	BBC World News
10：00	Larry King Live 拉瑞·金直播	BBC News
10：30		Straight Talk 有话直说
11：00	News night with Aaron Brown * 晚间	BBC News
11：30	新闻	Africa Direct 非洲报道
12：00	World News	BBC News
12：30	Best of Insight * 新闻透视	
13：00	World News	BBC News
13：30	World Report	
14：00	World News	BBC News
14：30	The Music Room 音乐厅	Straight Talk
15：00	World News	BBC News
15：30	Diplomatic License * 外交通行证	Talking Movies
16：00	World News	BBC News
16：30	People in the News 新闻人物	Reporters
17：00	Larry King Live（replay）	BBC News
17：30	拉瑞·金直播	Scoreline
18：00	World News	BBC News
18：30	World Sport	Sport Today
19：00	World News	BBC News
19：30	International Correspondents 国际记者	Scoreline
20：00	World News	BBC News
20：30	World Sport/CNN Business Traveller	Gate 24
20：45	Feb 15 */Inside Sailing Feb 22 *	One to One 一对一
21：00	World News	BBC News
21：30	Diplomatic License *	Liquid News
21：45		It's Your Money
22：00	World News	BBC News
22：30	Talk Asia 亚洲访谈	Talking Movies
23：00	World News	BBC News
23：30	World Sport	

续表

时间	CNN	BBC
	节目名称	节目名称
0:00	World News	BBC News
0:30	The Daily show with Jon stewart : Global Edition 每日一秀·全球版	Correspondent
1:00	World News	BBC News
1:30	Inside Africa 非洲透视	
2:00	World News *	
2:30	Golf Plus 高尔夫	Africa Direct
3:00	World News	BBC News
3:30	The Music Room *	Talking Movies
4:00	World News	BBC News
4:30	People in the News 新闻人物	Reporters
5:00	World News	BBC News
5:30		Straight Talk

由表 7-1~7-2 可以看出，CNN 节目内容大体归为五类：

新闻节目：如 Asia Tonight（今夜亚洲），Insight，International Correspondents，World News，World Report，Your World Today。

财经节目：如 Biz News（财经新闻），Biz Today，Business International Money line，World Business Today，Business Central。

专题节目：如 Inside Asia（亚洲透视），Diplomatic License，Larry King Live，Larry King Weekend。

体育节目：如 World Sport（世界体育），Golf Plus。

生活节目：如 Your Health，The Daily Show，Design 360，Global Challenges，The Music Room，People in the News。

不同的节目内容适应了不同层次观众的不同需求。按照"突出节目的相关性与贴近性"策略，CNN 尽量让节目内容以及报道方式贴近当地观众，与观众的利益、兴趣、关注点紧密相连，从而争取更多忠实性观众。

如《今夜亚洲》（Asia Tonight）在亚洲晚间黄金时段对与亚洲观众相关的时政新闻进行回顾，内容涵盖一天内发生的最新的新闻故事以及来自亚洲记者的基于亚洲的新闻报道和采访。

《财经新闻》（Biz News and Business Central）占据了 CNN 下午三个半小时的时间，充分体现了 CNN 关注经济，为当地观众提供当地内容和服务的本土化战略。这个时段的节目是一个专注于亚洲商业新闻的全球电视节目，其主要内容是提供最新的经济、社团方面的新闻，以及将对亚洲地区和全球产生影响的政治新闻，为在亚太地区的商业活动提供有价值的指导。

专题类节目如《亚洲透视》(Inside Asia)主要是深入剖析亚洲各地的新闻人物与时事，探讨不同地域的经济概况、社会文化及发展方向，并访问当地政治人物、艺人及分析家。

体育类节目像《世界体育》(World Sport)，集中播报世界各地运动消息、体育精彩赛事，此外还包括专题访问和人物素描。

2. 形态类别

新闻频道的形式类别一般与其他专业频道和综合频道大致相同，从 CNN 的情况看，主要分为三种，即报道型、杂志型、谈话型。

报道类形式适用于电视动态新闻(消息)的传播，其要素包括现场画面、记者采访、记者连线、背景资料等。报道类节目力图用简短的篇幅介绍世界和全国、地方的新闻，展示新闻事件的原生态，记录的是新闻事件自身的发生和变化过程以及与事件相关联的人和事。

报道类节目由于展示的是新闻事件，所以一般采用采访、讲述、回顾等方式，主要用于新闻栏目、专题深度报道。这类节目如 CNN 的《世界新闻》、《今夜亚洲》、《亚洲透视》等。

谈话类节目，其基本形式是由固定的主持人与不固定的嘉宾或现场观众参与，以演播室为基本谈话空间，围绕某一个主题展开即兴讨论的一种节目形态。电视谈话节目将人际间的谈话交流引入屏幕，主持人和嘉宾在谈话现场，谈论各种社会、政治、情感、人生话题，并将这种交流本身直接作为节目的内容和形式。由于这类节目制作起来比较经济，且以大众广泛参与平等交流为特色，因此，被新闻频道大量运用，如 CNN 的《拉瑞·金直播》、《有话直说》、《大亨策略》，CCTV 的《央视论坛》、《面对面》、《新闻会客厅》等。

杂志型节目，首先由美国 NBC 创办，其产生背景是在综合频道背景下，为了改变新闻节目形式单一、容纳有限、深度不够而出现的一种新形态，因其"杂"，而使节目形式活跃，在有限的时间容纳更多的新闻内容。这种形式一般出现在 CNN 夜间时段的新闻节目中。不过，目前有业内人士对新闻频道杂志型节目提出了不同的看法。他们认为，新闻频道本身就是一个大型的、完整的、门类齐全的新闻杂志，单一栏目再走杂志化这条路，就会与频道整体发生冲突，出现重复。因此，在频道化的背景下，不提倡栏目的杂志化，取而代之的是板块化，这种板块是以相对独立的栏目为单位，由两个或以上的形式单一的栏目集中在一个时段内。它可以是同一类内容、不同节目形态的集合，也可以是不同的内容、形态类似的节目集合，使栏目与栏目之间在一个时段内形成有机联系。

3. 时段类别

如果说新闻节目的内容类别和形式类别是从节目制作角度考虑的话，那么，新闻节目的时段类别则是从播出角度予以考虑的。时段的划分是以节目收视对象的构成与收视需求为依据的。按照国际惯例，一般将全天 24 小时划分为若干时段，有"4 段式"、"5 段式"、"6 段式"或"9 段式"划分方法。"5 段式"划分法如下：

上午时段：06：00—11：00

午间时段：11：00—13：00

下午时段：13：00—18：00

晚间时段：18：00—24：00

深夜时段：00：00—06：00

各国电视频道根据本国观众的收视习惯和文化背景等因素，选择不同的时段划分。有的频道将上午时段又划分成两个时段，即早间时段 06：00 或 05：30—9：00，上午时段 9：00—11：00 或 12：00；还有的频道将午间时段延伸到 14：00 或 15：00；也有将下午时段延长到 19：00 等。

自一些国家实行每周双休日以后，人们的休闲时间更多了，观众文化消费观念也随之发生了较大变化。为适应社会生活方式的变化，发达国家的电视媒体纷纷调整频道编排策略，将每周节目编排区分为工作日和周末设置。工作日周一至周五，周末指周六和周日的节目安排，在每个时段的节目重点也有所不同。

从表 7-1 可以看出，在 CNN 的新闻节目安排中，早间、下午和深夜以大板块节目为支撑，突出了商业和经济新闻，重视对国际商务和金融市场的发展及其地区影响的分析。深夜板块是一档新闻综合性的新闻节目，带领观众领略一天的新闻事件及其进展。晚间黄金时段则由世界新闻、世界体育和地区性(如亚洲财经)新闻资讯构成。

周末节目安排与工作日不同的是：在各个时段，周末不再有一个大型节目独占一个时段的情况，每个时段都由 4 至 5 个独立栏目构成。节目时长一般以 30 分钟为一个单位，节目节奏加快，内容更富于变化。以 CNN 早间时段为例，工作日期间节目编排由《今日财经新闻》独自占用，而在周六同时段则由 5 个栏目构成，包括《亚洲透视》、《世界体育》、《金融》、《世界新闻》和

《国际记者》。在节目内容构成上，周末还适当增加了软新闻的含量，增设了生活、体育、休闲类的栏目，如《新闻人物》、《音乐厅》、《高尔夫》、《每日一秀》和《CNN 商业旅行者》。

4. 整点新闻

整点新闻是按照每个时间正点播报新闻的编排方式，它与时段新闻的区别是播出时间划分的单位不同。顾名思义，整点新闻的播出是以正"点"为单位，而时段新闻则以板块"段"为单位。整点新闻最大的好处是便于观众按"时"收看新闻，同时，便于随时播报最新或正在发生的新闻。

整点新闻的时长一般以 5 分钟、10 分钟、15 分钟、20 分钟和 30 分钟为单元安排，其他时间设置分类新闻和专题节目。

整点新闻是新闻频道的常态新闻，但并不意味着只是新闻信息的简要汇集与重复，而应尽量形成有特色的整点新闻，做到个性与共性的统一，即在频道整体定位的前提下，按照各媒体的传播理念，使各档整点新闻各具特色，共同完成频道整体风格的建设。

我国中央电视台新闻频道的整点新闻，在 24 档节目编排中，有 17 档 510 分钟是消息报道汇编，另有 7 档整点新闻各具特色：8：00《新闻早8点》、12：00《新闻30分》、19：00《新闻联播》(21：00 重播)、20：00《今天》、23：00《晚间新闻》和 00：00《午夜新闻》。每逢整点新闻，中央电视台新闻频道都力争以最快的速度向观众提供第一手的国内国际资讯，突出时效性和大信息量，实现滚动、递进、更新式报道。

电视新闻频道的基本目标应是建设一个体现纯正新闻性和有鲜明电视特征的专业频道，在全天24 小时播出中，节目主体由整点新闻和分类专题两部分构成。

专题节目包括新闻背景、新闻评论、新闻调查、舆论监督、民意调查、法制专栏等各种节目形态，是对整点新闻和分类新闻的补充和深化。

专题节目按频道播出周期划分，可分为日播节目和周播节目。中央电视台新闻频道每日播出的专题和专栏节目主要有 8 个：《新闻会客厅》、《央视论坛》、《法制在线》、《国际观察》、《社会记录》、《共同关注》、《媒体广场》和《新闻社区》。每周播出的专题节目也主要有 8 个：《本周》、《面对面》、《小崔说事》、《中国周刊》、《世界周刊》、《纪事》、《每周质量报告》和《约会新7天》。为清晰、直观地了解专题节目编播情况，现将中央电视台新闻频道周末播出的专题节目列表如下，见表 7-3。

表7－3 中央电视台新闻频道周末专题节目编排表

时间	周六	周日
4:10/10:20	新闻会客厅	面对面
5:10/11:30	法治在线	纪事(5:10/11:10)
17:30		
6:30	媒体广场	
7:15	东方时空	
8:30－12:30	共同关注	
8:50	约会新7天(周六重播5档)	
9:30	本周(周日9:30/17:30)	
12:30	共同关注	每周质量报告
14:30	震撼的地球	实话实说(14:10)
15:30	央视论坛	法制在线
16:10		中国周刊
16:30	社会记录	
18:30	新闻社区	小崔说事
19:38	焦点访谈	
20:10	面对面	
21:30	小崔说事	每周质量报告
22:15/1:10	中国周刊	世界周刊
23:15	纪 事	新闻调查

从表7－3可以看出，中央电视台新闻频道专题节目主要由三大类构成；一类是对一周内新闻进行梳理、回顾的节目，如《中国周刊》、《世界周刊》、《本周》；一类是纪实类的专题节目，如《纪事》、《法治在线》、《社会记录》、《共同关注》、《每周质量报告》、《焦点访谈》、《新闻调查》等；一类是话题型的栏目，如《新闻会客厅》、《小崔说事》等。

周刊节目旨在帮助人们了解一周来的重要新闻事件，展示新闻事件的来龙去脉，深入挖掘、探寻新闻中尚存模糊的地方，报道这些新闻对人们生活的广泛影响。如《中国周刊》中的"视点"即对人们最关注的新闻进行综合评述；"人物"集中展现一周内公众熟知的新闻人物，通过对人物的新闻背景、社会舆论的回顾与讨论，突出这些新闻人物一周来对社会的影响；"特写"则讲述在一定新闻背景下，个人、家庭、团队具有故事性的经历，从另一个切面观察一周的新闻。

　　《世界周刊》的策划则更有特点，其独特之处在于打破不同媒体的间隔，创造一个全媒体地带，让来自电视、报刊、网络的信息与观点在此汇聚、包容、结合，从而借助多媒体的表达方式，传达尽量丰富而多元的声音。这个栏目的四个板块分别为扫描、视线、点睛、故事。"扫描"以新闻事件中最具有代表性的因素（包括事件与人物、场景、数字或关键词）为线索，梳理过去一周的国际新闻事件。"视线"关注某一焦点事件引发的思考，而不着重于事件的过程或背景介绍。在强调本媒体独特角度的同时，注意引进其他媒体的观点，以短片、采访、主持人演播室串联的形式构成。"点睛"则介绍各种媒体有关国际新闻的精彩声音、观点、时事漫画，主题广泛，不局限于重点事件。"故事"主要是以主持人讲故事的方式介绍国外媒体的精彩独家报道。

　　纪实性节目一向是观众感兴趣的亮点，也是最大程度发挥电视优势的卖点。中央电视台新闻频道的《法制在线》，以强烈的新闻"第一"现场，大量引起观众兴趣的细节、富有悬念和冲突的故事情节，展示法制领域的某一事件。《法制在线》中的"关键词链接"板块则以精练的语言、生动的电视形式解读法治关键词，既有信息量和知识性，也有趣味性和欣赏价值。第三个板块"法律圆桌"以新闻事件或热点现象为线索，通过现场访谈的形式，谈论法治热点话题，保持了栏目整体纪实性。

　　"电视谈话节目已经成为影响我们思想和行为方式的一种新权威。它们像是城镇议事厅或社区集会场所，在这个日益数字化和原子化的地球村中把我们集合在一起。"

　　电视谈话节目"能够帮助我们知道在这个越来越危险、越来越难以沟通的世界上发生了什么事情，应该怎样行事"。谈话节目不仅成为语言馈赠、思想碰撞、感情交换，同时也包含了人类生存方式的相互参照。

　　在新闻性谈话节目中，主持人、嘉宾或观众共同就某一新闻事件进行讨论，或对新闻人物进行面对面访谈，以帮助人们了解新闻事件和公众舆论对这一事件的看法。讨论、辩论在不同参与者之间进行是这类谈话节目的亮点，注重思想性而非参与者的个人特性是这类谈话节目得以流行的原因。

　　此类谈话节目是新闻频道中常用的一种专题节目形态，像CNN的《拉瑞·金直播》，就是对与新闻事实相关的嘉宾的深入访谈。凤凰卫视的《一点两岸三地谈》也充分运用连线的方式，将北京、台北与香港及演播室连在一起，围绕两岸三地共同关注的话题，让三种不同意见的声音直接交流，开创性地实现了两岸三地的"面对面"对话。

二、新闻品牌栏目建设

成功的新闻频道离不开品牌的培育与经营。电视频道专业化，带来的直接后果就是品牌竞争变得越来越重要，任何新闻频道都必须创建自己的品牌栏目。品牌栏目是新闻频道的基石，这些栏目具有高知名度、高收看频次和高欣赏指数，能够使观众产生约会意识和收视依赖，增强频道的忠实度。

1. 品牌栏目的意义

美国市场营销会曾将品牌定义为：用来识别一个（或一群）卖主的货物或劳务的名称、名词、符号、象征或设计或其组合，并用来区别一个（或一群）卖主或其竞争者。简单地说，所谓品牌，对物质产品而言，它是一种质量和信誉的保证，代表的是这个产品。

推而广之，具体到电视品牌，有人把它归纳为"电视媒体与受众的感情，也就是拥有广泛的受众即忠诚度和重要购买力的电视节目"。

美国资深品牌专家琳达·翁（Linda Ong）在 2005 年 6 月 14 日的第 11 届上海电视节上，就频道品牌的建设与管理作了录音演讲。她说，要了解品牌的含义，首先要看品牌不是什么。她说，品牌不是一个标志，不是一个品名，不是一个符号，不是一个图形的识别系统，这些都是一个品牌的机制。她认为，品牌应是一组期望，即观众能够对于你的品牌有一些期望的节目；品牌是一个承诺，是你今天提供什么，明天提供兑现什么；品牌同时也是一个内部的合约，希望员工能了解媒体发展的方向，同时，根据上面的期望，做出相应的表情和反应。因为品牌是一个承诺和一组期望，所以任何时候，任何人，看到了和你品牌相关的事情，他应该被满足这些期望，同时感到这些承诺被兑现。

江苏城市频道的《南京零距离》即是品牌栏目实践的成功范例，其"民生新闻"的定位，既是栏目对观众的一种承诺，也养成了观众对栏目的期望，同时也指导、约束栏目的员工围绕栏目的独特定位而组织选题，采用平民视角，甚至大量运用百姓现场拍摄的新闻，结果一举成名，带动了全国民生电视新闻热潮。据 AC 尼尔森调查公司数据表明，《南京零距离》年均收视额达到 11.7%，开播第 36 周，即名列南京地区节目排行榜第一名。收视率的提高和收视份额的扩大，带动了整个频道的经济收入，2002 年 1 月 1 日开播的当年，该栏目的创收就使频道由上年的 2000 万元增加到当年的 5000 万元，接着到 2003 年飙升至 8000 万元，到 2004 年竟被一家广告公司以 1.0088 亿元买断，2005 年广告招标又提高到 1.0388 亿元。

2. 品牌栏目的建设

一个电视品牌栏目的建设应具有以下特征："较高的知名度和稳定的收视群体；稳定的质量水准，包括文化品位以及技术和艺术标准；与同类节目相比所具有的领先性和独特性；持续发展所需要的自我调节能力；经过时间考验的持久生命力；栏目主持人个人风格的人格魅力。"①

琳达·翁在我国"首届电视品牌营销与整体包装国际研讨会"（2004）上讲到品牌策略的奥秘时，提出了"六要素"的观念，即远见、使命、品牌价值、定位、品牌属性和核心承诺。其中，品牌价值是品牌的核心动力，也是品牌的意义所在。定位是栏目品牌的精神所在，它表现品牌身份并赋予意义。并且，定位应当是一个适于记忆的表述，是一种大众的说法，是每一个人都能讲出的一句话。像凤凰卫视的定位语是"沟通两岸三地，团结世界华人"，其独特性一目了然。

有人说，最终成为品牌的栏目往往都是发自于独特的创意。而创意的独特常常首先表现为创意的领先性。像凤凰卫视的《凤凰早班车》栏目，首创了在电视上说新闻的方式和风格。

独特的创意也常常意味着采用一种"另类思维"，它是从操作层面体现栏目的独特性。凤凰卫视的《媒体大拼盘》应是这方面的典型代表。这档节目浓缩两岸三地的社会民情新闻，精选中国各地最新发生的社会新闻，以另类读法挖掘新闻之外的信息。这是凤凰卫视对其他媒体报道过的新闻按照一定的主题进行整合解释而成的，属"文摘式"的新闻栏目。

品牌建设是一个过程，在品牌生命周期里有如下几个重要的步骤：

首先是调研。要了解我们的观众，"需要知道他们是如何地想问题，如何地感觉问题，如何地爱，如何地恨，如何地看电视，如何地不看电视，最重要的是为什么会这样"（琳达·翁，2005）；通过调研，来提供一些对本栏目有可能突破的情况了解，并获知观众的一些深层的想法，以使栏目定位符合观众的口味。琳达·翁提出了一些调研的方法：如通过小组调查法，了解品牌突破的可能性；一对一的研究，即通过一天对于特定目标消费者的观察，看他们的收视行为，看他们的生活方式，看他们的"购买行为"等一系列行为，这样的方式适宜依靠人口定位的电视新闻频道；观众分段研究或区隔研究，即通过电话或网络调查，把观众的结构分开进行调查，以了解是什么推动了观众；节目的小组调查是用来了解观众对于节目、对于节目的创意进行

---

① 中央电视台课题研究报告. 电视专业化频道的营销策略研究. 2002

测试，同时预测收视率；跟踪观众调查法，主要用来了解品牌的表现，如品牌认知的情况、品牌的亲和力、品牌的属性等，这样可以了解品牌发展的过程，同时了解品牌的观念。

其次是品牌策略。品牌策略的构建是包含了一系列要素的层次体系，如愿景、价值观和定位语等，通常集合表现了一个频道品牌的理念。愿影是一个频道"长期的指导性理念，用于激励人们心目中对于品牌情绪的联系，它应是很彻底的，同时又是很广泛的，就像我们一个品牌的指南针"（琳达·翁，2005）。如 CNN 的"面向全球，关注世界"，台湾东森新闻台的"为观众提供最真实、最完整的即时新闻报道"，前者强调全球性，后者强调即时性。品牌要素中的价值观是品牌的核心原则、信仰，它要定义好我们做什么，以及我们如何去做。如 CNN 在创办初期就强调的希望开创电视新闻"公正、精确、负责任"的观念；凤凰卫视"融合南北东西文化"、"多元化雅俗共赏的节目"，就清楚地表明了该媒体支持什么，反对什么。品牌策略的第三个要素是定位语，前面曾经提到它实际上已明白地告诉观众，什么让我们和别的频道、栏目不一样，媒体独特的卖点在哪里。

品牌定位语，是一个品牌的精神所在，它明确了一个栏目的目标，提出了一个在竞争环境中生存的独特口号，并作为栏目员工的行动指南。如《凤凰正点播报》作为资讯台的主打栏目，每天播出数十次，基本上每隔半小时就滚动播出一次，时长在 5 分钟到 25 分钟不等。在这样密集的播出中，拿什么内容与众不同，以此吸引固定的和游动的观众呢？它们提出了"给我半小时，给你全世界"的口号，栏目的内容涵盖港台、内地和国际时事及财经新闻，它给人以这样一种强烈印象：在任何时间收看资讯台的节目，总可以看到最快、最准确、最全面的新闻报道。这个定位语也体现了凤凰资讯台"资讯为先"的新闻策略。

凤凰卫视的《有报天天读》以"一个事件、多种声音"的定位，开创了我国电视读报的新形态，其荟萃媒体言论精华，填补言论资讯落差，加上主持人杨锦麟个性化的读报风格，使其收视率在开播后迅速蹿升，创造了"零资源"商业化运作的奇迹。

品牌栏目的定位为自己的电视产品塑造了一个能够吸引观众的品牌，让观众认识和了解其区别于其他栏目的特征，进而产生优先收看的倾向。

电视栏目品牌定位的关键是为其节目产品寻求差异点。确定栏目品牌个性的差异点，可以彰显产品特色，提高竞争力。就栏目本身来说，就是指观众差异、内容差异、地域差异、风格差异等，一个具有差异点的定位几乎决定了传媒产品的命运。

CCTV 新闻频道的《面对面》栏目，自亮相新闻频道以来，收视率一路攀高，在新闻频道诸多栏目中位居第一，被称为名副其实的品牌栏目。栏目的成功，应当说与栏目准确定位与质疑风格有关。特别是在 2003 年"非典"时期，《面对面》和王志犀利的主持风格，也成为那个"非常时期"观众心目中的"非常栏目"和"非常主持"。

谈到《面对面》的质疑风格，栏目主持人王志说：质疑实际上是给对方提供了一个平台，用平等的心态，用一种方法去刺激对方，有意制造一点冲突，跟对方拧着来。要有采访者的意识，要有心理活动，尤其是采访正面人物，更要有冲突感才有意思。质疑是谈话类节目能达到的终极目标。但有一个底线，就是你别生气走了。有人说，是非常时期的非常采访成就了王志，但也不能忽视是王志的独特主持才能与技巧，促成了品牌栏目的成长。

第三，品牌栏目培育。品牌栏目的持久生命力在于持续的传播，始终保持对观众持久的吸引力。美国 CBS 的《60 分钟》从 1968 年创办至今，仍然深受美国观众的欢迎，成功挤进了美国收视率前十名的队伍，而且连续保持了22 年。是什么让他们成功？是什么让他们一直保持着这个世界电视品牌节目？《60 分钟》前执行制片人唐·休伊特介绍说："没什么秘诀，就是我们有一个很好的队伍，就像莫里·塞弗先生。我们有好的发现新闻的记者，也有好的报道新闻的记者。"（唐·休伊特，2005）莫里·塞弗如今已 74 岁，是仍然工作在《60 分钟》栏目的著名主持人，他于 1970 年加入《60 分钟》，曾九次获得美国"艾美奖"。2005 年 2 月 24 日随唐·休伊特到上海出席"国际电视主持人论坛"，在接受记者采访时曾说过，我们新闻工作者必经要讲好一个好故事。就是说，要抓住你的（观众的）注意力，让你在瞬间觉得这个东西你不知道，那就成为好的新闻素材，然后你去挖掘它、报道它。《60 分钟》正是靠着这样一批平均年龄超过 60 岁的老新闻制作队伍，保持着《60 分钟》讲好故事的传统，维系着《60 分钟》的品牌。

同样的理由，在 CNN 品牌栏目《拉瑞·金直播》也得到验证。该栏目于1985 年 6 月首次出现在 CNN 上，是全球第一个在播出中可以电话参与的电视谈话节目，也是 CNN 收视率最高的节目。节目的制作是用几个关键的问题把话题引出来，之后又把热线电话、因特网开通，向全世界开放，增加了节目的互动性，实现同步交流和反馈对话。节目每次采访一人，采访者往往是在美国政界、经济界、娱乐界颇有名气的人物，或是媒体关注的敏感人物。在制作节目时，拉瑞·金从容不迫，从不因为采访对象是总统或要员而显得卑躬屈膝，一张"铁嘴"什么都敢问。他经常现场发挥访谈问题，使节目具有很强的可视性，以至于很多媒体都说，"美国人可以不相信总统，但不能不相信拉瑞·金"。

品牌栏目是靠人来维护的，正因为有支高素质的队伍制作出一个个精品节目，才保持了栏目的整体质量和品牌品质。诚然，品牌栏目的维护不仅仅要有一支好的员工队伍，品牌宣传也是不可忽视的一个重要因素。品牌宣传，主要是用来宣传品牌的情况、属性以及品牌的一些期待。宣传途径有对内宣传和对外宣传两种。对内宣传包括员工培训、品牌手册、品牌管理等，让每位员工都成为品牌的大使，对品牌的感知负有责任，"这样可以创造一个品牌的文化，每一个行为和每一次沟通，都成为品牌走上正规的一次努力"。对外品牌宣传，包括收视宣传、广告宣传等，形式上可采用在播宣传和离播宣传的方式，扩大品牌的影响。

全力维护和宣扬品牌核心价值已成为许多国际一流品牌的共识。我们通常会认为一个品牌若是一直坚持一种风格似乎会丧失产品的新鲜感，跟不上时代的要求。其实不然，美国 CBS 的《60 分钟》就一直在讲述"真相"的故事，至今已讲述了 30 多年仍常盛不衰。CCTV 的《东方时空》中的《生活空间》（百姓故事）也一直在"讲述老百姓自己的故事"，保持了我国电视新闻杂志第一品牌。

品牌的核心价值使观众对栏目产生了一种"约会"意识，期待着相应的传媒产品出现。一旦具有核心价值的品牌确定，就不要轻易改变，"应该将所有能势都往同一个方向努力，让每一个品牌行为都对品牌资产积累有所贡献，让点点滴滴的传播动作都成为品牌资产的积累和沉淀"。

第三节　新闻频道的编排策略

数字技术的革命，使电视频道不再成为稀缺资源。以栏目化管理为主的局面正在让位于以频道化建设为品牌营销的时期，电视频道之间的竞争随之加剧。过去单纯以栏目竞争为中心，如今各媒体开始注重频道电视节目的编排，并将之作为一项非常重要的竞争策略。

电视节目编排，即节目组合的艺术，时间分割的艺术。日本学者上藤竹晓认为，从广义上讲，电视节目编排是指广播电视机构在自己的主体立场上，对作为电视传播机构最后的产品——节目的各种条件予以选择和决定的一切活动。从狭义上讲，是指决定具体的节目条数、播送时间、播送顺序和播送结构等。

也有人认为，电视节目编排是各个电视传播机构在具体的传播过程中，按照一个台或一个频道的性质、服务宗旨，有比例、有步骤地将一个一个编排好了的节目和专栏以时间为序，集中起来以"套"的形式不间断地播出。这里的"序"如何排列，"集"如何串联，依然有一个编排的过程。

一个节目，即使它本身做得再好，如果没有放在一个合适的时间播放，还是难以达到预期的收视效果；一档栏目也是这样，即使做得再精致，如果组合、搭配不当，仍然激不起观众的兴趣；一个频道，即使有很多精品，如果不能通过节目编排营造出一种整体风格，又不研究播出策略，势必缺乏竞争力。正因如此，节目编排日益受到媒体的关注。

一、编排原则

节目编排是电视台与观众之间的桥梁和纽带。如果打一个通俗的比方，节目就好比是一道菜，节目编排则是决定在什么时间上这道菜，如果在合适的时间上菜，顾客可能胃口大开一扫而光，如果上菜的时间不恰当，顾客可能连筷子都懒得伸出来。所以时机的把握很重要，一定要讲究"火候"。对于节目编排而言，这个"火候"的考虑要兼顾到节目资源、观众需求、时段划分乃至竞争对手的相关资料等几个方面。

1. 编排思想确立

作为信息传播的媒介机构，任何一家电视台的新闻节目制作和播出都是其日常工作的重头戏。新闻节目的编排绝不仅仅是各条新闻的随意拼凑、组合，而是根据新闻的内容、栏目的特点，按照一定的编排思想，赋予它们一定的表现形式，使其体现出本台的立场和态度，并使节目具有可视性和吸引力，产生出最佳的整体传播效应。正因为如此，任何一期新闻节目，都不只是多条新闻的简单汇集，而是根据新闻内容和编排原则所做的有机组合。这种组合包含着对每条新闻所反映的客观事实评价，而评价的依据就是编排思想。所谓编排思想，就是在决定某一新闻是否播出以及各条新闻、各个新闻栏目播出顺序时所表现出的思想倾向。编排思想的确立必须建构在正确的思想指导基础上。

作为党和人民的喉舌，我国的各级电视台承担着宣传政策、联系群众、反映情况、引导舆论等任务，尤其在新闻节目上，体现出很强的政策性。所以要学会运用马克思主义的基本立场、观点和方法，善于透过现象抓住事物的本质，认真分析报道那些新近发生的客观事实。

　　编排思想的确立，必须有对全局形势和实际情况的整体把握。在编排新闻节目时，要胸怀全局，站在时代的高度和观众需求的高度正确选择、处理和组织稿件，体现出节目的整体设计和编排需要。其实，新闻节目的编排，就是按照节目的整体组合要求和视听信息的集约化表现需要，对单条新闻进行选择、整合，对新闻栏目巧妙安排的过程。

　　这种整体把握体现在要处理好报道的平衡性，以便客观、全面地反映出现实生活的真实面目。其具体表现为：第一，注意报道中心与报道面的适当平衡。优先选用与报道中心有关的新闻，适当兼顾各个岗位、各种生活形态的报道领域。第二，注意各种报道内容之间的适当平衡。要综合反映出社会生活中各个领域的状况。第三，注意表扬与批评的适当平衡。对于先进经验、先进人物的报道，要优先选用，让其产生出较大的指导、示范作用；对于社会上的丑恶现象，要勇于揭露。只有激浊扬清，才能发挥出正确的舆论引导作用。

　　编排思想的确立，必须构建在对节目特点和观众需求的了解上。每一档新闻栏目，其定位不同，体现出的风格也不一样。如中央电视台新闻频道节目中的《新闻会客厅》、《央视论坛》、《世界周刊》等，虽同为新闻栏目，但在内容选择、节目形式上却各有侧重。

　　观众的具体需求也是不断变化的，不同时期对节目内容的要求也有所不同，即使是在不同时段里，观众也有特殊的收视心理需要。编排思想根据电视新闻频道的工作和观众的需要，确定各类节目的播出比率和播出时间。它具体表现为以周为单位的节目时间表，刊登在各地的电视节目报上。

　　编制节目时间表实际是频道编排思想的体现，它要综合考虑以下因素：① 根据本频道的工作任务和观众的实际需要，将不同节目合理搭配，既符合播出比率又能产生出最好的整体效应；② 针对其他电视频道的情况，采取相应的竞争策略；③ 考虑临时可能出现的特殊情况以及应急措施，如凤凰卫视针对美国"9·11"事件的新闻直播；④ 节目时间表要相对稳定，以形成相对稳定的受众群，如果节目播出时间每周都游移不定，对收视率会大有影响。正是因为具体实施时要考虑到诸多方面，所以编制节目时间表被认为是一项技术和艺术相结合的创造性的劳动。

　　目前国际上通行的节目时间表编制方式有三种：

　　第一种是"带式"编排。即在固定的时段固定地播出某类节目。这种编排的好处是，各类节目的播出时间固定，观众容易记忆，可以根据自己的喜好按时收看。

其次是"花式"编排。这种编排可以不受时段的限制，认为某个时间安排什么节目合适，就安排这档节目。比如配合人大、政协会或奥运会等重大报道的特别节目。这种编排的优点是灵活，但是节目收视率往往得不到保证。

还有一种方式是"抽屉式"编排。即把某个时段作机动处理，根据临时出现的情况安排节目播出。这种方法使时段、节目、观众都处于一种随机的状态，难以产生规模和效应，所以目前国内极少有电视台采用。

2. 编排原则要求

电视节目编排从总的方面来看，应以频道传播效率最优化原则来组织频道的栏目和节目，做到以品牌栏目为中心，带动整个频道的发展。具体说来，要遵循客观性、稳定性、整体性三项基本原则。

（1）客观性原则。即根据不同观众群体的生活规律安排播出时间，在节目最合适的时间播出。如中央电视台第二套的《对话》，原计划安排在晚8：00，后考虑到特定节目对象的生活特性，将之延迟到晚9：30，现在又改到22：05播出。现代电视传播中通行的做法是，将可供一家人观看的节目安排在黄金时间，因为这个时候的观众包括成年男子和妇女，以及十多岁的少年和儿童。黄金时间的播出安排一般是媒体最为重视的，往往将最有竞争力的节目放在这段时间，以争夺收视率，扩大影响，最终争取到更多的广告客户。每个具体的时间段里，其收视对象的具体情况都不一样，每种类型的节目都只有放在最适合于它的时段才能赢得最佳的收视效果。

客观性原则，强调对观众生活习惯和收视规律的充分尊重，以最大限度地减少观众的流失。有时，在不同节目的板块之间或不同类型的节目播演之间安排过渡性节目，不失为减少观众流失的一种方法。因为节目不同，其受众群体也各不相同，两档风格各异的节目编排在一起，极有可能破坏已经形成的收视格局，造成观众的流失。而如果安排一档合适的过渡性节目，不仅可以顺利地实现节目的转换，使观众继续往下收看，还有可能吸引新的受众。

（2）稳定性原则。即节目播出时间不轻易变化，以便观众掌握节目播出的规律，逐渐养成相对稳定的收视习惯，最终培养一批稳定的受众群。新闻频道编排的一般规律是，将新闻节目划分为整点新闻和分类新闻，整点新闻是在逢正点时播出新闻信息，这在前面已有介绍。

一般而言，一天中人们的生活大致是：清晨准备行装出门上班、上学，这时的生活节奏紧张，电视台主要安排简洁明了的新闻信息和服务节目。

上午和下午，是工作时间，一般安排老人、妇女爱看的节目。在这段时间之间的12：00—14：00时，是午餐和午休时间，这时可以安排一些较为轻松的节目，作为两段工作时间之间的调整和过渡。中央电视台新闻频道在这段时间内以《新闻30分》这档软新闻为主，并安排节奏平缓的其他节目作为这一时段的支柱，使这一时段形成了一个收视的小高峰。

晚上，人们经过一天繁忙的工作和学习之后，终于迎来了休闲时间。在这段时间里，人们从身体到心理，都需要放松，同时也渴望在信息、文化、休闲、娱乐等方面获得满足。所以这段时间可以播放新闻、专题、谈话类节目等。这个时段被称为电视播放的黄金时间。

黄金时间应推出本台最有代表性、最可能赢得高收视率的名牌节目。这种黄金时间与名牌节目的结合，既可以使名牌节目的影响更大，又可以使黄金时间的价位增值，所以是一项双赢的策略。

就整体而言，节目安排在黄金时间播出会比安排在其他时间播出赢得更高的收视率。但是对于一档具体的节目而言，因其受众的具体情况不同，所以"黄金时间"的概念又不能绝对化，应当说，最适合这个节目播出的时间才是这个节目的黄金时间。凤凰卫视的《时事开讲》，就创造了深夜黄金时段。

在节假日里，人们的闲暇时间较多，生活节奏和收视心理也较平时更为松弛，所以节假日也被视为节目播出的"黄金时间"。为适应人们节假日在休闲、娱乐方面的需要，电视台往往打破常规，加大新闻周刊、娱乐新闻、体育休闲类节目的比重，以吸引观众的眼球。一些适合在节假日收看的节目以及平时不便安排的大板块节目，也可以在节假日找到播出时机。这种在节假日以灵活、非常规的编排获取人们对节目关注的编排，被称之为节假日效应。

固定的节目时间安排，培养起一种社会性的收视习惯，这种稳定的编排对于扩大节目的影响，赢得广泛的收视是十分有益的。

（3）整体性原则。即把各类电视节目作为一个整体对待，在编排的时候考虑到它们之间的关系，并使它们的连接、组合能够产生出整体效应。这时需要注意到两个方面：

一是要让节目之间相互照应。也就是说两个相邻的节目之间要相互配合，不能相互干扰。二是要让经过编排之后的节目形成整体优势。也就是将播出的各种节目视作一个有机整体，最终的播出效果应是整体效果大于各个节目单独播出的效果。这种效果可以通过多种途径获得：

第一种途径是组合式编排。就是把几个不同类型的节目，或同种类型的节目有机地组合成一个"节目群"，安排在一个特定的时间区。这种"节目群"，比单个节目更具吸引力。目前中央电视台的节目安排就是采用这种方式。

第二种途径被称为载波式编排，也就是以某类节目为基础，把一些重要节目有规律地附在上面。目前各专业频道包括新闻频道的节目编排就属于这种形式。

第三种是串联式编排，也就是通过主持人把各种节目连接起来，形成一个有机的整体。这种编排可以是一天的节目，也可以是一个时间区的节目。这种形式在日常播出中用得不多，但在某些重大的纪念日已经有了成功的运用。如1997年的《香港回归》特别节目，2001年7月13日的《北京申奥》特别节目和凤凰卫视对美国"9·11"事件的新闻直播等。这些节目的直播场次较多，主要采用主持人串联的方式编排，一气呵成，体现出极强的整体感。

以严格的观众收视时间、收视习惯和收视心理调查为依据，从频道的整体结构出发，通过对栏目合理的编排，协调好栏目之间、栏目与频道之间的关系，处理好节目的层次性和多样性两个方面的问题，这样才能使频道节目串联起来，从而实现整个频道的一体化和风格化。

二、编排策略

在电视节目资源稀缺时代，我国电视观众能够收看到的频道屈指可数，无外乎中央和省、市的几个频道，于是捡到篮里都是菜，观众没有选择余地，电视台也缺乏竞争意识，对节目编排的研究几乎为零。现在，我国已经拥有电视频道3000多个，是世界上拥有电视频道最多的国家之一，随着数字技术的发展，付费电视频道急速增加，且境外电视频道陆续落地，使观众有了更多的选择，现在观众选择频道的时间，已经从平均12秒停留下降到了7秒至4秒之间。频道之间的竞争越来越激烈，于是对节目编排的研究也日益受到重视。美国电视网、台在竞争中总结出一些行之有效的策略，可供我国媒体借鉴。

1. 编排的主要策略①

（1）板块式节目安排。这是一种把观众由一个节目带到下一个节目最常采取的策略，就是利用观众收视类似节目的倾向，在整块的时间里连续安排对观众有相似吸引力的一系列节目。典型的板块常称为"垂直性"节目安排，节目通常延续两个或两个多小时，这种做法最终能起多大作用，与其牵头节

---

① [美]赫伯特·霍华德等著. 广播电视节目编排与制作. 新华出版社，2000版. 210

目是否有强势吸引力密切相关，因为观众一旦被一档强势节目所吸引，就会继续收看随后播出的节目。所以，这种策略又被称为"牵头节目"效应。比如中央电视台一套晚间的黄金时段是以《新闻联播》这档目前国内信息量最大、影响最广泛的电视新闻节目作为牵头节目，其前是 50 分钟的《东方时空》，从 18：15 开始，将黄金时间向前延伸扩展，其后又紧跟一档同属新闻类，在舆论监督方面颇有权威的《焦点访谈》，使这个时间段的收视率始终稳居前茅。

（2）全盘式节目安排。这种做法也被称为"横带式"或"水平式"节目安排，它是利用一些人每天例行的收视习惯，把一定的节目排在每天的同一个时间播出，通常是从星期一到星期五。大多数白天节目、晚上的新闻广播和黄金时间播出的专栏都是遵照这种方式编排的。如中央电视台一套从周一至周日，在每晚 22：39—23：30 这个时间分别安排了《新闻调查》、《实话实说》、《艺术人生》、《幸运 52》、《曲苑杂坛》、《同一首歌》、《开心辞典》等七个不同的节目。这样就在编排上形成了绵延不断的精品节目流，让栏目与栏目之间靠名牌关联，构成一个相对完整的板块，解决了由于单个栏目播出时间间隔过长，观众很难记住播出时间而容易流失的问题。

（3）"重型打击"式编排。重型打击措施，即是安排一个强势的、单项的、历时 90 至 120 分钟的节目，直接同对手较短节目的板块竞争的措施。在有些情况下，重型打击措施节目在对手的板块开始之前就先发制人播出，使对手不敢把板块推出来。无论是哪一种情况，其意图都是及早抓住观众并一直把观众的兴趣保持很长的时段，以取得削弱对手节目的效果。

重型打击措施可以是一周的定期系列节目、一个专栏节目，或者是一次性的特别节目。像 CNN 早间和午间的《商业新闻》、深夜的《今日世界》，与此相对应的英国 BBC 早间的《新闻早餐》等。

（4）"顶梁柱"式编排。这种策略与前面讲到的重型打击措施类似，只是作为"顶梁柱"节目的，长度不一定在 90 分钟以上。"顶梁柱"效应是对实力较弱的电视媒体而言的。对于那些自办节目不多或不具备办名牌节目实力的电视媒体来说，重视"顶梁柱"效应，是提高收视率的一种策略。

"顶梁柱"效应有两层意思：一种是指在一天之内，不在每个节目上与其他电视频道争夺观众，也不期望每个节目都有较高的收视率，而是在最合适的时间推出自己的"顶梁柱"节目，并以此为基础，逐步加强这一时段的节目实力，稳扎稳打，步步为营。另一种是在一周之内，力争在某一天以"顶梁柱"节目扩大自己的地盘，待条件具备后，再以同样的办法向另一个播出日进军，逐步使自己的实力壮大起来。

（5）赛实力式编排。这种策略是指一个台或电视网播放占据优势的节目的时候，其竞争者也播放另一个强势节目与之相拼。虽然赛实力的节目安排在有些情况下能起到一定作用，但电视台常常因为进行这样的拼实力竞争而浪费了强势的节目，分流了节目的观众，竞争的双方在收视率方面受到一些挫折。

（6）逆向式编排。这是一种"人进我退，人退我进"的灵活战略，它也是针对实力较弱的电视台而言的。这种编排的基本出发点是，在那些占上风的电视台较为忽略的观众和时段中，推出自己的强势节目。

逆向安排节目的另一种做法是，如果强台已经用收视率较高的名牌节目控制了某一播出时段的主动权，那么，弱台可以在同一播出时段里安排另一个内容和风格截然不同的节目。

2．编排的次要策略

上述六种做法，是电视节目编排中的主要竞争战略。随着媒体间竞争的日趋激烈，一些电视节目编排人员另辟蹊径，探索出了一些次要的竞争策略：

（1）特别节目安排。在电视媒体中大多数是经常性的日播节目，但如果电视台能配合时势策划一些特别节目，对树立本台形象、扩大社会影响、提升知名度都有明显的效果。如中央电视台在美、伊战争期间的新闻直播和连续报道安排，收到了意想不到的高收视率。这些经过周密策划、精心制作的特别节目隆重推出的时候，常常受到广泛的欢迎。

（2）吊床式节目安排。这种做法是在两强节目之间，安排一个新节目或一个弱节目。由于观众看了前一个成功的节目之后，又不想错过后一个成功的节目，于是处在中间位置上的节目就既受益于后面节目开始时的期望承袭，又受益于前面节目结尾时的心理共鸣。

（3）"帐篷支柱"式安排。帐篷支柱式安排是在某个时间安排一档有吸引力的节目，通过这个节目的强势及热效应来拉动前后节目的收视率，就如同搭帐篷。

（4）节目的系列化安排。这种做法是将具有重要意义的内容或者观众广泛感兴趣的题材制作成一系列的节目，在一段时间里连续播出，这种持续不断的密集播放容易形成浩大的声势，产生轰动的社会效果。比如配合奥运会、亚运会制作的系列专题节目，还有每年"3·15"期间关于产品质量问题的系列报道等。

(5)延长强势节目的安排。这种做法是把一个受观众欢迎的节目长度延长,以拓展高收视率的时段。比如将半个小时的节目扩充到整整一个小时,或者一个小时的节目延长到两个小时。这种做法通常用于一流节目,但要注意结构的紧凑和节奏的流畅。目前,大多数民生新闻栏目都采用了60分钟直播的结构形态,保持了这类节目的高收视率。

(6)提供特殊类型节目的安排。这种做法是为有特殊需求的群体提供特殊类型的节目。这类节目争取的不是广大的观众,而是目标受众。它们既可以对现有的节目构成有益的补充,又可以在目标受众中赢得高收视率。比如中央电视台第二套节目的《对话》,其收视对象锁定的是关注经济改革动态并具有决策能力的社会精英人士,它在这类人士中享有的高收视率,使其在广告市场的竞争中占据了优势地位,广告收入在央视的知名栏目中位居前列。

3. 编排的成功经验

关于电视节目的编排,在广播电视业竞争异常激烈的美国已经积累了一些成功的经验。英国《国际电视业务》(1989年10月号)介绍了美国电视节目编排的部分经验,至今仍有借鉴意义。

(1)认真研究竞争对手。电视台成功的诀窍是什么?采取同样的措施,也许你能获得成功,但应注意播出时段的慎重选择。一位美国喜剧大师曾经说过,模仿为电视制作中最实用的工作方法。但是,若想在高手林立、竞争激烈的电视界开创一片基业,则必须设法避免与对手发生正面冲突。在对方已经站稳脚跟,一时恐怕难以取而代之时,应当认真分析对方在哪一方面比较薄弱,对哪些电视观众采取比较忽略的态度,并以此为突破口,创办自己的节目,形成自己的风格。

(2)密切注意时代思潮。在制作或购买电视节目的时候,必须结合电视台所在国家和地区的实际情况,务必做到使节目内容与社会流行思潮统一起来。电视观众的收视兴趣经常处于变动之中,电视要适应社会变化,求生存、谋发展。

(3)研究自己的电视观众。在激烈的竞争环境中,舍不得把投资用于观众调查是一种缺乏远见卓识的短视行为。应当认真调查和分析电视观众现状,了解男性、女性、青少年、儿童等不同层次的观众对一个电视节目的不同反映。重要的广告厂商需要了解收视反馈方面的详细材料,这方面的调查结果也构成了电视节目编排工作中最重要的决策依据。

(4)争取最佳节目编排效果。节目播出计划并不是电视节目的简单组合。一个播出计划的制定必须与电视台或电视频道的战略发展规划结合起来,必须与争取更多的电视观众这一近期和长远目标统一起来。播出计划的制定应做到各个节目有机地连在一起，并使每一个节目都能发挥承上启下的作用。多年以前，美国电视节目编排人员就发现了电视观众固定收看某一频道节目的收视倾向。如果一个电视频道的节目能够持续不断地吸引观众的注意力，电视观众就可能不再频繁地变换频道，乃至成为某个电视频道的忠实观众。

（5）注意观众流向。电视节目编排工作的基本原则是使一套节目具有相对较固定的收视对象，并使观众在看完一个节目以后能自然而然地继续收看下一个节目。中央电视台新闻频道在每晚黄金时间 19：38 播出《焦点访谈》之后，接着安排了《今天》（20：00）和《新闻会客厅》（20：30），再接下来的《新闻联播》信息重播后，又安排了《国际观察》（21：30），这样就形成了一个国际国内重要事件的深度报道和分析评论板块。

（6）掌握反向节目编排的技巧。如果竞争对手已经用收视率极高的名牌节目完全控制了某一播出时段的主动权，在同一播出时段里则应该安排一个风格和内容都与其截然不同的电视节目。这种反向节目编排的手段也许在试用多次以后才能奏效。另外你还可以采取"先发制人"的策略。如果对手在 9点钟开始播出自己最受欢迎的综艺节目，你可以在 8 点半开始播出一个讲故事的新闻杂志节目。坚不可摧的电视节目为数极少，绝大多数电视节目总有某些薄弱之处，竞争对手总能设法与之抗衡。

（7）加强地方性节目的比重。"离家越近，乡情愈浓。"一般情况下，人们都更加关注与自己的切身利益息息相关的事物。某些观众收看电视节目的目的是为了逃避现实，但是他们无法使自己与外部世界断然分开。天气预报、地方性灾难、地震预报、战争的逼近等等对他们的生活影响最大的事情也应该是最重要的电视新闻。总之，观众对那些能向他们提供需要的信息并能解决他们在生存道路上面临的难题的电视节目，总是表现出极其明显的收视倾向。

（8）购买节目应适合节目编排的需要。选购电视节目的时候，应该按照电视台的长远规划和现时需要安排采购，应当努力避免按个人的意愿办事的倾向。

三、编排制作

1．编排步骤

新闻频道基本支撑节目是分布在 24 个正点时段上的"整点新闻"，加上其他具有明显个性特征的整点新闻专栏，构成了新闻频道的节目支柱。如果说编排策略主要是从频道运作的宏观角度思考竞争问题的话，那么，针对每一个时段的新闻栏目则要考虑节目编排的问题。以消息类新闻节目编排为例，其制作步骤如下：

（1）选择可用新闻。新闻节目编排的第一步，就是对记者和其他方面提供的新闻作出选择，决定取舍。选择的标准，主要是新闻价值，其次要考虑是否与节目风格相一致，比如富有情趣的软新闻适合放在《新闻30分》中，严肃的政治新闻则放在《新闻联播》中播出。最后，还要考虑到新闻是否具有可视性。虽然随着电视技术设备的完善和制作水平的提高，可以采用诸如动画、特技、图表等手段对节目作视觉化的处理，但是可视性在很大程度上取决于新闻内容本身，并会对电视新闻的价值造成一定影响。

（2）确定头条新闻。头条新闻是一档新闻节目的重心，也是报道思想和编排思想的集中体现。一般说来，在我国，"联播"类头条新闻被比作"国内外政治风云的晴雨表"，是重大政治、经济、文化、体育、军事活动的报道，是政府中心工作的"备忘录"，是改革开放建设成就的检阅，是重大天灾人祸的现场记录。头条新闻的选择是否恰当，反映出编排者水平的高低。

（3）合理安排播出次序。电视新闻按时间的流动直线播出，在各条新闻的顺序排列中也体现出了具体的编排思想。一方面，排在前面的新闻应该是国内外的重大事件；另一方面，把某些新闻放在前面，可以起到强调、突出的作用。但是编排次序不能单纯根据新闻价值的大小来决定，因为还要考虑到整档节目的节奏，以及观众的收视心理等等，所以它是综合考虑的结果。有必要提出的是，我国电视新闻编排中沿袭的"先国内、后国际"，"一时政、二经济、三文化、四体育"的固定模式，使得一些不太重要的新闻常常被安排在重要位置，而一些为观众所关注的重要新闻却被放在次要位置，以致出现一些观众反映只爱看《新闻联播》后10分钟新闻的现象，这是应该引起编排人员高度重视的。

（4）精心编写新闻提要。每一档新闻节目，一般都有"提要"。"提要"不仅可以指导收视，提供简单明了的信息，还可以突出重要新闻。观众往往会更加关注提要所涉及到的内容，并且认为它是这次节目中的重点所在。所以"提要"实际上也是评价新闻的重要方式，体现出了某种编排思想。

上述四点，既具体反映了编排思想，也是新闻节目编排的基本步骤。

2. 编排技巧

（1）头条新闻的处理。在"编排思想"部分，我们提到过头条新闻。头条新闻是一次新闻节目的开端。传播学认为，一定质量的信息作用于受传者时，第一次最初的刺激留给人的印象最为强烈，所以头条新闻选择、处理是否恰当，会直接关系到整档节目的收视率。头条新闻不仅在思想上要具有指导意义，在内容上也应该是老百姓最关心的事实，还要在表现形式上具有可视性，要使声音与画面有机结合，内容与手段相互匹配，以吸引观众往下收看。

（2）突出重点的编排。每次新闻节目都会有报道的重点，它既是报道的重心，也体现了电视台的立场和态度。突出重点可以从三个方面着手：首先，是在新闻的数量上体现出集合优势。其次，是把一组重点新闻排在前面，使其在收看的顺序上占有优势。最后，可以通过编排技巧对重点内容进行烘托，比如在提要与串联词中加以强调，配上适当的编前编后语，或者在标题和字幕方面加以突出。

（3）峰谷技巧的运用。心理学研究证明，人的注意力不可能在长时间内保持高度集中。美国的一些调查公司也得出结论：普通观众高度集中的注意力大约只能保持12分钟，超过这个限度，观众就会厌倦、疲惫、难以集中精神，传播效果会很差。所以，我们在看好莱坞大片时可以发现，大约每隔10分钟，电影就会抛出一个包袱，或出现一个噱头。在接下来的时间里，观众的情绪慢慢放松下来。而观众在家中看电视的时候，受到的干扰较多，如吃饭、与家人聊天、客人串门等，观众多数都处于半注意的收看状态。因此电视新闻在充分考虑受众的收视心理和收视状态的基础上，在新闻编排时往往按照硬新闻与软新闻、口播新闻与图像新闻等交替出现的方式，使每期节目就像延绵起伏的山峰和山谷，高低不平，错落有致，使观众的注意力处于集中、放松、再集中的良性循环状态，以取得良好的收视效果。

（4）控制节奏起伏。美国的电视工作者认为，新闻编排要遵循三个概念：峰谷、节奏和分段。其中节奏意味着节目播出时要保持流畅，不能迟滞或者令人生厌。新闻节目的节奏不能慢得使人腻烦，也不能快得让人感到紧张或是莫名其妙。其实节奏和峰谷的联系是非常紧密的，节奏松弛，内容拖沓，节目就会处于低谷状态。这时就必须调整节奏，让节目重新回到高峰。

控制节奏的基本要领是：注意长新闻和短新闻的搭配；注意图像新闻和口播新闻的穿插；注意严肃新闻与活泼新闻的有机组合；注意声音的快慢相间；注意画面色调的对比；注意灵活性与整体性的统一。总之，要综合调动电视手段，使各条新闻之间组合紧凑，富于节奏感，让观众感受到波澜起伏、时张时弛、异彩纷呈，在愉悦的视听气氛中，接受并理解新闻内容。

（5）合理划分段落。分段就是将一期新闻节目分成几个段落，把各个段落结合到一起，然后组合成完整的新闻节目。分段的技巧是基于这样的考虑：如果按照新闻重要性递减的方法编排一次新闻节目，到后面的新闻播出时，观众恐怕早就失去兴趣，转换频道了。所以编排新闻节目时通常是在对所有将要播出的新闻进行全面考虑之后，安排出头条和几条"准头条新闻"（新闻价值略低于头条新闻的一条或几条新闻），让它们作为各个段落的开头，制造出高潮低谷相间的新闻段落。

在美国的电视新闻节目中，段落的划分通常是这样的情况：

第一个新闻段，因为有新闻性最强的头条新闻在这个段落，它可以满足观众求新、求快的心理要求。在头条新闻之后的新闻，其新闻价值相对较小，但是在内容上与头条新闻有关，以适应观众兴趣和注意力逐渐降低的心理流程。

第二个新闻段以及之后各段的第一条新闻，往往安排新闻价值较强的准头条新闻，重新调动观众的兴趣和情绪，以形成新的兴奋点，从而使节目回到高峰状态。如此循环往复。医学和健康新闻、经济报道（或称消费报道）和社会新闻报道因其关系到普通百姓生活而常被作为准头条新闻来重新调动观众的注意力。

值得注意的是第三个新闻段。因为第三个新闻段播出时，半小时的新闻节目正好进行到一半，也是观众的注意力到达饱和状态的时间，所以这个新闻段的第一条新闻往往选择新闻价值仅次于头条新闻的重要新闻开头，并且往往是画面丰满、动感强烈的硬新闻作为开始。

（6）变换串联手法。一次长度在30分钟的新闻节目，大约播出30条左右新闻，在这种高密度的信息轰炸之下，观众的视听觉很容易产生疲劳。所以在整个节目进行的过程中，要将不同题材、体裁、风格的新闻交替配置、多元组合，并使用多种串联手法，让观众愉快地完成收视。基本的串联手法有：由播音员、记者或节目主持人来贯穿整个节目的始终；由几个固定的画面和音乐来引出固定的栏目或系列性、连续性节目；用电子切换、合成技巧、特技手段来串联。除此之外，巧用新闻提要，配编前与编后语，也可以起到串联的作用。

（7）巧用新闻提要与回报。新闻提要是为了突出重大新闻事件、吸引观众收视而采用的一种编排技巧，对其恰当地运用既可以体现编辑意图，又可以为观众提供有益的服务。

新闻提要有两种出现方式，一种是在新闻节目的开头，由播音员或主持人选播部分重要新闻的题目，帮助观众预先了解这次新闻节目的重点。这时可以在口播的同时打出字幕或者插入画面。

另一种是在新闻节目的播出过程中,间或出现播音员或主持人插叙方式的提示,起到串联的作用。具体来讲,其作用如下:①强调新闻的重要内容;②提示新闻之间的内在联系(如相关、对比等);③显示编排中的分类、分段结构意图,引导观众转换注意。这种插叙的提要可以在稍纵即逝的播出过程中减少信息损耗。

新闻回报是在节目的最后,由播音员或主持人将节目开始时播出的重要新闻再提要复述一次,以加深观众的印象和记忆。因为这次的回报有概略重播的性质,对于中途收视的观众,也是一种信息补偿。

(8)配编前、编后语。编前、编后语是对所播发的新闻事实进行说明、评价并表明自己的见解和态度。通过配编前、编后语,可以对新闻中所蕴涵的新思想、新观念进行点评,对新闻事实中具有典型指导意义的报道进行剖析,使事实得到升华,思想得到深化,让新闻发挥出最大的功效。

(9)口播、字幕、图表的综合运用。口播、字幕、图表等各种符号和方式的运用,可以弥补电视画面的不足,扩大信息量,丰富报道形式;还可以调整节奏,调节和改善新闻编排单调和枯燥的状况。另外,由于口播新闻可以随时增减,还可以用语速延长或者压缩时间,而字幕和图表在屏幕上停留的时间也可以适当延长和缩短,所以它们是最为常用的填空新闻,用于弥补或者调整节目的播出时间,有助于新闻节目整体编排的和谐与完善。

思考练习题

1. 分析国内外著名电视频道的传播理念。
2. 如何体现频道的个性化?
3. "大编辑部"的理念与操作程序。
4. 以某一品牌新闻栏目为例,剖析其"成名"的经验。
5. 以某频道为例,分析新闻节目编排策略。
6. 以一个新闻栏目的一周节目编排为例,深入研究电视新闻编辑的原则和方法。

第八章　电视新闻直播编辑

本章要点

● 电视新闻直播的类型：演播室直播和新闻现场直播。

● 电视新闻直播策划包括直播选题、文案、预播专题制作和突发事件的应对。

● 电视新闻直播控制是直播成功与否的关键，应加强现场调度，重视现场报道，调动个性表达，预测现场走向。

电视直播是利用现代电视技术对传播对象进行同步传播的一种传播方式，也是最能体现电视特色的一种节目样式，电视的魅力通过直播展示得淋漓尽致。

2003 年 3 月 20 日 10 时 35 分，举世瞩目的伊拉克战争打响，5 分钟后，美国 CNN 开辟窗口开始直播，6 分钟后，CCTV—4 三管齐下，主持人口播新闻、切入美军大规模空袭巴格达的爆炸画面，同时飞出字幕。香港凤凰卫视也接入境外信号，开始直播。一场实时同步的电视直播战与硝烟弥漫的战事几乎同步打响。一时间，全世界的眼球几乎全部被这些新闻直播吸引，电视台的收视率迅速飙升，CCTV—4 的收视率一下子比平时高出了 28 倍。

早在海湾战争时期，美国 CNN 就已经尝到了电视直播的甜头，正是通过电视直播，CNN 奠定了它在全球新闻报道中的地位。2001 年'9·11'事件发生时，凤凰卫视迅速打通整个频道，全天候跟踪事件进展，用直播奠定了它在中国"凡有大事看凤凰"的地位。

电视直播新闻最重要最深远的意义在于，它不但可以让观众在第一时间掌握事件的信息，它同时还可以把新闻发生的现场或景观，活生生地呈现在观众面前，用不断变化的事件信息去吸引观众游移的目光。

1997 年被称作中国电视直播年。元月，湖北电视台和中央电视台四套联合进行两场打捞中山舰现场直播。7 月，中央电视台的"香港回归 72 小时直播"，成为直播年的标志性事件。11 月，中央电视台又联合湖北电视台直播三峡大江截流。除此之外，中共十五大开幕式、飞越黄河、澳门回归、迎接新千年、北京申奥成功、上海 APEC 会议、小浪底水利工程截流以及日全食、彗星同现苍穹等直播，初步奠定了电视现场直播在新闻传播中的强势地位。此后，中央电视台新闻直播呈现出大小型直播密集交叉，表现方式丰富多样，直播内涵更加深入的特点，引领中国电视事业一步一步超越自己，向国际水平迈进。而 2003 年 5 月 1 日中央电视台新闻频道的开播，使直播以频道为保证，频道以直播为特色，直播常态化成为提升频道品牌和提高节目质量的重要保证。

第一节 电视新闻直播类型

电视新闻直播从直播表现的形式来看，可以分为演播室直播、新闻现场直播和突发事件的直播。这三种类型的直播基本上代表了直播从低到高的三个层次。

一、演播室直播

演播室直播是相对于演播室录播而言的。过去在较长一段时间内，电视台出于播出安全的考虑，都采用录播的方式来制播新闻节目。1995 年，中央电视台《新闻 30 分》率先以直播方式播出，1996 年元月 1 日《新闻联播》也开始由录播转为直播。从那时开始，各省级电视台也纷纷把录播改为直播。这些电视台愿意冒着播出的风险，把编辑好的新闻用演播室直播的形式播出，无疑直播比录播有着明显的优势。

录播节目是播出前将预审过的新闻按照编辑确定的顺序串编到一起，然后送交播出机房，按当日节目表播出。正因为是播出前完成的制作，它呈现了这样几个特点：一是节目信息精确度高，无论是节目内容和长度，还是节目的字幕和主持人的语态、仪态信息都十分到位。二是节目的状态可控。因为串编过程是一个可以修改的过程，如果出现失误，可以把磁带倒回去重编。这样，节目的制作过程完全掌握在把关人的手中，节目的播出风险很低。三是节目截稿时间较早，因为节目的制作审片和串编需要时间。一般来说，半个小时的节目，串编时间需要 40 分钟，这其中包括 30 分钟节目和纠错的时间，以及将磁带送往播出线上的时间。一旦串编时间不足，就得串编几盘带子，在播出线上，将磁带前后对接起来，完成播出过程。

演播室直播比起录播来，是电视传播的一大进步。由于直播，省去了串编时间，截稿时间可以大大推迟，甚至可以与事件同步播出。而且，电视直播可以节约因制作时间延长而增加的生产成本。当然，节目出错的几率会随着提高，这对节目制作人员的把关控制能力是个考验。

根据电视新闻演播室直播的要求，电视新闻编辑需把握以下几个环节：

1. 预播片审定

新闻栏目由若干条新闻构成，对这些预播新闻的审定是新闻编辑的关键环节。一般来说，先由记者提供稿件给编辑，编辑根据栏目需要修改定稿，然后交给播音员配音，再经包装环节包装之后送审。审定的过程，既是对新闻内容的真实性与表现形式的审视过程，也是权衡发表时机是否得当的审视过程。在这一环节，要看电视文稿、画面、同期声、字幕、包装各个部分是否准确，还要看这几种电视新闻语言之间是否"配合默契"。如有问题，须经编辑再重新送审。片子审查过程中，编辑还要做好诸如片长、新闻内容与形式等方面的记录，为制作串联单作准备。

2. 串联单制作

串联单是节目播出管理的核心。串联单制定者首先要明确节目定位，并根据栏目定位选择新闻。如要闻类的栏目和社会新闻栏目在定位上是不一样的，编排方法也大不相同。要闻类节目一般要考虑到被采访对象的情况，政治、经济、文化、社会等方方面面的新闻都要涉及，常用的办法是要把职务高的领导人的新闻或者重大时政、经济新闻放在头条或者突出位置。而社会新闻栏目则把重大的新闻事件放在突出位置。

3. 岗位与环节

演播室直播涉及多个环节，其中，有负责整个节目串编调度的导播、负责节目内容的编辑、负责节目放带工作的助编、负责节目声音质量控制的音频师、负责演播室摄像的摄像师、负责字幕的助编，当然还有直播节目的结构主线——主持人。在这些环节中，导播是节目的指挥中枢，就像前线战场的作战司令一样。直播之前，导播必须主动了解节目主编的编辑思想和技术需求，明确视频音频及助编的准备情况，确保直播台处于正常工作状态，确认节目的直播系统和播出系统信号畅通，确认主持人是否进入直播状态。直播开始前5分钟，导播要进行倒计时提醒。直播前10秒钟，正式进入直播状态，导播提醒各岗位准备，并开始报时，"10，9，8，7，6，5，4，3，2，1，开始"。报时开始时，助编就要启动录像带录制该档节目，以作重播和资料存档用。进入播出时间后，各岗位就要按串联单的要求，像生产流程一样，在导播的指挥下，准确无误地完成各自的工作。导播指挥重点是解决上一单元和下一单元的衔接，当上一个播出单元即将结束时，该岗位的人员要提醒导播还有多长时间，导播随之作出反应，给下一个单元的人员发出准备和操作指令。播出执行的过程，实际上像车间的流水线一样，是一个流程的管理过程。各个环节按照流程运行，各负其责。在演播室的直播中，直播现场所使用的串联单是流程的核心，直播前早已为大家熟知的流程规则是直播核心任务完成的保证。

二、电视新闻现场直播

现场直播是最能体现电视新闻特性和优势的一种报道形式，它以同步的时效性、鲜活的现场感、记述过程的完整性和扣人心弦的悬念感等特点，充分体现了电视传播的魅力。

1. 电视新闻现场直播的优势

（1）同步传播的时效性。电视新闻现场直播是把新闻事件现场信号通过摄录设备采录处理之后，通过电波或者电缆以每秒近三十万公里的速度直接向受众传递现场的信息。这种传播速度比起其他任何现有传播速度都要快得多，甚至于比我们的思维速度还要快。我们可以把它视为一种同步传播的手段。时效性是新闻价值的最重要的要素之一。人们对信息的接受都渴望在事件发生的同时感知，在事件的过程中同步体验。当全世界的人都同时在为同一件事欢呼或者悲恸，为同一画面激动不已的时候，个体的生命便在与集体的交汇中产生巨大的能量。因此，电视现场直播节目的出现，既符合了人类自身的社会化天性，也符合了人类在传播中所追求的人性化审美理想，现场直播可以使观众接受信息与事件发生同步，使观众目睹和感受新闻事件正在发生和发展的过程，实现了报道的真正意义上的同步，实现了人类信息传播的最高理想。从而也改写了传统的新闻理念，将"今日消息今日报道"（Today News Today）的"TNT"模式，变为"现在的消息现在报道"（Now News Now）的"NNN"模式，可以这样认为，电视新闻的现场直播是新闻传播在时效上达到的极致。

在我们观看美国有线电视新闻网（CNN）播出时，印象最深的莫过于屏幕上不时打出的"LIVE"（即现场直播）字样，这表明此时看到的正是 CNN 记者发自全球的新闻现场报道。CNN 的创始人泰德·特纳曾这样描述 CNN："CNN 播放着的就是世界上正在发生着的事情，直到地球停止转动。想知道地球是怎么毁灭的吗？还是要看 CNN。"诞生于 20 世纪 80 年代的 CNN，在1991 年海湾战争中异军突起，成为全球电视新闻报道中的"龙头老大"，一个相当重要的原因就是借助于电视现场直播这个"利器"，以最快时效报道海湾战况。

（2）声画传播的现场感。如果说电视现场直播首先是通过时间的突破来实现了新闻传播时效上的极致的话，那么现场直播通过对空间的突破来营造生动鲜活的现场感，则是实现了新闻传播的另一个最高境界——传受过程的零距离。电视是一门声画并茂的艺术，新闻传播中关系信息、意义信息、过程信息都可以通过声画这两种符号表现出来。事件当事人的神态、举止、语气，事件发生发展过程中的微妙变化，都是扣人心弦、引人入胜的。直播过程中，观众或狂喜、或焦躁、或悲伤、或沉思，都与直播现场紧紧相连。观众通过观看直播，延伸了自我实现的心理需求，而这种延伸是观众把自己置身于与事件现场当事人同一境遇的零距离的参与感形成的。

在声画两种电视语言中，画面无疑是最能代表电视特点的语言。电视画面形象，通过一个荧屏将最重要的信息呈现在观众面前。当我们通过电视现场直播观看到被恐怖分子劫持的飞机撞向世贸大楼时，全世界人们为之震惊，它足以证实电视新闻现场直播的巨大震撼力。

（3）过程传播的完整性。现场直播便于展示事件的过程，这是其他电视报道手段所无法替代的优势。平面媒体是用文字来传播，它既不能同步描述，也不可能完整无误地描述；广播媒体尽管运用有声语言这个符号，但由于缺少形象画面，对事件过程中的关系信息、承递性的信息也会有所遗漏。

而电视现场直播是以一种连续的方式传播事件的全过程，而其他报道方式都或多或少地经过了后期加工。在事件过程和播出之前的这种加工，首先就是一种信息筛选的过程，这一过程，也就是重新加入记者和新闻把关人观念的过程，也是事件真实信息的衰减过程。事实上，事件没有经过过滤的过程展示与经过主观改造过的信息的报道，对受众产生的心理期待和传播效果是不同的。传播理论告诉我们，人们在接受信息传播的时候，传播层次愈多，信息损耗就愈大，其可信程度就越低。现场直播直接向观众展示了新闻事件的最新状态，减少了中间的转述层次，因而传播效果大大增强。

（4）事件传播的悬念性。叙事性文体吸引接受对象的是故事本身的曲折性或趣味性，而故事吸引人的机制是它的悬念感。古代章回小说常用的办法是在故事讲到精彩之处，突然"刹车"，来一个"且听下回分解"，电视剧采用的悬念设置办法与章回小说类似，也是在扣人心弦之处，来个"戛然而止"。电视新闻现场直播的悬念性则来自两个方面：一是事件本身的发展进程富有不可预知的要素，这也是真正意义上的现场直播之所以成立的基础。面对结果不可预知的新闻事件，那些现场同步拍摄的画面、同期采录的音像，能使观众在收视中破解未知、体验惊喜，这一点，是其他媒体根本无法企及的。二是现场直播的节目编导可以通过强化或者隐藏某种信息，来吸引观众探究的目光。如2002年中央电视台关于埃及金字塔考古直播，就是靠悬念感的凸现和悬念的设置来吸引受众的关注。金字塔中到底隐藏着怎样的神秘，小机器人能否打开墓门或有什么惊人的发现，甚至连小机器人在通道中会不会卡壳，电视信号会不会中断，都是观众迫切想知道的。

2. 电视新闻现场直播的要素

电视新闻现场直播正常运转，往往由演播室、事件现场、现场记者、背景报道、片头片花这样几个要素构成：

（1）演播室。演播室是现场直播节目中最重要的因素，虽然在内容上不是节目的主体，但它是节目现场内容依存的框架和载体，也是节目的调度中心。它的作用集中体现在以下几个方面：

节目调度作用。从技术上来说，演播室是节目的集成中枢，所有节目信号源都必须集中到演播室加以综合处理，然后才能变成播出信号送往播出线播出。正因为它具有这样一个综合的功能，所以节目的调度必须在这个环节完成。节目导演一般是在这个岗位上指挥直播的各个环节，监控各个环节的进程。在直播过程中，导播的调度常常通过主持人表达出来。主持人对于直播现场不断发出呼唤，提出要求，形成以演播室为中心的直播表达格局。

结构内容作用。演播室不仅担负着指挥调度作用，它还起着结构节目内容的作用。直播过程中，主持人的基本职能就是承上启下，各个节目内容通过主持人引入或者导出；各个层次的内容通过主持人串联到一起；节目的段落感也是通过演播室来构造；观众对内容的理解自然也会以演播室的起承转合为结构性符号来重构现场的内容。如《日全食——彗星天象奇观》直播中，主持人康辉把漠河、昆明、北京、南京四地的日全食情况顺序引入介绍给观众，现场记者的报道、专家的点评、天文常识的介绍也都是通过主持人导入导出的。

信息加工作用。演播室不仅搭起直播内容上的骨架，还会丰富其血肉。新闻事件现场之外的信息，如镜头之外的环境信息、事件的背景信息、事件的意义信息、此事件与彼事件之间的关系信息等等都要通过演播室内的编排适当插播出去。现场信息的不完整主要靠演播室去补充，现场信息中的关键点要靠演播室去强化、现存信息的内涵和外延常常要靠演播室去拓展。

（2）事件现场。正在进行中的事件过程是新闻直播依附的载体，事件现场是直播节目存在的根本，是全部节目的精华。在"长江三峡大江截流直播"报道中，14 小时里共出现现场直播报道 30 次、现场航拍 1 次、现场场景直播 3 次，总时长占整个特别报道的 60%。因此，表现好现场是直播最重要的工作。

现场是直播的信息中心。现场信息是直播的核心内容，正因为信息密集，电视台才会采取非常规的报道形式来发掘其新闻价值。凡选择作为直播的题材，其事件的现场往往呈现出不同特点，它们或具独特的个性、或具面对面的贴近性、或者有着引人入胜的故事性、或者是结果的未知性。但无论其内容多么厚实，都必须围绕现场内容来展开。

现场是观众的兴趣中心。观众也许会为一个娓娓道来的背景内容所吸引，但收看一场直播的理由只有一个，那就是未知的现场对人们的好奇心构成的强烈的吸引力。直播抢在第一时间让观众知道现场正在发生着什么，让观众和电视直播的组织者一同面对不可预测的新闻现场，一同关注事件的发展进程，一同发现生动的细节，一同期待那不可知的结果，一同领略现场无穷的魅力。因此在直播中，发挥好现场的传播效果是直播要解决的首要任务，满足观众对现场信息的第一需求是节目创作的根本原则。比如，在香港回归直播报道中，香港政权交接仪式取得了 91.6% 的最高收视率，这一现场使整个回归报道达到了高潮，直播报道镜头一直对准这个现场，观众的满意度非常高。而相反的是，对香港特区行政长官选举的现场直播中，某电视台的记者却抛开大家感兴趣的现场情况，大量抛出背景资料，由于时机选择不当，令很多观众大为不满。

（3）现场记者。现场报道记者的产生，是电视新闻现场直播从幼稚走向成熟的标志。早期的现场直播一般只是纯粹的转播，没有记者的介入，整个节目过程实际上也就是事件的自然主义的电子化传播过程。没有记者介入的现场，固然使得事件本身保持了原汁原味，但是直播的节奏感、信息的深度都无法有效实现。具体说来，现场记者的作用体现在以下几个方面：

信息观察和收集。通过电视镜头固然可以采集到现场的事件信息，但是镜头是一个方框，电视直播中的数个机位构成的数个方框虽然织成了电视画面信息搜集的网络，但是方框之外和直播主体之外的信息，就必须有"第三只眼"去观察、去收集。如在长江三峡大江截流直播中，当国家领导人从主席台走向合龙龙口时，中间几百米的距离没有机位跟踪，就只有通过记者的远距离观察，然后将观察到的信息现场传达给观众。

信息传达和报道。记者现场报道，可以及时准确地传递信息。事实上，所有报道都是客观事件主观表达的一个过程，这种过程也是信息损耗的一个过程。但记者在新闻现场的报道，则极大地降低了损耗的范围，增加了传播的可信度。现场记者报道"我刚才看到……"这种生动、鲜活、逼真的感觉就会跃然眼前。有时，现场记者通过自己感性化的表达，传达更为复杂的现场信息。如 2005 年 8 月 6 日中央电视台进行的台风登陆直播，记者逆着 12 级的台风，在浙江、山东、上海的各个报道点艰难地作着现场报道，记者气喘吁吁、断断续续的发音，是对台风猛烈程度的最好诠释。在这里，记者实际上是延伸了观众的感官功能。现场记者在直播现场的体验和感受，具有很强的个性化特征，当他们作为观众的代言人出现在现场的时候，他们的体验和感受可以激发观众也产生类似的体验和感受，使观众产生心理认同。

信息扩展和开拓。直播中视频音频信号是纯客观地传达信息，现场的何类信息要凸现，何种观点要强化，都要通过报道者来完成，而现场记者身处现场，对新闻价值可以迅速作出判断和处置。

（4）背景报道。背景报道是指运用非现场的录像资料对新闻事件所作的补充和说明，它展示了新闻事件自身无法展开的内容。任何事件的发生都不是孤立的，它有着丰富的历史和现实的背景，非现场的诸多信息仅仅靠演播室的主持人和现场记者是不够的，运用电视手段对信息进行前期分类、归纳、提炼，既可以使信息的展示富有章法，又可以使信息的传达细腻和富有感染力。它既能够加大报道的信息规模，又能够提升信息的内在质量。一场出色的现场直播，精彩的现场内容固然不可缺少，背景报道的内容同样不能忽视。

在直播中，常用背景报道来揭示事件的来龙去脉、意义以及与事件相关的人和事。在 2002 年湖北电视台进行的"九连墩战国古墓考古发掘电视现场直播"中，为了丰富直播的内涵，湖北电视台事先制作了十个专题，内容包括楚国的历史，楚墓发掘的几个里程碑式的发掘过程记录，楚国礼器、乐器、竹简的专题等，这些专题配合文物出土的过程播放，使得每一件文物的出土意义突显，也就为直播事件作了很好的铺垫。

背景报道能调节节目节奏。在直播过程中，我们常常碰见这种情况，当发言人的讲话过于啰唆的时候、当事件进程过于缓慢的时候、当现场事件过程一再重复的时候，我们的直播就会陷入一种胶着状态，气氛沉闷、节奏缓慢、信息量降低、观众的收视兴趣锐减。这时候，节目就必须采取措施，调整节目的节奏。插入背景报道是最佳的选择之一，它可以使拖沓的节奏立刻紧凑起来。

直播的传播过程是一个线形的过程,而观众的收视却是随意切入的,收视切入的前端信息如何能使中途进入的观众知晓,也是直播要解决的问题。针对事件的后一阶段来说,已经过去的事件阶段就是正在进行的事件背景。所以,为了合理调配新闻资源,很多直播采取将已经直播的内容编辑成小专题的方式,"回放"事件进程。这种方式既是对后来观众的尊重,也是对节目资源的快速挖掘。如1997年香港回归直播中,就制作了大量该类专题,它所起的作用是不容低估的。

(5)片头片花及字幕。一场直播是一件完整的作品,片头就是这件作品的题目,片花就是这件作品的段落分隔标志。片头一般是15秒左右,片头要用标志性的画面、富有冲击力的音乐和配音展示直播的主题。片花把直播内容分成若干观众更容易把握的段落,一般长度是5秒,声画要简单,内容要高度凝练。字幕用来标示人物身份或者典型画面,字幕样式要得体、恰当,否则,字幕太大会影响主体的信息传达,字幕太小又看不清楚。

三、突发事件直播

从新闻直播的事件的性质来看,可以分为预发性事件和突发性事件。预发事件是指那些在直播前就可以预料到事件的进程甚至结果的事件,事件的日程、议题、主体都在直播人员的掌控之中。像1997年香港回归直播、国庆阅兵直播、"两会"开幕直播、各种医疗手术直播等都属于这种类型。这种直播预见性强、可控性强,直播组织相对比较简单。

突发性新闻事件是指那些事先人们无法知晓何时、何地、何人以及进程的事件,对突发事件的直播是对电视媒体最富挑战性和最具魅力的传播。

突发事件的现场直播实现了事件发生、新闻采访、报道、传送、接受的同时同步,是传播的极致状态。从传播的效果上来说,观众在屏幕上看到的是此时此刻正在发生的而且是出乎意料的新闻,这种直播可以一下子锁定观众的眼球,迅速提升媒体的影响力,扩大媒体的知名度。从社会危机事件的处理来说,这种直播可以在第一时间传达事件的真相,避免因为信息不确定而引起谣言传播甚至导致社会的动荡。

突发性新闻事件直播真正体现了电视新闻报道的本质意义,也是世界各国媒体极力追求的主要目标。2003年9月,日本北海道发生了里氏8级的大地震,NHK一直进行现场实况转播,当地人避难情形,海啸危害程度,日本气象厅新闻发布会内容,对余震的预报等等,人们通过电视对灾情了如指掌,流言蜚语失去市场,同时,也帮助人们及时对余震采取避灾措施。CNN

之所以扬名世界，就是靠直播突发事件迅速崛起。当然，更为人所知的就是在战火中把伊拉克的战况向全世界现场直播，从而使海湾战争成为人类历史上首次进行直播的战争，各国政府和人民都是通过它的画面来了解战争的进程，CNN 从此也确立了自己牢不可破的地位和影响。

没有突发事件的直播就没有国际影响力，没有突发事件的直播，也无法建立新闻频道和栏目的公信力。20 世纪 90 年代以来，虽然我国电视媒体开始重视并加大了直播的力度，但真正对突发事件的直播是以伊拉克战争的直播为标志的。这不仅体现了我国电视媒体对传播规律的尊重，而且也反映了我国媒介环境的进一步宽松。中国大陆需要一个匆匆上阵，可以面对亿万观众平静地说"对不起，我没有化妆"的主持人。让现在稀缺的突发直播成为直播中的常态内容，不仅是电视新闻工作进步的表现，也是公众知情权得到尊重、社会民主政治不断进步的标志。

第二节　电视新闻直播策划

策划是所有栏目成功的第一个环节，更是直播成功的最重要保证。电视新闻现场直播的策划包括选题、文案、预播节目等内容的策划，也包括对突发事件或者预发事件的应急方案的策划。对于预发事件来说，直播前的策划有相对宽松的时间，组织者可以提前进入采访阶段，提前获取相关信息，有些直播甚至可以和事件当事人协商进程，策划的空间较大。而突发事件的直播由于事件的发生出乎人们的预料，直播前用于准备的时间极为有限，策划的空间相对狭小，策划难度较大，这种策划就体现在媒体的超前的预见能力和敏锐的反应能力。直播策划一般分为以下几个步骤。

一、确定直播选题

从 1997 年以来，中国电视界的电视新闻现场直播逐步呈现出日常化状态。以广东电视台为例，2002 年的现场直播就达到了 80 多场。另一方面，在直播取得长足进步的同时，也出现了直播使用过滥的情况，这表现为题材选择不精、为直播而直播的情况时有出现。有些人过分追求形式的新鲜刺激，而忽视了传播的内容选择。直播选题的确定是直播成功的首要环节。适宜直播的选题具有以下特点：

1. 具有广泛的关注度

与一般的电视新闻节目形式相比，直播要调动策划、采访、编辑、技术、包装、主持、转播车等方面的力量，所耗费的人力、物力、财力是远非一般新闻报道所能比的。如果选取的题材关注度小，直播的高投入就得不偿失了。如有些电视台直播当地的一个单位的成立仪式，有的直播一个小型工程的开工仪式，如果不是主办方出资的话，这种直播是很难获得丰厚回报的。有人认为，只要是重要的题材，就适宜直播，这有一定道理。因为重要的事件大多关系老百姓的生计，一般会有比较高的社会关注度。但是有些事件虽关乎国家大局，但离百姓的生活现实较远，受众关注的兴趣较低，就不适宜直播。

2. 具有变化的事件进程

进入传播视角的事件，是事物发展的非常规状态，或者体现为一种阶段性的特征，或者体现为意料之外的特征，或者体现为曲折复杂引人入胜的特征。从受众的角度来看，新闻事件中必然要蕴藏着他们感兴趣的亮点，这种亮点要么是暗合了他们的某种利益需要，要么是契合了某种社会关照的趣味，要么是能唤起他们的某种情感。进入直播视角的新闻事件，就必须具有紧凑的事件进程，因为只有紧凑的事件进程才能最大限度地浓缩具有传播价值的信息，才能最大限度地唤起受众的收视兴趣，也才能最大限度地获取直播的"投资回报"。紧凑的事件进程包含了这样三个要素：一是生动的事件过程，如三峡截流、小浪底工程截流、"9·11"事件等，事件过程中人物的思想、情感、行为和命运的变化都是吸引受众关注的"新闻点"。这些"新闻点"构成了现场直播的新鲜感和对于观众的刺激性。二是紧凑的过程节奏。一个事件或者事件的某个阶段相对集中在一个时间段里。事件的发生和发展是一个较长的过程，而直播却只能在一个较短的时间内完成。如果事件节奏过于缓慢，情节过于分散，就不适宜直播。比如墓葬文物的开挖，虽然题材内容很有吸引力，但是文物的挖掘是一个非常精细因而也非常缓慢的过程，也就是说，情节的变化是非常缓慢的，"连续"直播显然难以使观众获得足够刺激的信息。事实上，中央电视台和浙江电视台先后对北京老山汉墓、杭州雷峰塔地宫开挖的直播都难说是成功的。三是相对集中的空间。一般来说，直播要传播的是在一个场景里发生的事件。场景的集中，在直播的技术调度上较为容易，事件的脉络较为清楚，人物关系较为明了，受众接受较为轻松。如钱江潮的直播。当然，多个空间的科学调度，组合成一个新的信息传播的空间场，也能产生很好的效果，如中央电视台迎接新千年的直播。这个直播通过世界各地迎接新世纪第一缕阳光的过程的集粹式展示，反应了人类进入新世纪的喜悦心情，这个直播组合的信息有来自太平洋岛国的，有来自欧洲大陆的，也有来自中国泰山，乌鲁木齐等地的，可以说横跨地球几十个地方。

3. 具有不可预知的悬念性

事物的发生发展遵循着它自身的规律，进入传播视野的新闻事件也按着自身独有的轨迹往前推进。在事物发展的过程中，环境、人的作用等因素的影响会使事物的发展呈现出曲折多变的姿态。新闻事件的进程也是这样，在事件的推进过程中，事件的曲折意外是难以避免的，这种难以避免的不确定因素正是观众最期待的元素。事件发展过程中的异变状态我们常常叫做"不可预知性"，它的表现形式千姿百态。我们面对的一般是可控状态较强的新闻事件。如全国两会的开幕式、闭幕式的直播，香港回归政权交接直播。这种事件按着严格的既定程序推进，观众的期待来自于事件前后承递的环环相扣。尽管此类事件有着严格的程序设定，但对观众来说，下一环节总是不可知的，事件的结果总是不可知的，事件中的人物表现是不可知的，越是不可知，就越有进一步求知的兴趣，这也就是直播的魅力所在。直播面对的最具挑战性的新闻事件是那些可控状态较差的新闻事件。此类事件尽管事先也有严格的程序规定，但是由于事件的本体存在着很多不以人的意志为转移的因素，如2005年8月上旬中央电视台所作的美国发现号航天飞机返回地面的直播，就包含着许多不可预知的因素，如天气的影响、飞机本身的状态、驾驶员的操作状态等等。事实上，航天飞机的降落因为天气的因素就往后推迟了几次，比预计时间要晚几十个小时。1997年湖北电视台关于中山舰打捞的直播也是存在太多的变数而备受人们关注。当时，长江水流湍急，中山舰在水底的状态十分脆弱，重达几百吨的一代名舰能否如期打捞出水，出水之后又是什么样的姿态等等，都是观众急欲了解的未知。不确定的越多，就会使直播的内容更加丰富。

从叙事的角度来看，悬念是故事结构的一种方式，它是把事件固有的进程的某些情节通过凸现、隐藏、条理化等办法来加以再现，使得叙事本身显得曲折起伏、丰富多彩。在电视新闻直播中，我们不能故意隐藏或者放大某种信息，我们只能遵循新闻的真实性原则，我们只能客观的传达事件的信息，但是事件的关节点、观众的兴趣点、事件此环节与彼环节的关系、事件的结果，均在直播中以某种形式凸现出来。如长江三峡截流的直播，每秒几万个流量的江水能否如期堵住，是观众悬在心头的一个疑惑，直播从一开始，就把这一包袱抖出去，直播过程中，这一包袱又被不断强化，直到最后一刻，这一包袱一直悬在观众心头。2001年7月13日在莫斯科举办的申办2008年国际奥林匹克运动会的主办权的直播就非常典型。当大会进入实质性阶段时，它已经充满着悬念并牵动着电视机前的所有观众：

21：50 分，大会即将进入紧张的投票阶段——介绍投票器的使用说明。

21：58 分，会场一片寂静，所有代表按照规则操作着投票器。

22：02 分，第一轮结果产生了，日本大阪被淘汰了。

22：08 分，萨马兰奇走上主席台，走上了讲台，向全世界作出了具有历史意义并载入史册的宣布："Beijing"。

大会的这几项内容是以递进的方式层层展开的。他们是整个事件的核心过程，也是悬念感最强的内容。当萨马兰奇宣布最后结果之时，便引发出整个中华民族的沸腾。这正是现场直播完整表现事件过程而自然形成的。因为，北京申办奥运的主题意义早已孕育并生长在炎黄子孙心中，这种民族情怀已伴随事件的发展与递进而融入它的整个进程之中了。

二、撰写直播文案

像所有电视栏目的策划一样，电视转播也必须有一份相对完善的直播文案作指导，电视直播文案的撰写工作是新闻事件的梳理过程，也是直播内容的结构过程。在这一环节里，直播的设计者要把握这样几个要素：

要准确掌握事件进程。无论是突发事件的直播、还是预发事件的直播，事件过程的框架、细节以及活动在其中的人物，直播组织者应该力求最快最全面地予以掌握。从一定程度上来说，直播的风险是与直播组织者对事件的进程掌握程度成反比的，掌握程度越高，直播的风险就越低；掌握程度越低，直播的风险就越高。因为直播过程中的每一个异变，都会使直播中的应对难度加大。对事件进程的掌握，涉及到的内容有事件的时间、事件中的人物、事件中的议程、事件可能变化的关节点。在时间上，要具体到分钟甚至秒；在人物上，要具体到人物身份、角色和人物在活动中的行为过程和特征；在议程上，特别要尽早获取，因为事件的进程本身大多是以议程为基础的，事件进程又是节目内容结构的基础。越早知晓该项内容，就越能有的放矢地撰写节目文案。尤其要注意的是，议程是在不断调整变化的，撰写节目文案时绝不能仅仅依靠一份事件当事人最初提供的方案，要不断地进行沟通，尽快掌握信息的变动状态，做到有备无患。在上海 APEC 会议直播时，就碰到这种情况。当时，江泽民主席主持的 APEC 领导人非正式会议是个圆桌会议形式。APEC 会议的成员一共 21 个，江泽民主席作为东道主主持这次会议，并就座中间位置，其他 20 位成员分别对等地坐在他的两侧。主办单位按照这种格局早已安排就绪。可是，临近会议召开不到一周的时候，中国台北的成员却突然决定不参加这次活动了。仅这一项变化主办单位不仅需要调整各场活动领导人的座位排序，还要调整讲话稿内容以及其他相关事宜。根据这一变化，直播节目的文字内容也要作出相当大的调整。现场出镜记者的稿子、主持人的主持词、播音员的解说都要进行修改。

全面了解相关信息。撰写直播文案的过程，实际上也是信息收集和整理的过程，对事件中的程序性的信息和非程序性的信息、主要人物的信息和非主要人物的信息、现场信息和非现场信息、现在信息和历史信息、预料中的进程信息和可能的突变性的信息等等都必须全面掌握。

要科学设计节目内容。直播文案要把纷繁复杂的各种信息按照一定的逻辑顺序结构起来，因此，直播文案撰写过程，也就是各种内容布局的过程。在文案形成的过程中，要遵循这样几个原则：

第一，以现场内容为主体来组合其他方面的内容。直播依附的载体只能是正在发生的新闻事件，事件现场的内容在直播中要占有主要地位，而且应该是贯穿在直播始终。有的直播播放一大批专题片，堆积许许多多背景信息，把现场信息淹没在其中，那是一种本末倒置的做法。

第二，悬念设置。这里所说的悬念设置不是指人为地干预事件的过程，而是通过叙事手段将事件中的连接点、转折点凸现出来，将事件中的主要矛盾凸现出来，将事件中吸引观众的主要线索凸现出来。一个直播是否成功，首先要看事件是否重要，其次要看事件是否有扣人心弦的发展过程。有了这两个条件，还只能说直播具备了成功的基础，直播成功的关键在于直播主线的结构。新闻事件有一个开始、发展、高潮、结尾的过程，电视直播就是要把这个过程故事化、电视化，划分为若干个观众可以把握和领会的段落。在各个段落中，策划人还必须设计若干个细节，用电视语言去区隔事件的进程，用一个接一个的细节串连成事件。节目中的这些细节不是毫无关联的情节元素，更不是事件的自然主义的传输，而是有一条主线贯穿其中，这条主线就是依托新闻事件来把事件中的故事化的成分加以凸现的内容设置，这就是节目的悬念。节目悬念把事件的相关关联引导到一个方向，把观众分散的注意力引导到一个兴趣中心。长江三峡截流的直播中，40 米的龙口合龙是主悬念，在直播文案形成过程中，就要把这一悬念突出来。2002 年底，湖北电视台在设计"九连墩战国古墓发掘现场直播"方案时，就把这个古墓主人的身份的揭示作为直播的主悬念，在长达 5 天每天一个小时的连续直播里，每件重要文物的出土，每一天的发掘进展，都在向主悬念所隐含的结果逼近。出土一件罕见的礼器，是否可以证实墓主人的地位？出土一件编钟，是否可以佐证墓主人的官阶？出土几件马俑，是否可以进一步明确墓主人的职业？

打开一个个棺椁，是否就能断定墓主的身份？发掘过程中，能否出土说明墓主身份的文字性的东西——竹简或者其他文物？事实上，这场直播之所以成功，与编导事先精到的文案设计有非常密切的关系。通过悬念设置，将比较沉闷的考古过程故事化，大大提升了观众收视兴趣，直播虽然安排在中午，但收视率迅速飙升，比平时提高了近20倍。事件的向前推进过程，也就是事件结果的逐步明朗化的过程，环环相扣，牢牢固定住观众的眼球。

第三，处理好现场、现场记者、背景、演播室的关系。直播过程是以现场信息为主体、以背景和演播室信息为辅助的"信息流"向着既定目标流动的过程。面对庞大的信息流，直播文案的撰写者要处理好几种信息源的关系。现场信息是一个自然发展的过程，现场信息的哪些关节点需要演播室主持人和嘉宾去提炼、升华，哪些更加深层的信息需要现场记者去发掘，什么时候由主持人出面，什么时候由记者出面，现场信息何时切入、何时切出等方面的内容都要由文案撰写者具体明确。有很多题材很好，直播本身却十分乏味，原因就在于这几个方面的关系没有处理好。一般来说，现场信息作为主体信息应该占有直播篇幅的五成以上，现场记者的信息应该占有一成左右，演播室内容占有两成左右，背景类的专题占一成左右。现场记者的信息用来再现事件的进程，现场记者的信息用来发掘现场不为人知的事件信息，演播室内容则可以传达一些事件的背景、关系，也起着强调和承上启下的作用，电视专题的插播则把与事件相关的历史信息进一步深化。现在有很多直播出现演播室内容挤占现场内容的情况，主持人在那里长篇大论，谈意义、谈背景、谈关系，给人以炫耀和抢镜头的印象。

第四，结构形式。直播设计的人员颇多，在现场，有事件当事人、记者；在演播室，有主持人、嘉宾；在制作上，有专题片的制作、宣传片的制作、片头片花的制作；在电子手段上，有机位、字幕、音频等方面；在节目的指挥上，有调机导演、切像导演、放像编辑、现场协调等等。这些环节都对他所在的岗位的职能有自身的理解，文案设计者既要把这几个环节的需要和职责在文案中体现出来，又要协调好他们之间的冲突矛盾。文案初稿形成以后，应该交给这些环节的人员熟悉，并充分听取他们的意见。就拿演播室主持人和现场的机位关系来说，主持人的主持词必须紧扣现场的内容，表面看来，是主持人牵着现场在走，实际上是现场牵着主持人在走。主持人介绍现场内容时，必须紧扣现场的每个细节，如说到国庆阅兵的方阵时，镜头就必须是那个方阵的各个景别。只有整个环节的联动，才会实现信息的"无缝链接"。

三、制作预播节目

预播节目有两类，一类是为防止直播出现技术故障而准备的填补空白的节目，一类是作为直播组成部分之一的背景专题。这一节我们要介绍的是后一种节目的制作。这种背景专题的制作，要尽可能翔实、厚重、权威，要以丰富和深化直播节目的内涵为基准。

例如，长江三峡截流的直播，就设计了约30个专题，它们分别从不同侧面说明和深化了截流的影响和意义：

"新中国领导人与三峡"、"世纪梦圆"、"世纪丰碑"，从历史与现实的角度揭示了三峡与中华民族的关系；

"三峡工程的防洪效益"、"三峡工程的发电效益"、"三峡工程的航运效益"，展示了三峡工程的巨大作用；

"三峡工程与泥沙问题"、"三峡工程与地震"、"三峡工程与生态环境"、"三峡工程与防空"，提出了三峡工程决策的科学依据；

"三峡工程移民"表现了库区移民对故园的依恋和对新生活的向往；

"新闻人物——郭树言、陆右楣、张光斗、林一山、贺恭、杨浦生"则展现了三峡领导者、设计者和建设者的风貌；

"空中看截流"、"千里库区行"、"三峡航道"，介绍了三峡库区和坝区的风光名胜以及工程竣工后的新姿；

"大中型水库选粹"将三峡水库放到世界水库建设的大背景下，进行对比分析，凸显三峡工程的地位等等。

背景专题的制作要注意几个问题：一是长度要适度，一般应在5分钟以下，因为太长会影响节目现场内容的传播，使用过滥过多都会消减现场内容的吸引力，进而影响直播的吸引力。二是节目要与直播的整体风格一致。这类节目都是事先录制好的，有较充裕的先期酝酿琢磨的时间。在文案撰写的过程中，就要确定其风格，以与整个节目相呼应；制作过程中，也要兼顾前后内容，尽可能与整个直播融为一个整体。三是要精心制作。背景专题虽然不长，但是信息量一定要丰富。背景专题虽然不像一般播出的电视专题有完整的叙事过程，但结构一定要合理，叙述也要力求精彩。细节、人物、冲突、悬念这些叙事元素也要恰当使用。如果平铺直叙，文辞枯燥，是不会有人看的。四是节目的审看。这种节目在直播前，要通过把关人的审定。节目时长、风格、导入导出方式、信息深度等方面，直播导演都要有比较清醒的掌握，这样，才方便在直播中根据现场需要灵活调整节目内容。

四、应对突发事件

在电视新闻现场直播的策划中，对突发事件的应对设计也是不能忽略的一个环节。这里包括两个方面的内容，一是事件本身没有预先的征兆，是突然呈现在电视工作者面前的，如"9·11"和伊拉克战争；一是预发事件中的突变因素，打破了原先的设计框架，如长江三峡截流时堤头的突然坍塌。无论那种类别，对电视工作者都是一个挑战和考验，都需要建立快速反应机制，提高快速反应能力。这种快速反应机制至少包含这样几个层次：

畅通的信息渠道。突发事件具有四个方面的特点：一是高度不确定性；二是事件演变迅速；三是事件的独特性使得无法照章行事；四是对具体行为规范或价值观乃至社会制度基本结构产生威胁。由于突发事件具有这样一些特征，一旦发生，它极容易产生大量信息需求。在突发事件的传播中，谁抢得先机，谁就把握了传播的主动，电视直播更是如此。无论是直播前的突变，还是直播中的突变，直播组织者必须尽可能了解事件的真相，对其价值进行判断，并迅速作出抉择。

快速的直播组织。作为现代媒体，应该成立应对突发事件的领导机构，确保对事件的准确判断和快速反应。建立突发事件处置领导机制，统一领导、组织、协调，减少中间环节，提高效率，发挥整体协调能力。在人员配备上，要组织精兵强将，组成以应对突发事件为核心的任务小组，将编辑、记者、主持人、技术保障人员、播控人员等各个环节人员协调整合成为一个有机的整体。电视台还要具有及时切入的策划能力。突发事件发生后，要迅速根据题材特点确立报道规模、手段、方式，对此进行及时而到位的策划。策划应力求抓住事件的脉络、突出事件主体。电视台还要迅速把节目资源整合起来，确定恰当的节目形态。资料准备、主持人和嘉宾配置等也要在短时间内完成。在技术支持方面，要有机动性很强的直播的技术系统，包括直播车、卫星传输设备或者方便随时接入的光纤通道、导播台的视窗接入系统、通话系统、卫星收录系统等。

厚实的资料储备。任何突发事件的发生事先都是有征兆的，也都有着极其广泛而深厚的历史背景，可以说，突发事件是事物矛盾积累到一定阶段突然爆发的产物。正因为如此，资料储备就显得可能而且十分必要。这种资料的储备包括对背景情况的深入了解，也包括音像资料的积累。在媒介高度发达的今天，靠独家报道来取胜几乎不太可能，独家的视角和独家的新闻解读方式成为竞争的利器，独家的资料占有就是独家解读的前提。当观众从屏幕上惊奇地目睹世贸大楼倒塌的画面时，紧接着就想了解：是什么人策划了这一行动？是什么原因导致这一恶果？哪个电视台在第一时间占有这些资料，哪个电视台就获得了传播的先机。日本是个多地震国家，自 1923 年关东大地震以来，已发生了 15 次大规模地震。近年来，媒体对地震的消息更是高度重视。地震发生前，日本新闻媒体就早已对地震资料了如指掌，地震发生后，日本媒体的反应最为迅速，往往在地震发生后一小时，气象厅专家便召开记者招待会，详细介绍地震的原因、震中地理结构等情况，媒体也及时加以报道。在仙台地震发生仅 15 分钟后，仙台市区的一处火灾现场上空，就已有电视台的飞机开始进行灾情实况转播。同时还介绍有关地震的知识和防震措施，让防震意识深入人心，居民在面对地震时能够沉着冷静，采取措施自我保护。对这些地震的报道让公众了解地震的成因、影响以及自己应该如何面对，以最大限度地减小地震带来的损失。

第三节　电视新闻直播控制

当直播倒计时读秒一开始，直播就处于不可逆转的状态，就像开弓之箭，只有一个方向，那就是最终的目标。进入直播状态的人员，就像机器上的齿轮，必须按照既定的程序，完成自己的职责。在电视直播节目向前推进的过程中，如何实现编导的意图，直播控制这一环节就成了直播成功与否的关键。1997 年香港回归 72 小时直播中有这样几次失控：

第一次失控发生在 6 月 30 日晚上 20：00，驻港先头部队入关时。按计划，越过管理线的驻港先头部队应前行 100 多米后在香港一侧的落马洲口岸办理入关手续。有关方面给出的时间是 15 分钟，现场记者白岩松的报道就是按这个时间准备的。没想到入关的手续一办就是 40 多分钟。白岩松准备的报道早已说完，而恰恰就在这时香港演播室与白岩松失去了通讯联系。演播室能听到白岩松的报道声，而他却听不见演播室的呼叫。演播室这边，主持人水均益该说的话也已经说完。

第二次失控是在 7 月 1 日零点的"香港政权交接仪式"之后。按计划查尔斯王子和彭定康一行应于午夜 0：15 到达添马舰并登上"不列颠尼亚号"皇家游轮告别香港。港方预先告知的时间是 15 分钟。直播计划让观众耳闻目睹英国人消失在大海的夜色中。为此还专门安排记者章伟秋在添马舰进行现场报道。演播室主持人水均益的主持语和章伟秋要报道的内容都已确定，只待英国人上船启航回家了。但没有想到，英国人并不急于回家，他们在添马舰上又搞了一个告别仪式。这已是一天来他们在香港搞的第三次告别仪式了。结果，这次活动持续了一个多小时，水均益和章伟秋要说的话早已说完，观众只能静静地看着英国人在那里没完没了地告别，因为其他任何资料都没有准备。

第三次失控出现在 7 月 1 日的早晨。早晨 6：00 开始，驻港部队的海陆空三军按命令正式开始进驻香港。海军从深圳妈湾港出发，陆军也离开营房，但空军的直升机却没有按时起飞，因为当时香港正是雷雨交加，不具备飞行条件，驻港部队的直升机只得在机场待命，但用于直播的直升机如果同样待命，观众不仅看不到航拍的部队行进的画面，更重要的是，其他直播电视信号将失去中继，这就意味着整个驻港部队入港的直播都将中断。不得已，承担直播任务的直升机只得冒着危险强行起飞，并将画面送回了演播室。于是，观众看到的就是一条长龙缓缓通过文锦渡海关的驻港部队，看到的是深南大道上浩大而热烈的群众场面。但直升机飞到香港粉岭上空时，雷雨越来越大，危险越来越大，直升机只好飞了回去。一场大雨使几个月的准备前功尽弃。直升机返回地面后，白岩松在敞篷车上的信号就失去了中继，所以部队过文锦渡海关后再也没有看到白岩松，更没有见到他所随行的部队的行进过程。

第四次失控出现在新界粉岭，也就是直播部队入港后的第一个报道点，按计划这里将直播香港群众欢迎解放军的活动。入港过程的信号中断以后，香港演播室只好将信号切到了新界粉岭，由于是突然将信号切入，粉岭的现场报道记者何昊没有丝毫准备，只好把部分报道内容提前说了一遍，而此时离部队到达还很远。何昊后来说：他当时听不到节目声，也不知道自己什么时候该说、什么时候不该说。老百姓在雨中等待着，而直播的画面质量越来越差，而且没有任何解说，节目再次失去控制。在这场直播之后，直播的组织者之一，时任中央电视台新闻中心主任的孙玉胜总结道："可控，是直播报道的关键。而可控的阀门和手柄就是演播室。"①电视新闻直播控制就是以演播室为指挥中枢，以现场信号为核心，包括演播室主持人、嘉宾、现场记者、视音频信号等各个环节的调度过程。

一、加强现场调度

电视新闻直播控制的目的是把各种信号整合到一起，最终实现节目的安

---

① 孙玉胜. 十年：从改变电视的语态开始. 上海：三联书店，2003 年版，第 241～245 页

全播出。直播控制的重点是对现场的科学调度，现场调度的过程也就是把事件现场的逻辑和节目的逻辑统一起来。现场调度要把握的环节有以下几点：

1. 以演播室为核心来确定节目各要素的关系和流程

直播控制首先要明确各节目要素之间的关系。在直播过程中，节目的指挥中枢应该是在演播室，节目的调度和内容的结构也应以演播室为中心来完成。许多电视直播的失控，常常就是演播室失去对整个节目特别是现场的驾驭造成的。

以演播室为核心，并不意味着演播室内容是直播的主体，恰恰相反，直播的主体是事件正在进行中的现场。在直播控制中，导演要指挥各个环节有效地传达现场信息。现场信息是宽范围、多层面的，而电视摄像机所能记录和传达的信息总是有限的，导演必须有独特的眼光，去发现、集中、放大、裁剪、组合成一个有别于真实时空的电视时空，以此来叙述事件的进程，发掘事件的意义，满足观众的信息需求。我们看足球赛常常有个经验，就是在现场看球还不如在电视机前看得清楚，原因就是电视工作者的摄像机已经帮助你延伸了你的视野。

以演播室为核心，还能有效调度现场记者。在通信联络畅通的前提下，演播室可以及时指挥现场记者改变报道内容，甚至可以展开对话，产生互动的效果。在通信联络不畅的情况下，演播室主持人可以合理推测现场情况，采取回忆现场内容、与嘉宾交流等方式来"缝合"信息的断层。

2. 以事件主体为核心来设置机位

电视直播的现场信息主要是通过视觉语言传达出来的，而视觉语言是通过系统的机位设置来完成表达的。在直播中，机位设置要以事件的主体为核心来进行，视觉关系也要以事件主体为核心来确立。

机位设置是实现节目框架的总体构想、形成视觉语言的重要步骤，由各种不同的机位捕捉的视觉信号组合成各具特色的镜头，为现场直播的视觉表现提供了广阔的空间。机位设置的基本要求是：

第一，围绕事件主体以及与主体相关的关系布置机位。如三峡截流中，龙口合龙是主体事件，机位设置就必须以这一事件为中心，向四周展开。当时，为了全方位、多角度展示合龙的壮观场面，中央电视台以合龙时刻为中心，围绕着左、右围堰设计了 24 个机位。其中，1 ~ 5 号机设置在大江截流仪式会场台口附近，用于直播仪式盛况；21 ~ 24 号机位设置在首长观礼台附近，用于直播首长观礼的场面；11 ~ 14 号机位分别设置在山上、中堡岛和飞机上，用以介绍中堡岛的变迁、三峡工地、长江船只通过以及空中看截流的情况；除了这些环境和反应的信息表现之外，其余所用机位都围绕截流事件本身分层次展开，最中心的层次就是反应龙口变化过程的机位，其次就是与龙口变化相关的反应施工进展的机位，再次就是指挥部的机位，最后就是演播室的机位。越是事件的中心，机位布置越要周密细致。

第二，灵活运用三角关系的原理布置机位。机位设置的基本要求是能够准确地表达被摄体的空间位置和空间关系。这种空间的关系既有视角的区别，也有距离的区别，还有不同主体之间、主体和环境之间关系的不同。机位设置可以借鉴电影拍摄中的"三角形"布局原理确定。我们知道，为了全面表现一个主体的一个阶段性动作，把一个自然流动的事件进程的空间分解成观众能够清楚理解的电视空间，我们会把这个主体的全景、中景、近景和特写按照电视镜头的规律组合起来，再与事件的固有进程同步播出来。所以，即使是一个简单的空间，也需要两至三个机位来表现，一般来说，一个主体要布置三台机位，三台机位形成一个三角形的形状，每台机位分别承担不同职能。

当然，"三角形关系"只是描述了机位的平面形态，在直播中，人们常常创造性地运用富有变化的机位设置，来创造一种富有表现力的效果。例如，为了表现大型新闻活动的恢弘气势，有人常常采用高点机位，把机位架到活动周围的高层建筑上。1999 年 12 月 31 在中华世纪坛举行的首都各界迎接新世纪和新千年的直播就是这样。当时，在中华世纪坛的广场上，分成了若干活动区域，这些区域呈狭长分布状态。为了使整个活动的全貌得以充分展示，中央电视台在西客站、京西宾馆、梅地亚、博兴大厦、世纪坛的探针区域分别架设了高点机位。

3. 以事件进程的空间转换为核心来设计镜头

电视镜头捕捉的是视觉信号，电视复杂的机位系统捕捉的是千变万化的各种画面，就像文章的字词一样。一篇好的文章需要精巧的构思、精当的语言和精致的结构，视觉语言的表达也是一样，它是一个需要深刻理解和深入把握的再创作的工作。视觉语言既可以用作叙事，也可以用作抒情。它不仅要求表达准确，也要求表达生动、鲜活、富有感染力。

文章有段落，电视镜头也有段落，电视镜头的段落要严格遵循事件的时空秩序。直播中经常采取的办法是将事件的程序分解成若干个小的程序单元，然后按照这些单元来一组一组地设计镜头。这样既可以使镜头组织有张有弛，又可以使镜头段落清晰，增强镜头的表现力。视觉语言的表现可以采取以下方法：

　　第一，交待事件主体与事件进程各个环节的时空关系。这是电视镜头表达最基本的要求。任何事件，都是一定环境下的产物。任何事件的主体，都会和周围的人发生关系。直播中的电视镜头首先必须把横向和纵向的关系梳理清楚。从横向的关系来说，镜头主要交待清楚事件主体和环境的关系，它包括事件主体的空间位置、主体在事件中的作用、主体对环境的反应和环境对主体的反应、事件现场的氛围。如香港政权交接仪式的直播中，事件的主体是中英双方领导人按议程推进的活动，交接地点、参加的各界人士则构成了事件的氛围，电视镜头就必须把这些交待清楚。尤其是方位关系，是镜头表现的重要原则。因为，现实生活中的任何一个场景都是立体的，但是镜头只能表现二维的平面，方位感会变得很模糊，如果不通过镜头加以说明，观众就会失去对事件空间的准确判断，影响其对事件的了解。电视编导在组织镜头时，要遵循生活的规律，在视觉上要符合生活习惯；从纵向来说，事件的起承转合、事件阶段性的变化要通过镜头清晰地表达出来。如阅兵直播中，上一个受阅单位结束受阅程序之后，下一个受阅单位就会立即进入受阅程序，事件主体的变化、事件进程的变化要通过镜头表达出来。

　　第二，点面结合。"点"是表现事件最鲜活、最有细节特征的镜头，它一般用特写或者近景的形式表现出来；"面"是表现事件全局、气势、氛围等特征的镜头，它一般以全景、高点机位的形式来表现。在"国庆50周年庆典"直播中，各方队的镜头就特别采取点面结合的方法。士兵正步通过天安门、呼喊口号的那一瞬间，将战士激昂的神情等用细腻的镜头去刻画，而队伍的气势则用广角镜头去表现。身着红色服装的女民兵方队是视觉效果最强烈的方队，当紧握钢枪、英姿飒爽的女民兵方队走向人们视野时，人们都为当代女性的杰出风貌所震撼。在处理这个方阵的直播时，中央电视台就采取了点面结合的办法：

　　镜头1——城楼上机位全景固定镜头，俯视方队全貌。

　　镜头2——金水桥南侧机位中近景镜头，平视角度拍摄两位领队队员。当方队进入敬礼线时，两位领队高喊"正步走"。

　　镜头3——广场机位中景镜头，采取"下摇上"形式，即从一排黑色的皮鞋摇向一排女兵。

　　镜头4——江主席的正面近景、固定镜头。

　　镜头5——长安街南侧机位斯坦尼康中景镜头，跟随一排女兵进行等距离同步拍摄。

　　镜头6——城楼上机位远景、俯视整个广场。

镜头7——升降车上的机位从方队的右侧前方跟随拍摄。

镜头8——人民大会堂制高点的俯视镜头，为拉摄运动形式，即从整个方队拉至远景，画面落幅带有天安门城楼及长安街街景。

在以上镜头中，1、6、8是"面"，2、3、4、5、7是"点"，用"面"来概括，用"点"来强调，群体与个体形成了鲜明的结合。

第三，动静结合。寻找事件主体与环境、事件的主体与主体之间的动静对比，通过镜头切换加以表现，可以起到强化事件主体的作用。这种动静对比，既体现在事件本身所固有的运动过程中，也体现在镜头运动所达到的效果中。如三峡截流直播中，龙口紧张繁忙的施工场面和观众焦急等待结果的场面对比，更烘托出事件主体。

第四，交叉手法。交叉手法是将两个视觉元素进行多次重复、交替组接的方式。在长江三峡截流直播中，导演把倾倒石料的特写镜头、喧闹工地的大全景镜头交叉切换，形成两极镜头强烈的反差，渲染了大江截流的磅礴气势。在国庆50周年直播中，"少先队员方队"一组镜头也是这样处理的：

镜头1——无数欢腾的孩子迎着镜头跑出画面；

镜头2——奔跑的孩子涌向天安门；

镜头3——江泽民同志向孩子们挥手；

镜头4——孩子们欢呼、跳跃；

镜头5——江泽民同志挥手致意；

镜头6——孩子们欢呼、跳跃。

在这组镜头中，3、5分别和4、6两个视觉元素交叉出现，构成了情感的呼应和交融。[①]

二、指导现场采访

指导现场采访是电视新闻现场直播控制的另一个任务。直播中的现场采访由现场记者去完成。指导现场采访的环节有以下几个方面：

1. 选择现场报道能力强的记者

现场记者首先应该是演播室主持人或者编导的体现者，其次又是事件进程中的信息发现者。从现场直播报道的实践情况看，要有效地控制直播现场，记者应该具备以下几方面的素质。

一是清醒的判断力。由于现场直播报道的采访和播出是与新闻事件的发

---

① 周勇. 电视新闻编辑教程. 北京：中国人民大学出版社, 2002年版, 第148页

生和发展同步的，记者在现场要果断而独立地对事件的意义和传播的价值作出判断，所以现场记者必须拥有较高的政策理论水平和新闻业务水平，否则，就极容易出现导向错误，产生直播的最大风险——政治风险。

二是敏锐的观察力。现场记者是现场信息的收集者，他不仅要从复杂的新闻现场发现有价值的新闻，在事件的自然进程中发掘新闻的富矿，而且要有极其敏锐的目光，迅速捕捉、快速判断其价值大小，并迅速作出取舍。新闻事件现场是一个不断变动的事件过程，特别是有些突发事件，有价值的事物可能稍纵即逝。这就要求记者在很短的时间内，必须将其观察到的最精彩内容和细节传达给观众。

三是娴熟的采访力。记者驾驭现场的能力集中体现在现场采访上。记者的提问是记者综合业务能力的体现。提问水平的高低，既取决于记者对新闻事件背景掌握的程度，又取决于记者提问技巧的娴熟运用。问题要问得自然、具体、明确，还要尽量简练、深入。

四是自如的表达力。记者在现场采访时语言表达要准确生动，要恰当地描述事件的状态。口头表达要求口齿伶俐、语音清晰、语调恰当。感情要适中，最好以一个客观报道者的姿态出现。

五是灵活的应变力。现场报道是和播出同步进行的，记者事先只能有一个大致的安排，不可能让现场发生的一切都按自己的采访意图发展。尤其是一些比较重大的事件，场面比较大，现场变数很多，有时甚至会出现预定报道方案不能如期实施的情况，因此现场直播报道的记者应该具备灵活的应变能力，要做到处变不惊，随机应变。

2. 把记者投放到事件的"标志性现场"

现场是"现场记者"存在的理由和依附的载体，现场记者行动存在的价值、报道的魅力都是在现场中形成的。现场记者是观众视野的延伸，现场记者引领观众去感受、去发现，缩短了观众和事件现场之间的距离。在直播报道中，现场记者应该深入事件现场的核心，身处事件的典型现场，这样的报道才有穿透力。每一个新闻事件都有最具代表性的典型现场，或者叫做"标志性现场"。记者到现场，不是到达一个面，而是要到达一个点，就是要到达这个具有指代意义的标志性现场。比如抗洪报道的标志性现场是防洪大堤，香港回归直播报道中，政权交接仪式的标志性现场是会展中心升降旗仪式现场，三峡大江截流直播的标志性现场是工程中最后一辆运输车辆卸下阻流石块的工地。

进入标志性现场，也是电视台树立媒体形象的重要手段。当现场记者在现场说"我在现场为大家作报道"时，事实上，也就是一个媒体借事件的现场在展示自身的实力。当美英联军对巴格达形成合围之时，CNN 的记者在漫天的沙尘暴中乘坐美国陆军先头部队的战车冒险突进，看到的是国外记者在伊拉克每一个冲突最激烈的地方冒死拍到的画面。

标志性现场既是记者采集独特事实的场所，也是记者表达独特媒介视点的场所。没有独特的发现，就没有独到的报道。我们固然可以在直播中转播其他电视机构采制的新闻内容，但是应该认识到，所有的新闻事实都是有角度、有选择的。独立的事实可能是真实的，但是事实的集合未必是客观的。如果没有自己的独特视角，就会对新闻事实失去选择的主动性而受制于人，被其他媒体的报道角度所影响。

3. 控制记者发现状态

事件进程既在现场记者的监控之下，也在直播导演的监控之下。导演要密切关注事件的每一个细节，并根据直播内容的需要，控制记者发现线索与组织报道的过程。什么时候由记者报道、报道什么内容，编导要成竹在胸。

良好的发现状态与记者充足的准备是分不开的。记者在直播之前，要对事件的预发状态有充分的了解，对事件的背景状态有透彻的把握，对事件的突发因素有充分的预案准备。现场记者尤其要善于发现观众从屏幕上难以清楚捕捉的细节，如"香港政权交接仪式"之后，英国人又在既定的程序之外，举行了一个告别仪式，这就给严格按照既定程序设计直播内容的中央电视台制造了很多困难，当时记者事先准备的话早已说完，报道出现了真空。此时，如果记者直接将现场出现的这种临时变化告诉观众，并尽可能迅速地搜索现场信息，告诉观众一些细节，直播就会很成功。记者发现的力度是与现场发现的深度相关联的，如果只是重复观众已经明白的内容，观众会感觉多余，如果只是传达背景信息，观众会觉得你在"避重就轻"，报道就没有把握重点。现场记者要两眼紧盯现场，收集和分析现场千变万化的信息，用自己独特的现场发现去丰富现场直播的内容。记者的现场报道有一则经典的案例，2004 年 9 月 3 日下午，在俄罗斯北奥塞梯贝斯兰市解救人质现场，凤凰卫视记者卢宇光气喘吁吁，声音中还有点颤抖，他那"恐怖分子冲过来了"的报道令人震撼：

现在，现场非常地紧张，现在战斗是 5 分钟以前开始的，我们也听到了枪声。大概在现场 100 米的地方，能看到孩子不断地往外送，现在已经停止了。我们的机器在里面，撤不出来。我们在离文化宫大概有三四米的墙脚，现在我们的机器还在里面工作，我们可以看到我们最前面大概 10 米的地方，有很多特种部队向右边运动。

现在情况又有一些变化，我们要赶到另外一个地方，文化宫的中心，现在我们看到战斗还没有结束，不断有部队往里冲，我们在外面看到外围的部队，现在情况有些松弛下来，部队的行动有些缓慢。

到目前为止不知道死了多少人，我们的记者都在文化宫前 20 米的草坪上，但是凤凰台的机器还在里面工作着。

现在又冲出一批人，我们不知道是哪个方向的，躲在汽车后面。我们现在可以看到汽车前方大概 150 米左右，现在又有一些人冲出来，当地警方有不少吉普车和装甲车在附近，部队运动上去了。

现在恐怖分子已经向我们冲过来，打伤很多人，我们正在跑。

恐怖分子冲过来了。向我们开枪！

现在有几个人都躺在地上。

我现在看不出来。我现在趴在地上。现在已经打伤了很多人。

现在天空也出现了三架直升机。

在这段现场报道中，记者将自己的体验和感受，最直接地传达给观众，给观众产生了强烈的震撼。在报道过程中，记者没有想到恐怖分子会突然冲出学校向记者的方向开枪，结果他本能地趴在地上，然而却继续进行他的现场报道。这一高度敬业的精神，应当成为职业新闻人的永远追求。

4. 控制记者的表达语态

在表达上，记者的情绪和状态的把握与控制也是直播控制的重要环节。记者的表达要有发现新鲜事物的那种激情，其报道无论是令人兴奋，还是引人沉思，记者专注投入和新奇发现的情绪必须恰当地体现出来。这里所说的"恰当"，是指语气平和、言简意赅，用语准确，情绪饱满但不急不躁。面对新闻现场，记者的表达应该是既兴奋而又从容，而不是毛手毛脚地"快速而激动地喊话"。

现场记者的表达应该是口语化的。口语化是听觉传达的最基本的要求，因为只有简单明了的表达，受众才能清楚明白地理解，直播也才有交流感和亲切感。有些直播，记者在现场大段背诵事先准备好的解说词，表达的内容或多或少地游离于现场之外，表达的方式生硬、生涩，观众是不欢迎的。要知道，电视新闻稿是为耳朵而写，而且广播电视只能听一遍。口语化的表达，要求记者把观众当作一个交流的自然对象，用日常聊天的方式，简洁明了地梳理现场信息，清晰而准确地传达观点、立场。

三、调动个性表达

在电视直播中，主持人是节目内容的核心，这不仅表现在主持人是节目内容的组织者，也是增加节目亲和力和吸引力的最重要手段。调动主持人的个性表达，也是直播控制的重要环节。个性表达的调动一般通过对主持人的直播控制能力、发现能力、表达能力的调动来实现。

调动直播控制能力。早期直播中，文案撰写者提前写好脚本，主持人只是照本宣科，主持人主动表达的空间很小。现代电视直播是以演播室为核心来结构节目内容的，而演播室中的灵魂是主持人。电视直播中的节目主持人对现场内容、演播室嘉宾谈话内容、背景内容的传达是一个主动选择的过程。什么时候该接过现场记者的话题，什么时候该打断嘉宾的话题、什么时候应该突出放大现场的某种信息等等，都需要主持人有比较娴熟的驾驭和控制整个直播的能力。可以说，没有主动表达的空间，也就没有主持人自由控制的空间，更没有主持人个性表达的空间。直播导演在把握直播全局中固然重要，但千万不要忽视主持人的主动性和创造性，要把更多的主动权和控制权交给主持人。

调动发现能力。主持人不仅是信息传达的组织者，他还和现场记者一样，是信息的发现者和报道者。不过他要观察和发现的对象是所有直播传达对象，包括事件现场、记者的内容表达、嘉宾的内容表达、背景形式的内容表达、观众的互动表达等等。主持人可以就观众的某一问题，向现场记者发出疑问，请求现场记者解答；也可以就嘉宾的一个线索深挖下去，给直播提供更加丰富的信息。发现能力的高低是主持人发生分化的分水岭。[①] 有的主持人离开直播文案就无所适从，有的主持人面对信息丰富的现场只是平铺直叙、废话连篇，有的主持人直播中前言不搭后语，都是缺乏发现能力的表现。其实发现的能力就是职业的敏感，就是要从看似平淡的事件进程中发现观众感兴趣的新闻事实，从一般的新闻事实中发现不寻常的角度，从新闻的"现在时态"中发现它的"过去时态"，从事件的现场发现事件的背景。在美国，新闻节目主持人叫 Anchorman，意为"接力赛中最后一棒的运动员"；其他类型的节目主持人叫 Host，即"主人"，两者有很大的区别，几乎可以说是两种职业。挑选新闻节目主持人时，世界各大电视台有几个共同的标准：优秀的

---

①　孙玉胜. 十年：从改变电视的语态开始. 上海：三联书店，2003 年版，第 363 页

记者、出色的口头表达能力、能应对复杂的局面。CBS 新闻部经理威廉·伦纳德在 20 世纪 80 年代初挑选克朗凯特的接班人时，就特别强调这位接班人应有记者的才干，要有新闻价值判断力，甚至具有领导一个编辑部的水平。

调动个性化的表达。主持人的个性是主持人获得观众认可的重要条件，而个性化的表达就是主持人个性形成的必要手段。个性化的表达方式说到底是个性化的思维方式的外在表现，它首先通过个性化的口头表达体现出来。有的主持人以逻辑分析的严密见长；有的主持人淳朴厚重、气度雍容，富有浓浓的书卷气；有的主持人语言机智、幽默、风趣、诙谐；有的主持人语言平实无华，清新淡雅，充满生活气息；有的主持人言辞犀利，锋芒外露。崔永元的魅力在于他的即兴幽默，白岩松的主持就表现为娓娓道来的特性。在三峡工程截流直播中，白岩松有这样一段主持词："现在的时间是 12 点 35 分，如果不出太大意外的话，再过三小时，大江截流将完成合龙，也就是说继十几年前葛洲坝完成大江截流合龙之后，长江将会第二次被拦腰斩断。毫无疑问，这是一个重要的历史时刻，您可以通过电视机，走进这重要的历史时刻，成为见证人。相信您会锁住频道，贴近长江，关注三峡，感受激情。"①这段词既有纪实、又有抒情，既有现实、又有历史，语言严谨、理性。

在国外，新闻节目主持人表达个性更加突出，克朗凯特的主持风格沉稳、平和、和蔼，他的接班人丹·拉瑟主持节目措辞犀利、咄咄逼人，迈克·华莱士则是一副强硬男子汉气派，永远都在刨根问底，钱塞勒是以其严谨、诚实、准确的学者风范而著称。

四、预测现场走向

在现场直播中，我们常常看见这样一些现象，直播内容平淡无奇，直播节奏拖沓缓慢，甚至出现直播组织杂乱无章的情况，这些问题大都是由于僵硬的直播设计造成的。早期的许多直播在方案设计上，过分相信活动主办方的程序设定，过分考虑电视直播的技术和播出风险，把事件的进程精确到秒，把主持人、现场记者的主持词精确到秒，卡着表眼巴巴地盯着自己无法掌控的事件进程，生怕出现一丝意外，结果是"意外"成为一种常态，固有的直播设计不得不打破。如果没有充分的准备，直播控制就会失去章法。所以直播设计和直播实施

过程中，对事件现场走向的预测和把握，是直播成功与成熟的关键。

---

① 　李东生. 重大新闻现场直播文案选编. 北京：北京出版社，1998 年版，第 212 页

凡进入直播视野的新闻事件，在推进过程中总会呈现出规则性和不规则性、可控性和非可控性相互交织的特点，事件的走向常常会出人意料。所以在直播中，要建立灵活的机制，科学预测现场走向，并根据不断变化的现场走向，有条不紊地调整节目内容。预测事件走向，首先要对事件的各种可能性有一个全面的掌握和分析，这个工作在直播之前就应该扎扎实实地做好。如果现场失控，导演就要把信号切回演播室，由主持人来组织表达内容。在"九连墩战国古墓发掘直播"中，第五天的直播就出现事件走向发生变化的情况。按照考古发掘的既定程序，当时应该是大规模出土礼器的时候，湖北电视台的直播设计就围绕礼器作了大量的准备，演播室话题、背景专题、现场记者的报道都围绕礼器在展开。可是在直播前20分钟，考古队突然通知，直播期间的发掘内容变了，由礼器的发掘变成了竹简的发掘，这就意味着所有已经准备好的内容全部作废。幸好，湖北电视台事先已经采取了预防性措施，直播之前，编导已准备了战国古墓考古发掘的大量相关资料，内容涵盖各种类别的文物、各种类型的古墓、各个阶段的考古重大发现等，当然也包括竹简的专题介绍和话题准备，而且准备十分充分，因为竹简的出土是被考古界公认为战国考古中最具价值的发现。一小时的直播马上就要开始，湖北电视台的直播导演马上招集主持人、现场记者、嘉宾、摄像、直播编辑、导播，开了5分钟的短会，重新调整节目方案。直播过程中，导演又根据现场的进程，灵活调度，把一场本来措手不及的直播组织得天衣无缝。

现场直播就是通过电视手段在叙事，叙事精彩与否，与叙事节奏有很大关系。事件进展过程中，具有传播价值的信息分布是不均匀的。当事件进入高潮时，现场信息密集，导演就要敢于取舍，要充分调度各个机位，捕捉现场最典型的镜头，把最有价值的信息传达给观众。还可以通过主持人回忆、记者评点等形式来舒缓节奏、回味精彩内容，"榨干"信息中的新闻价值。当事件进程进入低谷时，导演也要及时作出节目调整，因为低峰期信息"稀薄"，现场沉闷，吸引力下降。

当事件的进程过于沉闷、悬念感消失之后，直播可以脱离事件现场，切入演播室或者背景资料的信号，给直播注入新鲜信息。也可以让现场记者对事件信息进行回顾和提炼，弥补现场信息之不足。如果直播有多个现场，可以转换到信息较为密集的现场。现场信息由这样几个部分组成：一是事件进展的主脉络，如中山舰打捞的出水进程和三峡工程永久船闸的通航，这是事件的主信息，也是直播的主线，是观众关注的焦点；二是事件进展过程的"枝干"，如中山舰出水时中央、省市领导人和有关专家的活动，三峡永久船闸通航时国家领导人和通航船上人物的活动，这是事件的副信息，也是直播的辅线；三是事件进展过程中的边际信息，这类信息不是事件的必要构成，但是是事件内容的有效补充。在直播中，要科学驾驭这几类信息，既要做到时时紧扣主线，又要做到有张有弛，轻重搭配，收放自如；既要围绕主线来展开节目，又要开掘与主线关系密切的关联信息；既要浓墨重彩地表现主线的每一个现场细节，又要开拓第二现场，通过第二现场来创造新的兴趣中心。

在三峡大江截流直播中，当截流成功之后和过往船只改从导流明渠通行之前，有一段沉闷的"真空"，导演就让现场记者从各个报道点把各自目光所及的信息和背景传达给观众。

记者陈耀文在纵向围堰的报道是这样的：

> 观众朋友，现在是下午4点21分，太阳快落山了。在50分钟前，李鹏总理宣布了大江截流成功。从那一时刻起，我身边的导流明渠将正式代替长江主航道。就在这一时刻，还有一个重要的历史变化。前面的小石碑上面写有"中堡岛"三个字，这个碑实际上是一个历史的标记。我现在站的位置是在原来中堡岛的基础上建起来的，而原来自然的中堡岛现在已经不存在了。中堡岛原来是一个江中小岛，它的面积不太确定。在枯水期它可能和右岸连接在一起，面积大约在三四平方公里。在汛期的时候，它的面积又可以小到一平方公里左右。在导流明渠开挖的过程中，中堡岛曾经和右岸有过三年多的连接。在今年5月1日导流明渠开始进水以后，中堡岛又变成了一个四面环水的小岛。那么随着3点30分大江截流成功，在中堡岛的历史上也发生了一个历史性的变化，它第一次和长江左岸实现了连接。这一次连接，在中国水利、水电的建设史上是一个里程碑。

在这里，直播组织者通过现场记者联系现场来拓展背景信息，填补了信息低谷。用间断式的连续直播来回避事件的"沉闷"，也是应对事件进程变化的一种有效方法。一个事件过程相对集中的新闻事件，一般采取一次直播的方式。如果事件过程过于漫长，直播可以仅仅选择其中精彩的部分展示。事件跨越多日，可以多日连续直播；事件贯穿全天，就可以选择当天的几个时段滚动直播。九连墩战国古墓发掘的直播，就采取连续5天每天1个小时的直播方式。2003年6月，湖北电视台和中央电视台联合进行的"三峡135蓄水直播"，就采取连续16天、每天早中晚三次直播的方式，每天通过中央电视台的早间、午间和六点的滚动新闻，使观众及时了解到三峡135米蓄水的进展情况。运用这种直播方式，可以把事件信息密集阶段的现场及时传达出去，还可以把上场直播之后的进程性信息在下场直播中传达出来，事件的现场感和信息的完整性都可以很好地体现。

思考练习题

1. 概述电视新闻现场直播的优势，并举例说明。
2. 电视新闻中的现场直播和录播的区别有哪些？
3. 现场直播策划的要点有哪些？
4. 现场直播控制的重要环节有哪些？
5. 演播室在现场直播中的作用有哪些？
6. 观看一场直播，具体分析记者在现场直播中的作用。

参考文献

［1］杨伟光主编. 电视新闻分类与界定. 北京：中国广播电视出版社，1994

［2］［法］马赛尔. 马尔丹. 电影语言. 北京：中国电影出版社，1980

［3］［美］罗伯特·C. 艾伦编著. 重组话语频道. 北京：中国社会科学出版社，2000

［4］［美］罗伯特·赫利尔德著. 电视广播和新媒体写作. 北京：华夏出版社，2002

［5］［美］特德·怀特等著. 广播电视新闻报道写作与制作. 北京：中国广播电视出版社，1987

［6］［美］赫伯特·霍华德，迈克尔·基夫曼，巴巴拉·穆尔著. 广播电视节目编排与制作. 北京：新华出版社，2000

［7］叶子著. 电视新闻学. 北京：北京广播学院出版社，1997

［8］高鑫著. 电视专题片创作. 北京：中国广播电视出版社，1997

［9］石长顺著. 电视栏目解析. 武汉：华中科技大学出版社，2003

［10］石长顺著. 当代电视实务教程. 上海：复旦大学出版社，2005

［11］王纬主编. 镜头里的"第四势力"——美国电视新闻节目. 北京：北京广播学院出版社，1999

［12］胡亚敏著. 叙事学. 武汉：华中师范大学出版社，1998

［13］［美］伯格著. 通俗文化、媒介和日常生活中的叙事. 南京：南京大学出版社，2000

［14］赵淑萍著. 电视采访与写作. 北京：中国广播电视出版社，1997

［15］［美］唐·休伊特著. 60 分钟—黄金档电视栏目的 50 年历程. 北京：清华大学出版社，2004

［16］周勇. 电视新闻编辑教程. 北京：中国人民大学出版社，2002

后 记

应中南大学出版社之邀，我将近 20 年来电视新闻编辑实务工作的经验和理论教学、研究成果作了较系统地梳理，最后形成了《电视新闻编辑与制作》这本专著。在写作过程中吸纳了相关的最新研究成果，立足于实践教学环节和应用，建构起一套全新的研究框架，试图创立一个完整的电视新闻编辑研究体系。出于这种愿望，既要体现学术的理论性，又要满足实践的应用性，这是两难的抉择。本书力图实现二者的融合，并努力地朝着这个目标走下去，不知是否达到上述目的，还望读者给予指正。

在本书写作过程中，我的博士研究生方雪芹、向培凤和硕士研究生袁茜、石晶晶、张青、周雅琪、熊婷分别参加了第五、八章和第一、二、三、四、六章的资料搜集、整理或初稿撰写工作，特此作记。

本书在立项、编辑、出版过程中，得到了中南大学出版社，特别是彭亚非、刘辉编辑的大力支持与帮助，在此表示衷心地感谢！

石长顺